Reduktion des Ehrenschutzes durch höchstrichterliche Rechtsprechung?

Frank Füglein

Reduktion des Ehrenschutzes durch höchstrichterliche Rechtsprechung?

PETER LANG
Frankfurt am Main · Berlin · Bern · Bruxelles · New York · Oxford · Wien

Bibliografische Information der Deutschen Nationalbibliothek
Die Deutsche Nationalbibliothek verzeichnet diese Publikation in der Deutschen Nationalbibliografie; detaillierte bibliografische Daten sind im Internet über http://dnb.d-nb.de abrufbar.

Zugl.: Frankfurt (Oder), Europa-Univ., Juristische Fakultät, Diss., 2011

Erstgutachter: Prof. Dr. Dr. h.c. Lothar Knopp
Zweitgutachter: Prof. Dr. Dr. h.c. Franz-Joseph Peine

Umschlaggestaltung:
© Olaf Gloeckler, Atelier Platen, Friedberg

D 521
ISBN 978-3-631-63089-1

Meiner Familie

Vorwort

„Coram iudice et in alto mare sumus in manu dei“[1]

„Vor Gericht und auf hoher See ist man in Gottes Hand“ – ein gern und häufig benutztes Sprichwort, das scheinbar auf den Punkt bringt, was der Souverän denkt. Die gefühlte Gerechtigkeit muss nicht zwangsläufig stets deckungsgleich sein mit der juristischen Rechtsfindung, so dass sich die Frage nach dem Wahrheitskern des obigen Sprichwortes stellt. Als Richter habe ich mich dieser Frage bzw. dieser Aussage schon oft stellen müssen und werde ihr in meinem beruflichen Leben sicherlich auch noch häufig begegnen. Auch meine Entscheidungen im gerichtlichen Verfahren werden sich die Aussage gefallen lassen müssen, vermag die juristisch richtige Entscheidung doch eben nicht immer auch der gesellschaftlich angenehmen Meinung zu entsprechen.

Ein polarisierendes Thema ist die Entscheidungspraxis im Spannungsfeld der Meinungsfreiheit und dem allgemeinen Persönlichkeitsrecht. Hier können Gelehrte, Wissenschaftler, Pragmatiker und die abendliche Kegelrunde ebenso diskutieren wie die Entscheidungsträger der obersten Gerichte und werden doch zu höchstwahrscheinlich ebenso unterschiedlichen Antworten gelangen. Die Einen empfinden die Ehre schützenswerter als die Meinungsfreiheit und für die anderen steht eben diese an erster Stelle. Warum aber interessiert der Souverän sich so für dieses juristische Thema und redet an vorderster Front mit? Liegt es daran, weil das Thema zugänglicher erscheint als die formellen Wirksamkeitsvoraussetzungen einer Nebenkostenabrechnung? Oder liegt es daran, dass die Themen „Meinungsfreiheit“ und „Ehrenschutz“ so elementar für unser Zusammenleben, für eine wirksame Demokratie sind? Es ist zumindest kaum verwunderlich, wenn Urteile in diesem medienwirksamen Umfeld polarisieren wie kaum andere, insbesondere wenn das Schutzgut der Ehre oftmals als stiefmütterlich behandelt erscheint und der Meinungsfreiheit vermeintlich den höheren Stellenwert eingeräumt wird.

---

1 Römische Juristenweisheit.

Auch mich hat seit jeher diese Frage beschäftigt und oft kritisch Entscheidungen reflektieren lassen. Abendfüllende Diskussionsrunden mit Juristen und Nichtjuristen waren ebenso spannend wie die Lektüre gelehrter Rechtswissenschaftler. Fazit war indes oftmals, dass man - wie so häufig - die Dinge so oder so sehen konnte. Warum entscheidet die gerichtliche Praxis aber so, wie sie es tut? Müssen sich die Entscheidungen oberster Gerichte tatsächlich dem am Anfang zitierten Sprichwort stellen? Fragen, die letztlich auch Anstoß für die vorliegende Ausarbeitung waren. Diese hat sich über einige Jahre hingezogen. Unterschiedliche Phasen in meinem Leben waren sicherlich auch mitprägend für das Niedergeschriebene. Angefangen nach der Ersten juristischen Staatsprüfung, hat sich die Dissertation aus der wissenschaftlichen Freude heraus ergeben, in der Phase des juristischen Referendariats kamen schließlich auch praktische Erfahrungen hinzu, die sicherlich förderlich waren. Nach der Zweiten juristischen Staatsprüfung schließlich konnte ich - bedingt durch meine Tätigkeit in der freien Wirtschaft - die ökonomische Seite von juristischen Entscheidungen und deren Auswirkungen kennen lernen. Nunmehr nach meiner Ernennung zum Richter habe ich in den letzten Monaten und Jahren das streitgegenständliche Dissertationsthema aus Richtersicht kennen gelernt. Eine hoffentlich interessante Mischung.

In den folgenden Kapiteln wird man meine Gedanken zu diesem Themenkomplex lesen können. Ich habe versucht, zu den notwendigen Themenabschnitten kurze historische Einführungen zu geben, die die Entscheidungspraxis verständlich machen sollen. Immer wieder wird dem Leser eine Mischung aus Gerichtsentscheidungen, Pressemeldungen, politischem Geschehen, Meinungen juristischer Gelehrter und meiner Ansicht begegnen, die das Lesen und Verstehen hoffentlich eingängig gestalten wird. Eines ist jedenfalls sicher: Man wird auch weiterhin die juristische Lage der widerstreitenden Interessen im Spannungsfeld Meinungsfreiheit versus Persönlichkeitsrecht so oder so beurteilen können. Eine Musterlösung vermag wohl keiner zu geben.

Mein ganz besonderer Dank gilt meinem Doktorvater, Herrn Professor Dr. Dr. h.c. Lothar Knopp, der mich während der Ausarbeitung hervorragend betreute, mir fruchtbare Hinweise gab und sein Vertrauen schenkte, sowie Herrn Professor Dr. Dr. h.c. Franz-Joseph Peine, der sich freundlicherweise bereit erklärte, das Zweitgutachten zu erstellen.

Aber erst die großartige Unterstützung meiner Familie, insbesondere meiner Eltern, Elke und Günter Füglein, sowie meiner Frau Michaela, meiner Oma, Emma Sünder, sowie meiner Freunde haben es ermöglicht, dass ich mich mit dem notwendigen Ehrgeiz dieser Arbeit widmen konnte. Es hat sicherlich viel Verständnis erfordert, mich nahezu jede freie Minute im Familien- und Freundeskreis zu entbehren.

Ihnen ist diese Arbeit gewidmet.

Bad Soden a.Ts. im April 2011

Frank Füglein

Inhaltsverzeichnis

Abkürzungsverzeichnis

a.A.	anderer Ansicht
a.F.	alte Fassung
Abs.	Absatz/Absätze
AcP	Archiv für civilistische Praxis
AfP	Archiv für Presserecht
AK	Reihe Alternativkommentare, Kommentar zum Strafgesetzbuch
Anm.	Anmerkung
AöR	Archiv des öffentlichen Rechts (Zeitschrift)
AP	Arbeitsgerichtliche Praxis (Entscheidungssammlung)
APuZ	Aus Politik und Zeitgeschichte
ARD	Arbeitsgemeinschaft der öffentlich-rechtlichen Rundfunkanstalten der Bundesrepublik Deutschland
Art.	Artikel
AT	Allgemeiner Teil
BB	Betriebsberater
Bd.	Band
BFHE	Entscheidungen des Bundesfinanzhofs (Zeitschrift)
BGB	Bürgerliches Gesetzbuch
BGBl.	Bundesgesetzblatt
BGH	Bundesgerichtshof
BGHSt	Entscheidungssammlung des Bundesgerichtshofs in Strafsachen
BGHZ	Entscheidungssammlung des Bundesgerichtshofs In Zivilsachen
BK	Bonner Kommentar zum Grundgesetz
BT	Besonderer Teil
BT-Drs.	Bundestagsdrucksache
BVerfG	Bundesverfassungsgericht
BVerfGE	Entscheidungssammlung des Bundesverfassungsgerichts
BVerfGG	Bundesverfassungsgerichtsgesetz
BVerwGE	Entscheidungen des Bundesverwaltungsgerichts
bzw.	beziehungsweise
ca.	circa
CDU	Christlich Demokratische Union-Deutschlands
CR	Computer und Recht
CSU	Christlich Soziale Union Deutschlands

DAV	Deutscher Anwaltsverein
ders.	derselbe
DNotZ	Deutsche Notar Zeitschrift
DÖV	Deutsche Öffentliche Verwaltung
DRiZ	Deutsche Richterzeitung
DSB	Datenschutz-Berater (Zeitschrift)
DtZ	Deutsch-Deutsche Rechts-Zeitschrift
DVBl	Deutsche Verwaltungsblätter
DVP	Fachzeitschrift Deutsche Verwaltungspraxis
ebd.	Ebenda
EFG	Entscheidungen der Finanzgerichte (Zeitschrift)
EGMR	Europäischer Gerichtshof für Menschenrechte
etc.	et cetera
EuGRZ	Europäische Grundrechte Zeitschrift
EWiR	Entscheidungen zum Wirtschaftsrecht
f./ff.	folgende (Einzahl/Mehrzahl)
F.A.Z.	Frankfurter Allgemeine Zeitung
FDP	Freie Demokratische Partei
Fn	Fußnote(n)
FS	Festschrift
FuR	Familie und Recht (Zeitschrift)
FWG	Freie Wählergemeinschaft
GA	Goltdammer´s Archiv für Strafrecht
GewArch	Gewerbe Archiv
GG	Grundgesetz
GRUR	Gewerblicher Rechtsschutz und Urheberrecht
h.M.	herrschende Meinung
h.L.	herrschende Lehre
HR	Hessischer Rundfunk
Hrsg.	Herausgeber
i.d.F.	in der Fassung
i.d.R.	in der Regel
i.E.	im Ergebnis
i.e.S.	im engeren Sinn
i.R.d.	im Rahmen des/der
i.S.v.	im Sinne von
i.ü.	im übrigen
JA	Juristische Ausbildung
JR	Juristische Rundschau
JURA	Juristische Ausbildung (Zeitschrift)
JuS	Juristische Schulung
JZ	Juristenzeitung
KJ	Kritische Justiz

KUG	Kunsturhebergesetz
LG	Landgericht
LMK	Kommentierte BGH-Rechtsprechung Lindenmaier-Möhring
MDR	Monatszeitschrift für Deutsches Recht
MMR	Multimedia und Recht
MüKo	Münchener Kommentar zum Bürgerlichen Gesetzbuch
m.w.N.	mit weiteren Nachweisen
n.F.	neue Fassung
NJW	Neue Juristische Wochenzeitschrift
NPD	Nationaldemokratische Partei Deutschlands
NJOZ	Neue Juristische Online Zeitschrift
Nr.	Nummer
St Rspr.	Ständige Rechtsprechung
NStZ	Neue Zeitschrift für Strafrecht
NStZ-RR	Rechtsprechungs-Report Strafrecht der NStZ
NVwZ	Neue Zeitschrift für Verwaltungsrecht
NZA	Neue Zeitschrift für Arbeitsrecht
NZM	Neue Zeitschrift für Miet- und Wohnungsrecht
NZV	Neue Zeitschrift für Verkehrsrecht
OLG	Oberlandesgericht
RGRK	Reichsgerichtsräte-Kommentar
RGSt	Entscheidungen des Reichsgerichts in Strafsachen
Rn	Randnummer(n)
Rspr.	Rechtsprechung
S.	Satz/Sätze/ Seite/Seiten
SK	Systematischer Kommentar zum Strafgesetzbuch
SPD	Sozial Demokratische Partei Deutschlands
StGB	Strafgesetzbuch
StV	Strafverteidiger (Zeitschrift)
u.a.	unter anderem/und andere
UFITA	Schriftenreihe des Archiv für Urheber-, Film-, Funk- und Theaterrecht
U.U.	Unter Umständen
VersR	Versicherungsrecht vgl. vergleiche
VVDStRL	Veröffentlichungen der Vereinigung der Deutschen Staatsrechtslehre
WM	Zeitschrift für Wirtschafts- und Bankrecht

WuM	Zeitschrift für Wohnungswirtschaft und Mietrecht
z.Zt.	Zur Zeit
ZEuP	Zeitschrift für europäisches Privatrecht
ZDF	Zweites Deutsches Fernsehen
ZIP	Zeitschrift für Wirtschaftsrecht
ZUM	Zeitschrift für Urheber- und Medienrecht
ZUM-RD	Rechtsprechungsdienst Zeitschrift für Urheber- und Medienrecht
ZPO	Zivilprozessordnung
ZRP	Zeitung für Rechtspolitik
ZWE	Zeitschrift für Wohnungs-eigentumsrecht
ZZP	Zeitschrift für Zivilprozess

Kapitel 1: Problemstellung und Zielsetzung der Arbeit sowie Methodik

I. Problemstellung

Die höchsten deutschen Gerichte, das Bundesverfassungsgericht und der Bundesgerichtshof, haben klare Richtlinien - das freie Äußern von Meinungen betreffend - vorgegeben. Richtlinien, denen die nachgeordnete Rechtsprechung folgt[2] und die nicht nur in jüngster Zeit immer wieder für Diskussionen nicht nur beim Souverän gesorgt haben, sondern letztlich auch Gedankenanstoß für die vorliegende Dissertation waren. Eine Aufarbeitung der entsprechenden Urteile erscheint schwer, da man mit medienwirksamen Urteilen schnell der Gefahr unterliegt, sich zu pauschal eine Meinung zu bilden. Hier gilt es, sich von den Pressenotizen geistig abzuheben und unter dem streng juristischen Blickwinkel, freilich nicht ohne gesellschaftlich-soziale Auswirkungen unberücksichtigt zu lassen, die gegenständliche Rechtsprechung zu würdigen.

Eine grundlegende Entscheidung sei vorab hier zitiert, da sie eine wesentliche Bedeutung für die vorliegende Arbeit hat: „Das Grundrecht auf freie Meinungsäußerung ist als unmittelbarster Ausdruck der menschlichen Persönlichkeit in der Gesellschaft eines der vornehmsten Menschenrechte überhaupt (un des droits les plus précieux de l'homme nach Artikel 11 der Erklärung der Menschen- und Bürgerrechte von 1789). Für eine freiheitlich-demokratische Staatsordnung ist es schlechthin konstituierend, denn es ermöglicht erst die ständige geistige Auseinandersetzung, den Kampf der Meinungen, der ihr Lebenselement ist. [...] Die allgemeinen Gesetze müssen in ihrer das Grundrecht beschränkenden Wirkung ihrerseits im Lichte der Bedeutung dieses Grundrechts gesehen und so interpretiert werden, dass der besondere Wertgehalt dieses Rechts, der in der freiheitlichen Demokratie zu einer grundsätzlichen Vermutung für die Freiheit der Rede in allen Bereichen, namentlich

---

2 Z.B. jüngst LG Potsdam, AfP 2006, 493; OLG München, NJW 1992, 1323; LG Stralsund, 11.09.1997, Az.: 1 S 29/97, aufgehoben durch das BVerfG, NJW 2000, 3485; LG Köln, NJW-RR 2002, 688; KG Berlin, ZUM-RD 2008, 466; OLG Saarbrücken, MDR 2010, 628; LG Köln, MMR 2010, 118; OLG München, ZUM-RD 2009, 419, 421.

aber im öffentlichen Leben, führen muss, auf jeden Fall gewahrt bleibt[3]." Mit dieser Entscheidung hat das Bundesverfassungsgericht die juristische Basis für die in dieser Arbeit zu würdigende Rechtsprechung gelegt. Es hat die Bedeutung der Meinungsfreiheit herausgestellt und zudem den nachfolgenden Gerichten Richtlinien der verfassungskonformen Auslegung von Beschränkungen der Meinungsfreiheit unter besonderer Beachtung der „Wertigkeit" dieses Grundrechts aufgegeben. Welche Auswirkungen diese Richtlinien inkludieren und wie die Justiz adäquat und analog der zitierten Grundentscheidung urteilt, soll analysiert und diskutiert werden. In einer weiteren Entscheidung hat das Bundesverfassungsgericht sodann eine klare Gewichtung der Meinungsfreiheit zum allgemeinen Persönlichkeitsrecht für die Konstellation getroffen, wenn sich die kollidierenden Rechtsgüter im politischen Kontext gegenüberstehen.

Da es Zielsetzung der Arbeit ist, insbesondere eine Reduktion des Ehrenschutzes im politischen Diskurs zu untersuchen, sei auch diese Entscheidung hier vorab zitiert, da sie letztlich die Basis vieler hier dargestellter Urteile bildet: „Soweit es sich um Auseinandersetzungen zwischen politischen Parteien in einem Wahlkampf handelt, ist deshalb Art. 21 Abs. 1 Satz 1 GG für die Zuordnung von Meinungsfreiheit und beschränkenden Gesetzen von wesentlicher Bedeutung: Er verstärkt die Vermutung für die Zulässigkeit freier Rede mit der Folge, dass gegen das Äußern einer Meinung nur in äußersten Fällen eingeschritten werden darf[4]." Mit dieser Entscheidung aus dem Jahre 1982 hat das Bundesverfassungsgericht weitere Impulse gesetzt, was die justizielle Bewertung von Äußerungsdelikten betrifft, die den Ehrenschutz tangieren. Der Ehrenschutz findet seine Grundlage implizit in der verfassungsrechtlich verbürgten Achtung der Menschenwürde sowie im allgemeinen Persönlichkeitsrecht. Er ist zudem in Art. 5 II GG explizit benannt. Mit der zuletzt zitierten Entscheidung hat das Bundesverfassungsgericht Inhalt und Grenzen des Ehrenschutzes deutlich verschoben. Betrachtet man vor diesem Hintergrund die Gerichtsentscheidungen der vergangenen Jahrzehnte zum Thema Ehrenschutz versus Meinungsfreiheit, so drängt sich zwangsläufig die Frage auf, ob diese noch zeitgemäß sind. In ihrem Kern geben diese richtigerweise Aussagen wider, die grundlegend für eine Demokratie sind, eine Demokratie, in der sich der Souverän erlauben darf und soll, kritische Standpunkte

---

3 BVerfGE 7, 198, 208.
4 BVerfGE 61, 1, 12.

auch öffentlich ohne Furcht vor Sanktionen und staatlichen Repressalien zu vertreten. Allerdings muss bedacht werden, dass die humane Koexistenz heute nicht äquivalent zu der jener Zeit ist, als diese grundlegenden Entscheidungen getroffen wurden. Ehrangriffe, wie sie heute Usus im Kampf um die öffentliche Meinungsbildung oder im Kampf um Marktanteile sind, gab es zu jener Zeit nicht in dieser Intensität. Es stellt sich mithin die Frage, ob sich auch die Rechtsprechung analog der sich verändernden Gesellschaft hätte anpassen müssen. Der Souverän nämlich erfährt tagtäglich eine scheinbare Diskrepanz zwischen gefühlter und tatsächlicher Rechtsbewertung. Oftmals ist die juristische Bewertung eines Sachverhalts alles andere als gesellschaftlich schick oder widerspricht dem Grundverständnis des juristischen Laien. Urteile aller Instanzen müssen sich dieser Bewertung stellen, so dass es verständlich erscheint, wenn man auf den ersten Blick annehmen kann, „vor Gericht und auf hoher See in Gottes Hand“ zu sein. Ob dies bei der entsprechenden, scheinbar einseitigen höchstgerichtlichen Abwägung zwischen Meinungsfreiheit und Ehrenschutz genauso ist, soll diese Dissertation beantworten. Grundlage des zu untersuchenden Themas bilden nicht nur die oben zitierten Urteile, sondern diverse Entscheidungen aus allen Instanzen, in denen bei Grundrechtskollisionen zwischen dem allgemeinen Persönlichkeitsrecht, Art. 1 I, 2 I GG und der Meinungsfreiheit, Art. 5 I GG, offenbar stets das Recht aus Art. 5 I GG das allgemeine Persönlichkeitsrecht überwog[5]. Somit stellte sich die Frage, ob eine Grundrechtsabwägung nicht zu einseitig ausfiel und das allgemeine Persönlichkeitsrecht durch höchstgerichtliche Rechtsprechung degradiert und negiert wurde. Angesichts der eklatanten Verrohung des zwischenmenschlichen Umgangs und der Sensationsgier der Menschen ist eine aktuelle Untersuchung notwendig, ob diese höchstrichterlichen Entscheidungen noch in vollem Umfange zeitgemäß sind. Gerade die letzten (Bundestags-) Wahlen (sowie das aktuelle politische und gesellschaftliche Geschehen) zeigen stets, dass nur noch derjenige Politiker Gehör findet, der den anderen coram publico mit scharfer Polemik überzieht. Auch die Stellung und Wertigkeit der Grundrechte in ihrer Gesamtschau, gerade des Art. 5 GG, muss und wird eine entsprechende Berücksichtigung finden, verschlösse man ohnedies die Augen vor dem verfassungsgeschichtlichen Hinter-

5 So z.B. BVerfGE 82, 43; BVerfGE 82, 272; BVerfGE 85, 1; BVerfGE 61, 1; Toru Mori, Der Staat 47, 258, 273; Kübler, JZ 1990, 916 f.; BGH, VersR 1984, 88; BVerfG, NJW 1980, 2069; OLG Köln, NJOZ 2009, 1449; LG Kleve, NJW 2006, 623; BGH, GRUR 1995, 270; BVerfG, NJW 1977, 2205; LG Saarbrücken, NJW-RR 1993, 730; BVerwG, NJW 1984, 2591.

grund und dem aktuellen politischen Geschehen anderer Staaten, in denen die Stellung der Meinungsfreiheit offensichtlich nicht dieselbe ist wie in Deutschland[6].

Die Arbeit soll folglich das Problem der kollidierenden Grundrechte der Meinungs- und Pressefreiheit mit dem allgemeinen Persönlichkeitsrecht begutachten und hierbei die grundlegenden Entscheidungen für die „Vermutung der freien Rede" kritisch erörtern und auf ihre zeitgemäße Geltung überprüfen. Selbstredend haben sich bereits Autoren in Aufsätzen um dieses Thema bemüht und hierbei extrem polarisierende Aussagen getroffen[7]. Jenen Ausarbeitungen fehlt aber – sicherlich um dem Anspruch eines prägnanten Aufsatzes in seiner Kürze innerhalb einer juristischen Fachzeitschrift gerecht zu werden – der Bezug zum historischen Hintergrund und ein konkreter Vergleich an höchstrichterlichen Entscheidungen auch fern des Bundesverfassungsgerichts sowie ein vermittelnder Ausblick im Zusammenspiel mit dem Blickwinkel als Teil der Judikatur heraus. Zudem ist es sinnvoll, sich gerade vor dem Hintergrund der jüngsten Rechtsprechung die Frage dieser Dissertation erneut zu stellen, mag sie nun anders bewertet werden können als noch vor Jahren.

Die Arbeit ist aus dem Blickwinkel eines Richters geschrieben, der in seiner täglichen Arbeit auch mit den hier zu analysierenden, kollidierenden Rechtsgütern zu tun hat und - quasi „an der Basis" - entscheiden muss, wie die höchstrichterliche Rechtsprechung zu diesem Thema umzusetzen ist. Hierbei sind sowohl die Rechtslage als auch das juristische Rechtsempfinden der Verfahrensbeteiligten zu beachten. Dies stellt eine schwierige Aufgabe dar, erscheint doch für den Souverän oftmals die höchstrichterliche Rechtsprechung unverständlich und wenig nah an den wirklichen Bedürfnissen der widerstreitenden Parteien. Hinzu kommt, dass die verfassungsgerichtliche Überprüfung des festgestellten Sachverhaltes durch das Tatgericht keine originäre Kompetenz des Bundesverfassungsgerichts darstellt, den eigentlichen Prüfungsgegenstand zu verändern, umzuinterpretieren oder im Sinne eines vollumfänglichen Meinungsfreiheitsschutzes diesen einer fern liegenden Deutung zuzuführen. Das Bundesverfassungsgericht überschreitet klar seine Prüfungskompetenz und seinen vom Grundgesetz eingeräumten Kognitionsbereich. Es beansprucht so die tatrichterliche Deutungskompetenz für sich und greift ungerechtfertigt in Entschei-

---

6 Als Beispiel sei an dieser Stelle die Meinungsfreiheit in der Türkei genannt. Ausführungen hierzu siehe unter Kapitel 4.

7 Etwa Ossenbühl, JZ 1995, 633, 636; Kriele, NJW 1994, 1897, 1901; Kiesel, NVwZ 1992, 1129, 1333.

dungsspielräume ein, die der sachnäheren Fachgerichtsbarkeit mit ihren Aufklärungs- und Erkenntnismöglichkeiten in der mündlichen Verhandlung vorbehalten sind. Wie also ist Recht zu sprechen, wenn höchstrichterliche Kasuistik beachtet werden muss und der Tatrichter gleichzeitig verständlich im Namen des Volkes zu entscheiden hat? Besteht eine faktische Diskrepanz zwischen den zu diskutierenden Richtlinien des Bundesverfassungsgerichts und den Anforderungen an die rechtliche Würdigung des tatsächlichen politischen Diskurses?

II. Aktualität des zu untersuchenden Themas

Die „klassischen" Entscheidungen „Zwangsdemokrat[8]", „Strauß deckt Faschisten[9]", „CSU, die NPD Europas[10]" u.v.m. haben bereits zu Studienzeiten mein Interesse geweckt und die Entscheidungen des Bundesverfassungsgerichts stets kritisch reflektieren lassen. Auch die bekannten „Soldaten sind Mörder[11]"- Entscheidungen hatten seinerzeit öffentliches Aufsehen erregt wie kaum andere. Die diesen Entscheidungen zugrunde liegende höchstgerichtliche Rechtsprechung wurde von Bundesgerichtshof und Bundesverfassungsgericht weiter konkretisiert in ähnlich gelagerten Fällen, wie zum Beispiel in jüngerer Zeit durch die Entscheidung „Holocaust = Babycaust[12]", einem an sich unverzeihlichen Vergleich zweier völlig fremder Sachverhalte und völlig unterschiedlicher Motive. Doch nicht nur diese prominenten „Lehrbuchurteile", sondern alle anderen Urteile mit dem hier zu diskutierenden Untersuchungsgegenstand haben signifikante gesellschaftliche und politische Auswirkungen, nicht nur auf die Fortentwicklung der interhumanen Sprachkultur. Die aus ihnen folgende politische Relevanz nahm und nimmt für den politisch interessierten Menschen stets einen hohen Stellenwert ein, dessen Berücksichtigung in jenen Entscheidungen auch Thema dieser Arbeit sein wird. Es wird die Rechtsprechung daher darauf überprüft, ob sie politische und gesellschaftliche Auswirkungen zu Genüge bedacht hat. Vergessen

---

8 BVerfGE 82, 272; Toru Mori, Der Staat 47, 258 ff.; Tettinger, JZ 1990, 1074 f.

9 BVerfGE 82, 43; Kübler, JZ 1990, 916 f.; Toru Mori, Der Staat 47, 258 ff.

10 BVerfGE 61, 1; BVerfG, AfP 2009, 361.

11 Diverse oberste Gerichte hatten sich mit mehreren gleich gelagerten Fällen in diesem Zusammenhang zu beschäftigen, z.B. BVerfGE 93, 266; BVerfGE 86, 1. Eine Tendenz zu Freisprüchen mit Verweis auf die Meinungsfreiheit ist klar zu erkennen, vgl. BVerfG, NJW 1995, 3303 ff.

12 BGH, NJW 2000, 3421; Valhe, DVP 2001, 307; Seitz, NJW 2003, 3523; BVerfG, NJW 2006, 3769 Hochhuth, NJW 2007, 192.

werden darf bei allen Entscheidungen, die die kollidierenden Rechtsgüter Meinungsfreiheit und Persönlichkeitsrecht betreffen, nämlich nicht, dass die Reputation des Einzelnen auch ein entscheidender ökonomischer Faktor ist.

1) Untersuchungsgegenstand im aktuellen medialen Kontext

Wie aktuell die zu untersuchende Materie ist, zeigt sich im zunehmend rücksichtsloser werdenden Kampf um Medienmarktanteile. Diverse Medienunternehmen, nicht nur Funk oder Fernsehen, sondern auch Print, versuchen durch spektakuläre Berichterstattung neue Marktanteile zu erhalten und alte Marktanteile zu manifestieren. Unwahre bzw. reißerische Berichterstattungen über Personen[13] und Unternehmen sind dabei Grundsätze der Sprachkultur, ehrverletzende Berichte aus der Privatsphäre prominenter und nicht prominenter Persönlichkeiten haben offensichtlich Hochkonjunktur[14]. Wird die Reputation eines Unternehmens oder werden Persönlichkeitsrechte von Personen durch eine unzulässige Berichterstattung beeinträchtigt, bieten die Ansprüche des Presserechts dem Verletzten zwar grundsätzlich Schutz[15], inwieweit diese formal juristisch durchsetzbaren Ansprüche aber tatsächlich ein effektives Abwehrinstrumentarium darstellen, erscheint suspekt und diskutabel. Dieses ehrangreifende Verhalten soll anhand der nachstehenden aktuellen Beispiele skizziert und so die gegenwärtige Notwendigkeit des Überdenkens der hier zu diskutierenden Rechtsprechung verdeutlicht werden. Dass der zu untersuchende Gegenstand und die Problemstellung einer neuen Überlegung bedürfen und die Rechtsprechung erneut kritisch zu analysieren ist, zeigt sich nicht nur an der grundsätzlichen Relevanz derselben, sondern auch daran, dass sie sich stetig repetiert und auf die gleichen Richtlinien seit Jahrzehnten rekurriert.

An dieser Stelle sei daher beispielsweise ein medienwirksames Urteil dargestellt, dass in der späteren Erörterung noch diskutiert wird. Die Entscheidung ist hoch dis-

---

13 Meist selbstredend Personen der Zeitgeschichte, siehe z.B. Landgericht Frankfurt am Main, Az.: 6350 Js 207691/03 (Andreas Türck Prozess); Landgericht Hamburg, Az.: 324 O 213/06 (Westerwelle ./. Schröder, „Gazprom“).

14 Wobei hier auch zwischen tatsächlich gewollten Aufmachungen abgegrenzt werden muss, die gezielt als PR-Maßnahmen eingesetzt und vermarktet werden.

kutabel. Das Landgericht Potsdam wies am 14.09.2006 die Klage von René Weller gegen Günther Jauch wegen dessen Äußerung über den ehemaligen Profisportler Weller in der Sat1 Sendung „Wer wird Millionär?“ vom 23. Dezember 2005 ab. In der Sendung hatte der Moderator Jauch mit einem Kandidaten ein Gespräch geführt, in dessen Zusammenhang der Kandidat die Frage beantworten sollte, wer im Jahre 2004 als ungeschlagener Boxweltmeister abgetreten sei. Als eine der Antwortmöglichkeit war der Name von René Weller vorgeschlagen worden. Der Kandidat hatte sich schließlich für die richtige Antwort, also nicht für René Weller, entschieden und dabei sinngemäß geäußert, dass er die Antwortmöglichkeit „René Weller“ nicht in Betracht gezogen hätte, weil dieser im Jahr 2004 „im Knast gesessen“ habe. Daraufhin hatte Moderator Jauch gesagt: „Wobei ich mich nicht getraut hätte zu sagen, dass René Weller zu der Zeit im Knast gesessen hätte. Aber das stimmt ja. Der sitzt ja dauernd im Knast.“ Das Publikum erfreute sich an der polarisierenden Äußerung; für die Quote wird dies förderlich gewesen sein. Dass mit der Kundgabe ein Mensch öffentlich vor einem Millionenpublikum zur besten Sendezeit als Dauerstraftäter diskreditiert wurde, zeigt die Quote freilich nicht. René Weller, der in der Tat im Juni 1999 wegen Hehlerei und anderer Delikte zu einer Gesamtfreiheitsstrafe von sieben Jahren verurteilt worden war, sah indes in der Äußerung eine Verletzung seines Persönlichkeitsrechts und hatte Jauch deshalb insoweit auf Unterlassung und Widerruf in Anspruch genommen. Außerdem hatte er Schmerzensgeld und Schadensersatz wegen entgangenen Gewinns begehrt. Moderator Jauch hatte in seiner Äußerung keine Verletzung des Persönlichkeitsrechts gesehen, weil seine Äußerung in dem Zusammenhang, in dem er sie gemacht habe, weder eine falsche Tatsachenbehauptung noch Schmähkritik enthalten habe. Diese publikumswirksame Gerichtsentscheidung hatte bereits vor deren Verkündung polarisiert, wurde allerdings zumeist in nicht-juristischen Kreisen eher unter gefühlsmäßigem Fokus diskutiert. Als Begründung für seine Entscheidung führte der Richter der 2. Zivilkammer, Marc Spitzkatz im wesentlichen an, die Meinungsäußerung Jauchs in dessen TV-Sendung „Wer wird Millionär“ erreiche nicht die Grenzen der Schmähkritik. Auf dieses juristische Instrument der Schmähkritik wird noch vertieft eingegangen werden, bildet die Schmähkritik doch eine Barriere, die oftmals über Rechtmäßigkeit oder Rechtswidrigkeit einer

15 Zu Gegendarstellung, Unterlassung, Berichtigung, Schadensersatz und Geldentschädigung siehe unter Kapitel 4.

Äußerung entscheidet, zumindest aber, ob die inkriminierte Äußerung an der Abwägung zwischen beiden Grundrechten partizipiert.

Dass Qualitäts- und Bildungsfernsehen mit sachlicher Darstellung und unter Verzicht von Angriffen auf die Reputation des Betroffenen offenkundig obsolet ist, fasste in 2008 auch (über die Art und Weise sowie den richtigen Zeitpunkt kann man trefflich streiten) Marcel Reich-Ranicki im Gespräch mit Thomas Gottschalk zum Thema Qualitätsfernsehen zusammen, das er kurzerhand als „Blödsinn" bezeichnete. Er lehnte folgerichtig den Ehrenpreis anlässlich der Verleihung des deutschen Fernsehpreises ab[16]. Qualitätsfernsehen scheint in Vergessenheit zu geraten und ein Antiquariat darzustellen. Die im Vordergrund stehende Quote gewinnt bei Hetze, perfider Diffamierung und Brutalität. Es muss folglich überprüft werden, ob die höchstgerichtliche Rechtsprechung kausal für diese Auswirkungen ist oder bei ihrer Entscheidungsfindung zu Lasten des allgemeinen Persönlichkeitsrechts relevante außerjuristische Auswirkungen nicht bedenkt. Die Zeichen der scheinbar ungezügelten Meinungsfreiheit stehen nie still, die Aktualität des Dissertationsthemas ist gegeben, was sich nicht zuletzt auch daran zeigt, dass bereits während des Verfassens dieses Kapitels neue Kollisionen zwischen den Grundrechten der Meinungs- bzw. Kunstfreiheit und dem allgemeinen Persönlichkeitsrecht offenkundig wurden.

So hatte beispielsweise der TV- Entertainer Stefan Raab in seiner Sendung „TV Total" in Pro7 vom 19.09.2006 einen Ausschnitt aus dem „Herbstfest der Volksmusik", einer Sendereihe in der ARD, gezeigt und sodann gesagt: „Nach diesem Lied will Heino sich endlich zurückziehen und seinen Lebensabend mit Eva Braun - äh, Hannelore - verbringen." Ein Vergleich der Ehefrau Heinos mit der Geliebten Adolf Hitlers mag nicht nur unter moralischen Aspekten völlig außerhalb des Annehmbaren liegen, sondern auch vor dem Hintergrund der gegenständlichen höchstgerichtlichen Entscheidungen die Frage aufwerfen, wie ein hieraus resultierender Unterlassungsprozess höchstgerichtlich entschieden würde. Auf die rechtliche Durchsetzbarkeit wird in Kapitel 7 explizit eingegangen.

Ferner titelte das Satire Magazin „Titanic" im Juli 2006 „Problembär außer Rand und Band – Knallt die Bestie ab!" Illustriert wurde diese Schlagzeile mit dem Konterfei des damaligen SPD-Vorsitzenden Kurt Beck. Diese offenkundig ehrkränkenden Äußerungen werden auch unter dem Aspekt der Satire noch zu beleuchten sein, weshalb hier auf Kapitel 4 verwiesen wird. Gerade die Satire, die juristisch extensiv ausgelegt wird, ermöglicht es nämlich durch geschickte Stilmittel, den politischen Gegner zu diskreditieren und dabei verfassungsrechtlichen Schutz zu genießen.

2) Untersuchungsgegenstand im aktuellen gesellschaftlichen Kontext

Nicht nur im „Medienspektakel der Fernsehunterhaltung" haben diverse Urteile für Aufsehen gesorgt, die ebenfalls als Gedankenanstoß zu dieser Dissertation dienen und anhand derer der politische Schlagabtausch unter Berücksichtigung der kollidierenden Grundrechte gewürdigt werden soll, sondern auch im gesellschaftlichen, bürgerlichen Leben haben aktuell gerichtliche Entscheidungen für eine politische und rechtliche Brisanz gesorgt, die vor dem Hintergrund jener bundesverfassungsgerichtlichen Leitsätze zu würdigen sind. So hat das Bundesverfassungsgericht am 05.02.1998 einstimmig einen Beschluss des Landgerichts Zwickau vom 18. Januar 1995[17] sowie das Urteil des Amtsgerichts Plauen vom 21. September 1994[18] aufgehoben, da sie nach Ansicht der erkennenden Richter den Beschwerdeführer in seinem Grundrecht aus Artikel 5 I 1 GG verletzten. Dieser hatte seine Meinung über die Gewerbesteuer in einem persönlichen Schreiben an den Oberbürgermeister dadurch kundgetan, dass er jenem „Wegelagerei" und „Abzockerei" vorwarf. In der Entscheidung wurde mit Hilfe der Justiz der Meinungsfreiheit gegenüber dem allgemeinen Persönlichkeitsrecht der Vorrang gegeben und Grundrechte einseitig verlagert. Begründet wurde die Entscheidung im Wesentlichen damit, dass sich staatliche Institutionen, die nicht originär den Schutz der persönlichen Ehre beanspruchen können, im Einzelfall schärfere Kritik gefallen lassen müssen als natürliche Personen. Die Rechtsprechung geht bei der Entscheidungsfindung davon aus, dass in einem solchen Fall das Gewicht der Meinungsfreiheit bei der Abwägung besonders hoch zu veranschlagen ist, weil das Grundrecht gerade aus dem besonderen Schutzbedürfnis der Machtkritik erwachsen ist und darin unverändert seine Bedeutung findet[19]. In ei-

16 www.zdf.de/zdfmediathek/hauptnavigation/beitrag/ranicki.
17 Landgericht Zwickau, 3 Ns 652 Js 25266/93 vom 18.01.1995.
18 Amtsgericht Plauen, 3 Cs 652 Js 25266/93 vom 21.09.1994.
19 Bundesverfassungsgericht, 1 BvR 410/95 vom 05.02.1998.

nem thematisch ähnlich zu beurteilenden Fall hatte das Bayerische Oberste Landesgericht der Meinungsfreiheit in einem Beleidigungsprozess überwiegende Bedeutung eingeräumt, als Polizisten anlässlich einer Verkehrskontrolle als „Wegelagerer" beschimpft wurden[20]. Nun mögen unter Umständen ohne rechtliche Analyse diese Fälle amüsant wirken, vielleicht mag man sogar die Tatsache, dass die Justiz in der Sache entscheiden muss, als infantil betrachten, allerdings sollen sie vor dem Hintergrund des hier zu diskutierenden Themas eine andere Beleuchtung finden. Die klare Negation des Schutzes der persönlichen Ehre durch höchstgerichtliche Rechtsprechung unter Verkennung der grundsätzlichen Gleichwertigkeit der hier zu diskutierenden Grundrechte wird explizit in Kapitel 6 und Kapitel 7 erörtert. Besonders evident ist die falsche Gewichtung dieser Grundrechte in strafrechtlichen Fällen, in denen Polizisten Gegenstand von Beleidigungen sind. Hier scheint es bei einer gewissen Schicht von Tätern üblich zu sein, rechtmäßig handelnde Kommissare auf das Übelste zu beleidigen. „Hure" u.ä. sind Termini, die den Polizisten oftmals bei schon geringen polizeilichen, rechtmäßigen Maßnahmen, wie einer Personenkontrolle, entgegengebracht werden. Selbstredend hat der Richter, bei Vorliegen der gesetzlichen Voraussetzungen, wegen Beleidigung zu verurteilen. Hierbei hat der Amtsrichter auch die Richtlinien der höchstgerichtlichen Rechtsprechung zu beachten und diesen zu folgen. Eine Abweichung von diesen Richtlinien ist rechtlich diskutabel, aber nicht zu beanstanden, was ebenfalls in Kapitel 6 aufzuzeigen ist. Das Verwehren gerichtlichen Schutzes bedeutet letztendlich, den in der Ehre Angegriffenen zu desavouieren.

3) Untersuchungsgegenstand im aktuellen politischen Kontext

Offenbar stets aktuell ist der Untersuchungsgegenstand im politischen Kontext. Neben den bereits erwähnten „klassischen" Entscheidungen ist auch im aktuellen politischen Diskurs der Ehrenschutz Hauptthema, der unter höchstrichterlicher Rechtsprechung eine extrem diskutable Würdigung erhält. So erhitzte die fesselnde und

20 BayObLG, NJW 2005, 1291 ff.; Otto, NJW 2006, 575, 577; ähnliche Termini wurden entsprechend zugunsten der Meinungsfreiheit entschieden, vgl. etwa OLG Stuttgart, NStZ-RR 2009, 50 („All cops are bastards"); AG Berlin-Tiergarten, NZV 2009, 254 („Oberförster"); LG Regensburg, NZV 2006, 218 („Bulle"); KG Berlin, NStZ 2005, 693 („Da kann ja jeder Clown kommen").

wählerwirksame Diskussion um ein angebliches politisches Kaufangebot an die Freien Wähler (FWG) Hessen[21] seitens des damaligen hessischen Ministerpräsidenten Roland Koch (CDU) die politischen Gemüter. Grob wurden Thesen laut, in denen es um das angebliche Angebot „Verzicht auf Teilnahme an der Landtagswahl 2008 gegen Gesetz“ geht, frei nach dem Motto „do ut des[22]“. In Hessen fand die nächste Landtagswahl zwar erst am 27. Januar 2008 statt. Dies schien die Parteien aber nicht davon abzuhalten, bereits über ein Jahr zuvor sich gegenseitig zu attackieren und perfide zu diffamieren, als stünde der Wahltermin kurz bevor. Hintergrund der Diskussion ist, dass das Bundesverfassungsgericht in einer Entscheidung aus dem Jahr 1992[23] den Parteien aufgegeben hatte, die Diskriminierung von freien, unabhängigen und überparteilichen Wählergemeinschaften zu beseitigen, was ebenso mit der Parteienfinanzierung korrespondieren sollte. Einer Umsetzung des Urteils war man bislang nicht nachgekommen. So wurden aktuell gegenseitig Anschuldigungen laut, die Presse titelte mit Schlagworten wie „Erpressung“ oder „Nötigung[24]“, Ministerpräsident Koch selbst sprach von einer für ihn und die Union „ehrenrührigen Kampagne“ der FWG-Führung, die mit Falschdarstellungen ihre eigenen Mitglieder getäuscht habe, um den Widerstand gegen eine Teilnahme an der Landtagswahl zu überwinden[25]. In einem Radiointerview äußerte Koch zudem die Vermutung, der Landesvorsitzende der Freien Wähler, Thomas Braun, führe einen „Rachefeldzug“ gegen ihn. Im Gespräch begründete er dies mit der möglichen Ursache, das frühere CDU-Mitglied Braun habe es wohl nicht verkraftet, dass er vor drei Jahren in Kochs Wahlkreis mit dem Versuch gescheitert sei, als Bürgermeisterkandidat in Bad Soden a. Ts. nominiert zu werden[26]. Die CDU hätte aus verfassungsrechtlichen Gründen eine Kommunalwahlfinanzierung der FWG bei einer Teilnahme an der Landtagswahl abgelehnt, weil diese dann, anders als die übrigen Parteien, doppelt finanziert wür-

21 Der durchschnittliche Stimmenanteil von allen freien Wählergemeinschaften (FWG) lag bei der Kommunalwahl 2006 bei etwas mehr als 8 Prozent, der gewichtete Stimmenanteil der im Landes verband organisierten FWG bei 5,2 Prozent.

22 Lat.:„Ich gebe, damit Du gibst“.

23 BVerfGE 85, 264; von Dornhaupt, BB 1993, 51 f.; von Arnim, ZRP 2007, 223 ff.; Drysch, NVwZ 1994, 219 f.

24 Z.B. „Die Zeit“ vom 13.11.2006.

25 Frankfurter Allgemeine Zeitung, vom 15.11.2006.

26 Daraufhin hatte Braun die CDU verlassen und war bei den Freien Wählern eingetreten. Ein erneuter Versuch Brauns, im Jahre 2009 zum Bürgermeister in Bad Soden gewählt zu werden, scheiterte im Übrigen auch.

de[27]. Es erschien fast nebensächlich, wie diese politische Schlacht ihren Ausgang finden würde, klar war jedenfalls bereits zu diesem Zeitpunkt, dass das politische Ziel, möglichst präsent in den Medien vertreten zu sein, durch geschicktes Äußern von Werturteilen und jedenfalls schwer nachweisbaren Tatsachenbehauptungen, bereits erreicht war. Juristische Auswirkungen würde dieses politische Schachspiel im Hinblick auf die bestehende höchstrichterliche Rechtsprechung ohnehin nicht haben. Die im Fokus dieser Erörterung stehende Rechtsprechung negiert nämlich durch ihre Würdigung von „Mischäußerungen" zwischen Tatsachenbehauptungen und Werturteilen klar den Schutz der persönlichen Ehre. Der Ehrenschutz wird dadurch verengt und auf ein Minimum reduziert, dass Äußerungen zu Gunsten des sich Äußernden verstanden werden. Im Zweifel entscheidet sich die hier zu kritisierende höchstgerichtliche Rechtsprechung bei Mischäußerungen für das Werturteil, und im politischen Diskurs werden die Grenzen sogar noch enger gesteckt. Bei mehreren möglichen Deutungen der Aussage muss demnach schließlich diejenige Äußerung der rechtlichen Beurteilung zugrunde gelegt werden, die dem in Anspruch Genommenen günstiger ist und den Betroffenen weniger belastet[28]. Und lassen sich Tatsachenkern und Werturteil nicht mehr dergestalt voneinander trennen, dass sie aus sich heraus noch verständlich sind, sondern der Sinn der Äußerung verfälscht wird, ist die entsprechende Äußerung insgesamt nach Ansicht der Verfassungsrichter als geschützte Meinungsäußerung zu werten[29].

Dies hatte einige Monate vor der eigentlichen Wahl dann auch die schärfste Konkurrentin des damaligen hessischen Ministerpräsidenten, Andrea Ypsilanti von der SPD, bemerkt. Je knapper Meinungsumfragen den Ausgang der Landtagswahl erschienen ließen, desto schärfer und populistischer wurde der Ton zwischen den politischen Kontrahenten. Die bekannten Rededuelle, die bislang aus bundespolitischen Wahlen oder den USA bekannt waren, hielten in diesem Landtagswahlkampf erfolgreich Ein-

---

27 Frankfurter Allgemeine Zeitung, vom 15.11.2006.

28 Nach Ansicht des Bundesverfassungsgerichts soll Ziel der Deutung die Ermittlung des objektiven Sinns einer Äußerung sein. Maßgeblich soll daher weder die subjektive Absicht des sich Äußernden noch das subjektive Verständnis des Rezipienten sein, sondern der Sinn, den sie nach dem Verständnis einer unvoreingenommenen und verständigen Publikums hat. Eine isolierte Betrachtung des fraglichen Äußerungsteils ist daher für die Sinnermittlung nicht ausreichend nach Ansicht der Verfassungsrichter, BVerfGE 61, 1; BVerfGE 82, 272, 280 ff; BVerfGE 85, 1; BVerfGE 93, 266, 295 ff.; BGHZ 139, 95.

29 Vgl. hierzu BVerfGE 85, 1, 14 f.; BVerfG, NJW 1993, 1845; BGH, NJW 1994, 2614, 2615; BVerfGE 82, 43, 52; BVerfG, NJW 1995, 3303, 3309. Zur Tragweite des Grundrechts aus Art. 5

zug in die Medien, die Einschaltquoten auf Landesebene waren hoch[30], und der Rezipient konnte sich des Eindrucks kaum erwehren, als würden - zumindest von Teilen - die Duelle genutzt, um möglichst den politischen Widerpart zu diskreditieren, und nicht, um politische Inhalte zu vermitteln und für sich und seine Partei aus politischer Überzeugung heraus zu werben. Es wurde evident, dass die politische Überzeugungsbildung zur artifiziellen Staffage mutierte; Ziel war die Eliminierung der Reputation des Gegners. Fernsehduelle an sich sind nicht neu in Deutschland, deren Historie beginnt mit einem Duell, das erst gar nicht zustande kam. Im Jahre 1969 nämlich forderte der SPD-Kanzlerkandidat Willy Brandt den CDU-Kanzler Kiesinger zu einem gemeinsamen Auftritt auf. Kiesinger lehnte weise ab. Danach dauerte es mehr als 30 Jahre lang bis zum ersten Duell. Mittlerweile sind Fernsehduelle ein beliebtes politisches und medienwirksames Ritual. Leider im Fokus dieser Duelle, weil oftmals nur noch der Showcharakter im Vordergrund steht, sind nicht die politischen Inhalte, sondern persönliche Diffamierungen.

Je näher in Hessen der Termin des 27. Januars 2008 rückte, desto mehr schaltete sich schließlich auch die Bundespolitik ein, freilich zur Unterstützung der parteieigenen Kollegen[31]. Dies geschah allerdings nicht nur in der Präsentation der besonderen Fähigkeiten der Parteifreunde, sondern nahezu überwiegend in der Verunglimpfung des politischen Gegners. Roland Koch (CDU) wurde beispielsweise von Reinhard Bütikofer (Bundesvorsitzender von Bündnis 90/Die Grünen) im Streit um das Thema Jugendgewalt als „Hetzer der Woche" tituliert[32], ähnliche Ausdrücke gebrauchte Altkanzler Gerhard Schröder[33] (SPD), die Zeitschrift „Hürriyet" bezeichnete ihn als „Rassist[34]", aber auch die Antwort des hessischen Innenministers, Volker Bouffier (CDU), ließ nicht lange auf sich warten. Dieser bezeichnete daraufhin prompt Gerhard Schröder als den „größten Hetzer[35]". Wie bei dieser Sprachkultur noch die eigentliche Aufgabe der Politik gewahrt wird, vermag sich bei solchen Dis-

---

I GG vgl. auch BayObLG, NJW 1991, 1493; AG Spaichingen, NJW 1991, 1496, Kübler, JZ 1990, 916; BVerfG, NJW 1991, 95, Tettinger, JZ 1990, 1073.

30 In der Spitze bei 1,5 Mio. Zuschauern bundesweit zwischen 20:15 Uhr und 21:45 Uhr laut ddp.

31 Bis auf den früheren SPD Vizechef und Bundeswirtschaftsminister Wolfgang Clement (SPD), der der hessischen SPD Kandidatin öffentlich in Sachen „Atom- und Kohlekraftwerke" in den Rücken fiel und den Wählern quasi empfahl, Frau Ypsilanti nicht zu wählen. Dies löste Gelächter in den Reihen der „bürgerlichen Parteien" und Verbitterung in den Reihen der SPD aus.

32 Zeitschrift Focus, 14.1.2008.

33 Dieser warf Roland Koch „Wahlkampfhetze" vor.

34 Siehe hierzu den Bericht in der TAZ, 24.1.2008.

35 Siehe hierzu den Bericht in der Zeitschrift „Der Spiegel" vom 10.1.2008.

kussionen nicht vollends zu erklären. Gleichwohl werden solchen Äußerungen, wie noch zu zeigen sein wird, höchstrichterlicher Schutz eingeräumt, was juristisch fraglich erscheint. Wie modern ein Wahlkampf gestaltet werden kann, zeigte auch der neu anmutende Rückgriff immensen Ausmaßes auf das Internet. Auf ihren Webseiten hatten die Parteien in Videos und E-Cards versucht, den politischen Gegner bewusst an den Pranger zu stellen. Bündnis 90/Die Grünen aus Hessen beispielsweise hatten auf ihrer Website eine Videosequenz zum kostenlosen Download angeboten, die den hessischen Ministerpräsidenten Roland Koch zeigte. Hierbei wurde die Erkennungsmelodie von „Pinocchio[36]" eingespielt, und die Nase von Koch verlängerte sich wie die des lügenden Holzbengels in der (Kinder-)Geschichte. Hierzu wurde getitelt „Roland Koch: Ein Mann, auf dessen Wort man nicht vertrauen kann[37]" Auch hatten SPD und Bündnis 90/Die Grünen extra hierfür eigene Websites programmiert[38], die offensichtlich das Ziel verfolgten, Roland Koch möglichst weitflächig in allen Medien zu diskreditieren und in den Fokus der Lächerlichkeit zu stellen. Auf die Art dieses Stilmittels wird noch unter Kapitel 4 eingegangen. Größter Streitpunkt dieser Landtagswahl war dann eine Zusammenarbeit mit „Der Linken". Die „bürgerlichen Parteien" warfen den anderen, insbesondere der SPD um Ypsilanti, vor, latent auf diese Partei zu setzen, um an politischer Macht zu gewinnen. Ypsilanti dementierte dies vehement. Nach dem knappen Wahlausgang mit keiner klaren Mehrheit konnte sie sich offenbar nicht mehr an ihr Dementi erinnern und sah schließlich doch die Möglichkeit der Zusammenarbeit mit der Linken, um neue Ministerpräsidentin Hessens werden zu können. Ein politischer Schaden, auch auf Bundesebene, wegen des Vertrauensbruches gegenüber der Wählerschar war logische Folge. Die Umfragewerte beim Souverän sanken rapide, auch für den väterlichen Freund Ypsilantis, Kurt Beck. Andrea Ypsilanti wurde daraufhin in den Medien als „Lügilanti" betitelt[39], was ebenso verwerfenswert erscheint wie ihr Wortbruch. Auch Beck fiel rasant in den Umfragewerten. Seine politische Konsequenz ist bekannt. Unabhängig jeglicher persönlicher politischer Ausrichtung, drängt sich die Frage auf, wie viel dies alles mit den Wahlinhalten und damit unmittelbar verknüpft auch mit der politischen Richtung

---

36 Carlo Collodi aus Florenz hat sich die Kindergeschichte Ende des 18. Jahrhunderts ausgedacht.

37 Siehe unter der Homepage des Bündnis 90/Die Grünen; http://www.gruene-hessen.de/cms/default/rubrik/12/12573.video_ii.htm.

38 www.kochkocht.de sowie www.schwarzbuchkoch.de.

39 Etwa in der Bildzeitung vom 05.03.2008 oder im Nachrichtensender n-tv vom 07.03.2008.

und dem Wohlergehen des Landes und seiner Bürger zu tun hat. Medienwirksam waren die gegenseitigen Bezichtigungen gleichwohl. Aber darf Medienwirksamkeit allein das erstrebenswerte Ziel sein oder muss die Justiz sich schützend vor ein Mindestmaß an Sprachkultur stellen?

Die Dissertation soll vor diesem Hintergrund die aktuelle Frage klären, ob die offensichtlich „höchstgerichtliche Sicherheit" des sich Äußernden uferlose gesellschaftliche Auswirkungen hat, wie man sie nicht nur an den vergangenen Bundestagswahlen, die an ein modernes „panem et circenses[40]" erinnern, sehen kann. Der politische Zweikampf der Spitzenkandidaten scheint in Wahrheit mehr Show-Business als Sachdiskussion zu sein, der Kampf um die Aufmerksamkeit des Rezipienten verschärft sich, aber der rhetorische Schlagabtausch durch alle politischen Parteien hindurch fasziniert das Publikum. Von der Blamage bis zur persönlichen Beleidigung wird auf der „politischen Bühne" alles geboten, wobei gerade möglichst verletzende Termini den politischen Diskurs zu begeistern vermögen. Mediendemokratie ist wohl nur eine verharmlosende Bezeichnung für die aktuelle Entwicklung. Medien sind notwendig für eine Massendemokratie – sie verändern sie aber auch nachhaltig. Der Ton wird schärfer und überschreitet oftmals (nicht nur) sittliche Grenzen. Die notwendige Folge scheint es, dass nur noch der Politiker auf einen guten Wahlausgang hoffen kann, der sich mit den Medien gut stellt und geschickt den politischen Gegner in denselben diskreditieren kann. Hierzu sind private Missstände besonders gut geeignet, wie es sich in den vergangenen (Bundestags-)Wahlen stets offenbart hat.

So schien im Vorfeld der Wahlen die Fokussierung auf private Beziehungsneigungen von Westerwelle[41] oder Wowereit[42], Haarfärbemittel Schröders oder auf Ost/West-Zugehörigkeit wichtiger gewesen zu sein, als politische Inhalte. Auch „*der* Professor aus Heidelberg" war schnell das Opfer einer Wahlkampagne. Mit dieser Wortwahl und Betitelung wurde stets spöttisch und bewusst für sich wahlwerbend von Gerhard Schröder über Paul Kirchhof, einen hoch angesehenen Juristen[43] und Hoffnungsträger der CDU-Wahlkampagne 2005 geredet und dieser bewusst in der öffentlichen Meinung diskreditiert. Wenige Wochen später war Kirchhof in der scheinbar breiten

40 Lat.: „Brot und Spiele".

41 Guido Westerwelle war von 1994 bis 2001 Generalsekretär der FDP, nunmehr ist er Partei- und Fraktionsvorsitzender der Partei.

42 Klaus Wowereit, Regierender Bürgermeister von Berlin, SPD.

43 Kirchhof war Direktor des Instituts für Finanz- und Steuerrecht an der Universität Heidelberg und ist Bundesverfassungsrichter a.D.

öffentlichen Meinung ein „herzloser Radikalreformer, ein Garant für soziale Kälte", seine eigentlichen politischen Argumente waren nicht mehr interessant. Manch obsiegender Politiker war am Ende derjenige, der seinen Gegner dank der scheinbar grenzenlosen Meinungsfreiheit politisch desavouiert hatte. Dies wirft Fragen bezüglich der Realisierung der eigentlichen politischen Funktion, dem Gerechtwerden des verfassungsrechtlichen Grundgedankens und einhergehend der politischen Bildung des Volkes auf; o tempora, o mores[44]. Vor dieser fortschreitenden Minimierung des gegenseitigen politischen und humanen Respekts wird die zu diskutierende höchstgerichtliche Rechtsprechung in Kapitel 6 gewürdigt und analysiert.

III. Aufbau und Methodik

In einem ersten Schritt dieser Arbeit sollen die Grundlagen der besagten Rechtsprechung durch Darstellung der entsprechenden Grundrechte sowie deren Historie und Stellung innerhalb des Staates skizziert werden. Ein vergleichender Blick zur rechtlichen Stellung der Meinungsfreiheit in anderen Staaten soll die Wertigkeit dieses Grundrechts und dessen gerichtliche Schutzbedürftigkeit darlegen. Nur wenn die Basis der höchstrichterlichen Entscheidungen und das Bewusstsein der Notwendigkeit allen gerichtlichen Schutzes zugunsten der Meinungsfreiheit klar sind, kann man diese diskutieren und vor der aufgeworfenen Frage kritisch würdigen. Innerhalb dieses Abschnitts wird eine grundsätzliche Übersicht erfolgen, der sich eine spezifische Begutachtung in Bezug auf die Auswirkung der höchstgerichtlichen Rechtsprechung in der Politik anschließen wird. Um nicht völlig losgelöst im letzten Abschnitt eine Wertung vorzunehmen, werden bereits in dem ersten, grundlegenden Teil dieser Dissertation auch Beispiele aus der Rechtsprechung skizziert und Wertungen vorgenommen.

In einem weiteren Schritt soll die Rechtsprechung in ihrem verfassungsrechtlichen Kontext vorgestellt werden und schließlich in einem letzten Schritt eine kritische Auseinandersetzung mit der höchstrichterlichen Rechtsprechung als Konkretisierung der bereits in Abschnitt 1 aufgestellten Wertungen sowie die Auf- und Darstellung verschiedener eigener Thesen erfolgen. Es soll insbesondere darauf eingegangen wer-

44 Lat.: Oh Zeiten, oh Sitten.

den, wie sich die politische Fairness entwickelt, vor welchem Hintergrund politischen und historischen Miteinanders die Entscheidungen des Bundesverfassungsgerichts entstanden sind und ob die aktuelle höchstgerichtliche Rechtsprechung zur Reduktion des Persönlichkeitsrechts führt. Fragen sollen aufgeworfen werden, wie weit die Vermutung des Vorzugs der freien Rede gehen darf. Zur gesellschaftlichen Analyse der Materie wurden daher Interviews mit führenden Politikern und politikinteressierten Bürgern jeglicher Couleur geführt, die einen Überblick darüber geben sollen, wie die Einschätzung dieses Problems bei den „eigentlich Betroffenen" und den politisch Interessierten bewertet wird, ob der scheinbare Vorzug der Meinungsfreiheit überhaupt als Problem erkannt wird und ob sich der politische Umgang mit dem Konkurrenten in den vergangenen Jahren aus Sicht der Befragten verändert hat. Zudem wurden diese Personen befragt, ob sie den Eindruck haben, die politische Fairness verändere sich analog der offenbaren gerichtlichen Festigkeit freimütiger Äußerungen. Die Befragungsergebnisse und deren Würdigung sind als erhebliches Fundament der zu entwickelnden Analyse anzusehen, da zu diskutieren sein wird, ob die höchstgerichtliche Rechtsprechung faktisch im Namen des Volkes entscheidet oder sich in einem rechtlich unübersehbaren, basisfernen Konstrukt verliert.

Letztlich sollen Lösungsansätze gefunden werden, wie der scheinbar einseitigen Schutzverlagerung effektiv entgegengewirkt werden kann. Es werden Thesen diskutiert und Ideen entwickelt, die den Ehrenschutz in der gerichtlichen Durchsetzung, aber auch in der gesellschaftlichen und politischen Stellung, zu einem gleichgelagerten Gut neben der Meinungsfreiheit werden lassen. Ein Ausblick zum Ende der Dissertation soll erneut die Aktualität des diskutierten Themas verdeutlichen und zur kritischen Selbstreflektion einladen.

Kapitel 2: Zu prüfende Grundrechtskollision zwischen Meinungsfreiheit und Ehrenschutz

I. Das Grundgesetz bietet Anspruch und Verpflichtung

Um die höchstgerichtliche Abwägung von Meinungsfreiheit und Ehrenschutz zu würdigen und diese nicht als starre und formale Richtlinien anzusehen, sondern zur offenen Diskussion zu stellen, ist es erforderlich, zu erkennen, dass Recht und Rechtsprechung auch stets vor einem historischen Hintergrund zu sehen und auf die aktuelle Situation anzupassen sind. Recht wächst, die Rechtsprechung ändert sich, und so unterliegt beides dem Wandel der Zeit. Prägend ist hierbei auch stets die politische Ordnung, Recht und Rechtsprechung sind schließlich als Teil des Staats- und Verfassungsgefüges auch politisches Recht. In der vorliegenden Erörterung sind Grundrechte zentrales Diskussionsthema. Sie sind das höchste Gut, das eine freiheitliche demokratische Grundordnung prägt; sie verleihen dem Einzelnen unter anderem subjektive Rechte. Ihre Besonderheit liegt in ihrem Verfassungsrang, der die Wertigkeit dieses Staates prägt. Damit nehmen sie eine exponierte Stellung ein, deren gerichtliche Bewertung erhebliche Auswirkungen haben. Die Ausübung der einzelnen Grundrechte führt zwangsläufig vielfach zu Kollisionen. Letztlich vermögen Verallgemeinerungen zwar niemals den Wert des Darzustellenden tatsächlich aufzeigen, jedoch scheint die Aussage, das Grundgesetz biete „Anspruch und Verpflichtung zugleich[45]" im Kern darzustellen, in welchem Kontext eine Kollision von Verfassungsgütern rechtlich zu würdigen ist. Von einem Grundrecht Gebrauch zu machen, bedeutet im politischen Diskurs auch, einen anderen unter Umständen in seinem Grundrecht zu tangieren. So kollidieren gerade in diversen (politischen) Diskussionen das Recht auf Meinungsfreiheit, Art. 5 I GG, und das allgemeine Persönlichkeits-

45 Rudolf Wassermann, in „Das Grundgesetz, Anspruch und Verpflichtung", Bundeszentrale für politische Bildung, http://www.bpb.de/files/16VEOP.pdf.

recht, Art. 1 I, Art. 2 I GG. Die Meinung des Einen mag dem Anderen eben nicht immer zu gefallen, sondern kann ihn in seiner persönlichen oder auch politischen Reputation verletzen. Eine adäquate Reaktion der Rechtsprechung muss notwendige Folge sein, um ein ausgewogenes Verhältnis beider Grundrechte zu sichern. Das Grundgesetz bietet nämlich nicht nur das Recht des einen auf Ausübung seiner Grundrechte, sondern zugleich auch die Verpflichtung, die Grundrechte des Anderen nicht oder nur im verfassungsrechtlich gewährten Rahmen zu beeinträchtigen. Das Recht der persönlichen Ehre steht als klare verfassungsrechtliche Beschränkung dem Recht der freien Meinungsäußerung gegenüber. Bundesverfassungsgericht und Bundesgerichtshof allerdings verschieben diese Beschränkung zum Schutze der Meinungsfreiheit mit bewusst extensiver Auslegung.

II. Einführung in die höchstgerichtliche Praxis im Kollisionsfall

Die Begutachtung des (aktuellen) politischen und gesellschaftlichen Geschehens belegt, dass die Ausübung beider Grundrechte nicht stets harmonisch verlaufen kann. So greift meist gerade in politischen Diskussionen und Wahlkampfreden der medienbewußte Politiker in härterem Ton den politischen Kontrahenten an, um sich geschickt von ihm abzusetzen. Eine Art von Wahlwerbung, an die sich der Souverän mit den Jahren gewöhnte oder aufgrund der höchstgerichtlichen Rechtsprechung und Billigung gewöhnen musste. Aussagen wie „Schmalspurpolitiker[46]" oder "Gruselkomiker[47]" sind in der politischen Sprach- und Diskreditierungskultur heute schon eher Schmeicheleien. Wie hat sich die politische Sprachkultur entwickelt und wie hat sich analog hierzu die höchstgerichtliche Rechtsprechung dieser Entwicklung angepasst? Sind Diskreditierungen vor allem vor dem Hintergrund der besagten Bundesverfassungsrechtsprechung massiver geworden? „Wirklich schwere Brocken werden heutzutage – fast muss man schon sagen, leider – im Parlament nicht mehr abgefeuert", so Bundesminister a.D. Heiner Geißler[48]. Eine Aussage, die ohne den nötigen Kontext falsch interpretiert werden kann. Denn die Kundgabe der Nichtachtung

46 Joschka Fischer am 1. Juli 2005 im Bundestag über den FDP-Vorsitzenden Guido Westerwelle.
47 Gerhard Pfeffermann, CDU/CSU, zu Günter Huonker, SPD, am 21.6.1978.
48 Heiner Geißler im Nachwort zu Falke/Kaspar „Politiker beschimpfen Politiker".

des politischen Gegners muss nicht stets direkt erfolgen, sondern stellt sich häufig auch konkludent dar; der „wirklich schwere Brocken“ muss nun einmal nicht direkt „abgefeuert“ werden. Diskreditierungen und übelste Beleidigungen vermag man zweideutig und subtil zu äußern, vielleicht auch gut juristisch beraten vor dem Hintergrund der gerichtlichen Entscheidungspraxis. Denn die Vermischung von Tatsachenbehauptungen und Werturteilen stellt die juristische Rechtsfindung vor größte Probleme, was in Kapitel 6 erörtert werden wird.

Gleichzeitig ist die juristische Bewertung nach der höchstgerichtlichen Rechtsprechung dann zu differenzieren, wenn die inkriminierte Aussage sowohl einen politischen als auch einen persönlichen Angriff auf die Reputation des Angegriffenen enthält. So wird man sich noch an die „Elefantenrunde“ am Wahlabend der vergangenen Bundestagswahl 2005 erinnern, die stark von gegenseitigen verbalen Angriffen geprägt war, wodurch der damalige Bundeskanzler Gerhard Schröder bewusst versuchte, die damalige Kandidatin Angela Merkel zu diskreditieren und in ihrem Gesamtansehe, nicht nur begrenzt auf politisches Geschick, herabzuwürdigen. Dabei stellt sich die Frage, ob solche Aussagen hinzunehmen sind, und wenn ja, unter welchen Voraussetzungen, hat doch die Ehre als Teil des allgemeinen Persönlichkeitsrechts ebenfalls wie das Recht auf freie Meinungsäußerung Verfassungsrang.

Gleichzeitig sind die „Nebenfolgen“ zu hinterfragen. Gerade im Wahlkampf mutiert die Ehre des jeweiligen politischen Widersachers zur Farce. Es mutet an, dass auch Mitglieder der Bundesregierung sodann regelmäßig ihre Neutralität verlieren und den Grundsatz, sich nicht als von bestimmten Parteien getragen darzustellen, ad acta legen. Dabei muss sich die unweigerliche Frage aufdrängen, ob die (Nicht-) Neutralität nicht auch unmittelbar den Grundsatz der freien Wahlen und damit einen Eckpfeiler der Demokratie ad absurdum führt. Aber auch im nicht-politischen Bereich bleibt eine Kollision der besagten Grundrechte nicht verborgen. Im alltäglichen Bereich gibt der Souverän ständig seine Meinung kund und verletzt dabei oftmals verbal einen anderen Menschen. Selbstredend mussten und müssen sich viele Gerichte, bis hin zur höchstrichterlichen Rechtsprechung, mit eben dieser Kollisionsproblematik beschäftigen und Recht finden. Ein möglicher Unterlassungs- und Widerrufsanspruch des Ehrverletzten ist häufig schwer durchsetzbar[49]. Die rechtlichen Voraussetzungen sind im Folgenden aufzuzeigen und die Schwierigkeit, Tatsachenbehauptungen und

Werturteile, welche beide zu unterschiedlichen Rechtsfolgen führen können, von einander zu trennen, darzustellen[50]. Hierbei hat das Bundesverfassungsgericht in Entscheidungen, die auch Grundlage dieser Dissertation sind[51], klare Richtlinien vorgegeben, die gemäß der Bindungswirkung aus Art. 31 BVerfGG von der nachgeordneten Rechtsprechung beachtet werden.

Ob und inwieweit die Persönlichkeit Schutz vor Herabsetzungen und Bloßstellungen genießt, ist hierbei letztlich immer Ergebnis einer Abwägung zwischen dem Recht der Meinungsfreiheit und dem allgemeinen Persönlichkeitsrecht. Grundsätzlich muss nach Ansicht der Verfassungsrichter aber angesichts der in Art. 5 I GG geschaffenen, eindeutigen Verfassungsentscheidung für umfassende freie Kommunikation in allen, auch in politischen Bereichen, die grundsätzliche Vermutung für die freie Rede gelten. Die Vermutungsformel der freien Rede[52] soll sich gerade in Wahlversammlungen zu einer „Supervermutungsformel[53]" verdichten, wonach gegen Äußerungen nur noch in äußersten Fällen eingeschritten werden darf[54]. Steht ein Äußerungsdelikt in Frage, so verlangt die juristische Bewertung unter Beachtung des Art. 5 I 1 GG eine Gewichtung der Beeinträchtigung, die der Meinungsfreiheit des sich Äußernden einerseits und der persönlichen Ehre des von der Äußerung Betroffenen andererseits droht.

Das Resultat dieser Abwägung ist verfassungsrechtlich freilich nicht starr vorgegeben, sondern hängt wesentlich von den Umständen des jeweiligen Einzelfalls ab. Wegen seines evident die Meinungsfreiheit verdrängenden Effekts hat das Bundesverfassungsgericht den Begriff der Schmähkritik aber restriktiv definiert. Demnach soll auch eine ausfällige oder überzogene Kritik eine Äußerung für sich isoliert betrachtet noch nicht zur Schmähung werden lassen. Erst wenn nicht mehr die Auseinandersetzung in der Sache, sondern - jenseits auch polemischer und überspitzter Kritik - die Diffamierung der Person im Vordergrund steht, hat eine solche Äußerung

---

49 Zur Darstellung der negatorischen Ansprüche siehe unter Kapitel 4.

50 Zur ausführlichen Erörterung siehe unter Kapitel 7.

51 So z.B. BVerfGE 7, 198, 230 (Lüth); BVerfGE 25, 256, 269 (Blinkfuer-Entscheidung); BVerfGE 33, 1, 18 (Strafgefangenen-Entscheidung); BVerfGE54, 148, 158 (Eppler-Entscheidung); BVerfGE 90, 41, 254 (Ausschwitz-Leugnung); BVerfGE 93, 266, 312 (Soldaten sind Mörder).

52 BVerfGE 7, 198 ff.; Ritter, NJW 2010, 1110, 1112; Schaefer, JZ 2008, 703, 705; Böckenförde, EuGRZ 2004, 598, 602.

53 Scholz/Konrad, AöR 123, 60, 106; Otto, NJW 2006, 575; Kriele, NJW 1994, 1897.

54 BVerfGE 61, 1, 12; Schmitt Glaeser, JZ 1983, 95 ff.; von der Decken, NJW 1983, 1400, 1401.

als Schmähung regelmäßig hinter dem Persönlichkeitsrecht des Betroffenen zurückzustehen[55].

Aber ist die dahinter stehende Intention – das Erfordernis einer freien öffentlichen Meinungsbildung als Grundlage einer Demokratie und deren gerichtlicher Schutz – nicht kontraproduktiv und wirkt den politischen Ambitionen Sensibler entgegen? Scheint doch subjektiv für jeden Politiker kaum ein anderer Ort als eine Wahlversammlung so sehr geeignet, sich in den Medien vom politischen Widersacher abzuheben, wohl wissend um die Macht[56] derselbigen.

Führt dies nicht dazu, dass das Recht eines jeden, an der politischen Willensbildung teilzuhaben, nur noch den „Rücksichtslosen" zusteht? War das vom Bundesverfassungsgericht gewollt oder führt die Rechtsprechung des Bundesverfassungsgerichts nicht das von ihm selbst in Übereinstimmung mit dem Bundesgerichtshof hergeleitete allgemeine Persönlichkeitsrecht[57], Art. 1 I GG i.V.m. Art. 2 I GG, ad absurdum?

Die vom Bundesverfassungsgericht stets angewandte Vermutungsformel der freien Rede ist der Mittelpunkt der hier zu erörternden Problematik. Richtigerweise soll der Souverän frei von Furcht Meinungen äußern dürfen, ohne hierbei juristische Konsequenzen zu befürchten. Dass hierbei der Ehrenschutz in seiner Entfaltung eingeengt wird, ist evident, höchstgerichtlich intendiert und im Grundsatz auch richtig. Wieso aber soll sich gerade in Wahlversammlungen die theoretisch richtige Vermutungsformel noch weiter zu einer „Supervermutungsformel" verdichten, wonach gegen Äußerungen nur noch in äußersten Fällen eingeschritten werden darf? Dies führt in seiner konsequenten Anwendung dazu, dass in Wahlkampfzeiten oder politischen Debatten der Politiker nahezu ohne gerichtlichen Schutz agieren muss.

Kann die Intention von Bundesgerichtshof und Bundesverfassungsgericht, eine umfassende freie Rede ohne Furcht vor Sanktionen als Grundlage einer Demokratie nicht auch anders erreicht werden, muss es zu Lasten des Ehrenschutzes gehen?

---

55 BGH, NJW 2009, 749; OLG München, NJW 1982, 1656; LG Karlsruhe, NJW-RR 2008, 63, 65; BVerfG, NJW 2009, 3016.

56 Siehe auch Ossenbühl, JZ 1995, 633 ff.

57 BVerfGE 54, 148, 153 ff.; BVerfGE 79, 256, 268; BVerfGE 54, 148; BVerfG, NJW 1980, 2066 f.; Roellecke, JZ 1980, 701, 702; BVerfGE 79, 256; BVerfG, JR 1990, 221, 224; Helms, FuR 1996, 178 ff.

Um hierauf eine juristisch fundierte Antwort geben zu können, ist es sinnvoll, zunächst die Grundrechte, um deren Ausübung gestritten wird, näher zu betrachten und ihre Schutzbereiche, ihre Historie und ihre höchstgerichtliche Ausgestaltung zu begutachten.

Kapitel 3: Eine Verfassung der gegenseitigen Toleranz - Erörterung der historischen Grundlage der zu diskutierenden höchstgerichtlichen Rechtsprechung

Wenn eine fundierte Begutachtung des aufgezeigten Problems in vollem Umfange vorgenommen werden soll, so stellt sich zunächst die Frage, welche Bedeutung die Verfassung für eine Lebensgemeinschaft hat, schließlich sind die zu diskutierenden Grundrechte Teil dieser Verfassung. Die historische Darstellung und Entstehungsgeschichte des Grundgesetzes sowie der darin begründete Schutz der Meinungsfreiheit und des Ehrenschutzes sollen als Basis weiterer Überlegungen und Erörterungen dienen, um die zu analysierende höchstgerichtliche Rechtsprechung nicht einseitig subjektiv zu würdigen, sondern die aufgestellten Grundsätze der Entscheidungen in Meinungsäußerungsstreitigkeiten objektiv zu verstehen. „Die beste Verfassung, die das deutsche Volk in seiner langen Geschichte gehabt hat", so hatte Dr. Karl Carstens[58] einst das Grundgesetz betitelt. Und tatsächlich erschien es nach der unsäglichen Zeit des NS-Regimes kaum vorstellbar, die „Norm der Normen", die Verfassung, auf diesen Trümmern aufzubauen, bildete sie doch ein neues Fundament der friedlichen und freiheitlichen Koexistenz im vergleichenden Blick zum damals noch so zeitnahen NS-Regime. Das Grundgesetz wurde vor allem durch die Erfahrungen der labilen Demokratie der Weimarer Republik und den Erlebnissen im Dritten Reich geprägt. Damit ist das Grundgesetz primär eine Antwort und Reaktion auf die Zeiten nationalsozialistischer Gewaltherrschaft. Die Ablehnung der entsprechenden Ideologie bringt es deutlich zum Ausdruck[59]. Auch wenn der Regierung Hitlers zunächst nur drei Nationalsozialisten angehörten[60], gelang es Hitler dennoch innerhalb kurzer Zeit, die Verfassung auszuhöhlen und eine Diktatur zu errichten. Der Reichstagsbrand am

58 Dr. Karl Carstens, Bundespräsident von 1979-1984.
59 Z.B. in Art. 1 I, II, 20 I-III, 21 II, 24 II, 26, 79 III GG.

27.02.1933 war mitprägend. Mit dem auf Hitlers Veranlassung vom Reichspräsidenten am 28. Februar 1933 erlassenen „Gesetz zum Schutz von Volk und Reich" wurden dauerhaft die in der Weimarer Verfassung garantierten Grundrechte außer Kraft gesetzt. Seinem Plan entsprechende Folge war, dass bereits in der Nacht zum 28. Februar 1933 eine erste große Verhaftungswelle politischer Gegner einsetzte[61]. Damit war die stärkste oppositionelle Kraft in Deutschland ausgeschaltet; es gab schlichtweg keine Entfaltungsmöglichkeit mehr für andere Meinungen. Das „Gesetz zur Behebung der Not von Volk und Reich" vom 24. März 1933, auch unter dem Namen „Ermächtigungsgesetz" bekannt, hob die Gewaltenteilung auf und überließ so die Legislative der Exekutive. Die Grundlagen für den Aufbau eines autoritären, auf die Person Hitlers ausgerichteten Herrschaftssystems waren damit geschaffen[62]. Die zur Macht verhelfende „Monopolstellung", frei von Andersdenkenden, war Teil der Basis des Unrechtssystems. Damit einher ging schließlich auch die Pervertierung des Wortes „Recht". 1934 äußerte sich Göring „Das Recht und der Wille des Führers sind eins." Richter wurden mit Leitsätzen und Ansprachen überschwemmt. Insbesondere der damalige Staatssekretär Freisler und der Reichsjuristenführer Dr. Frank waren es, die ständig versuchten, den Richtern zu verdeutlichen, für die Auslegung der Gesetze sei die nationalsozialistische Weltanschauung maßgebend[63]. 1942 setzte die systematische Lenkung der Strafrechtspflege ein, welche zunächst ausschließlich die politischen Strafsachen und die schwere Kriminalität betraf, schließlich wurde die sachliche und persönliche Unabhängigkeit der Richter beseitigt, über 900 Richter und Staatsanwälte fielen zwei „Säuberungswellen" zum Opfer[64], weil sie politisch nicht angenehm waren. Nachdem sich eine „zu große" Zahl der Richter diesem nicht beugte, ließ sich Hitler schließlich am 26.04.1942 als „oberster Gerichtsherr" vom Reichstag ermächtigen, jeden Richter bei Pflichtverletzungen ohne weiteres aus seinem Amte zu entfernen[65]. Die Umgestaltung der Justiz im NS-Staate war somit offenkundig, das Wort „Recht" lediglich eine leere Hülle, überschattet von politischen

---

60 Neben ihm selbst Hermann Göring und Wilhelm Frick; alle anderen Minister waren Deutschnationale bzw. parteilose Konservative.

61 Dieser fielen zunächst Kommunisten, dann jedoch auch die intellektuelle Linke sowie Sozialdemokraten und Anarchisten zum Opfer.

62 Daraufhin wurden von der SA die ersten Konzentrationslager zur Internierung politisch Missliebiger errichtet.

63 Wagner, DRZ 1970, 373, 374.

64 „Gesetz zur Wiederherstellung des Berufsbeamtentums" von 1933 und „Reichsbürgergesetz" von 1935.

Ideologien. Vor diesem historischen Hintergrund wurden im Grundgesetz die Grundrechte, also auch das Recht der freien Meinungsäußerung sowie das allgemeine Persönlichkeitsrecht, fundamentale Grundlage im Gegensatz zur Weimarer Verfassung, in der sie noch als bloße Staatszielbestimmungen ausgestaltet waren und somit dem Missbrauch offen standen.

Im Jahre 1949 vom Parlamentarischen Rat unter dem Namen „Grundgesetz" verabschiedet, sollte dieser Terminus den eigentlich nur temporären Charakter des Verfassungstextes kenntlich machen. Es sollte nur als Provisorium dienen, solange die Teilung Deutschlands noch nicht abgeschlossen war, und schließlich durch eine endgültige Verfassung ersetzt werden. Es erwies sich in den 40 Jahren Verfassungspraxis letztlich als erfolgreiches Modell, und so blieb es – von einigen Änderungen abgesehen – auch nach der Wiedervereinigung Deutschlands in der bestehenden Form erhalten. Es ist eben eine Verfassung, die „sich bewährt hat[66]." Das Grundgesetz bietet somit den Rahmen der Regierenden und des Souveräns, gekennzeichnet durch das Bemühen um Mäßigung der Macht durch das Recht und durch staatsbürgerliche Mitverantwortung zu Gunsten der Würde des Menschen[67]. Damit ist die Verfassung zugleich Grundlage eines harmonischen, demokratischen Zusammenlebens. Nach der NS-Zeit sollte schließlich das „neue Deutschland" auf den Grundpfeilern der Humanität aufgebaut werden. In diesem Zusammenhang prangte auch stets die Weimarer Republik vor dem geistigen Auge. Da man in deren Verzicht auf ein Bekenntnis zu einer Wertegemeinschaft einen der Gründe des Scheiterns sah, sollte nicht wieder eine bloße „Formaldemokratie" geschaffen werden, sondern dem neuen Staat ein positives Ziel gesetzt werden. Auf eine Wertneutralität sollte also gerade verzichtet werden, und das Ziel musste sich an der menschlichen Persönlichkeit, der Menschenwürde, den Menschenrechten orientieren[68]. Letztlich ist das Grundgesetz vor diesem Hintergrund heute eine Verfassung der Toleranz. Der Souverän kann in dem demokratischen Gesamtgefüge seine Meinung frei äußern. Diese wird im rechtlichen Rahmen toleriert, der sich kritisch Äußernde nicht isoliert. Angst vor staatlichen Repressalien muss, sofern der Grundrechtsträger

---

65 Wagner, DRZ 1970, 373, 375.

66 Bundesministerin der Justiz Brigitte Zypries in der Aussprache über die Regierungserklärung am 29. Oktober 2002 im Deutschen Bundestag, http://www.bmj.bund.de

67 Rudolf Wassermann, in „Das Grundgesetz, Anspruch und Verpflichtung", Bundeszentrale für politische Bildung; http://www.bpb.de/files/16VEOP.pdf.

68 Eschenburg, Geschichte der Bundesrepublik Deutschland, 81.

seine Rechte im Rahmen der Gesetze ausübt, nicht bestehen. Mit Toleranz ist aber auch eine gegenseitige Toleranz gemeint. Wer Rechte hieraus für sich in Anspruch nimmt, muss wechselseitig auch die Rechte des Anderen, insbesondere den hier zur Diskussion stehenden Ehrenschutz, im verfassungsrechtlichen Rahmen tolerieren. Meinungsfreiheit und Persönlichkeitsrecht genießen durch die Verfassung verbürgten Schutz, sich auf beide Rechte berufen zu dürfen, erscheint in jeder Demokratie die absolute und notwendige Basis. Beide Rechte auszuüben, führt gleichwohl vielfach zu Kollisionen. Kollisionen, denen man nicht immer mit der notwendigen humanen und vor allem höchstgerichtlichen Toleranz begegnet. Toleranz bedeutet schließlich gegenseitige Toleranz und Akzeptanz. Ob diese auf gegenseitiger Toleranz beruhenden Bewertungen in den Entscheidungen bei der Grundrechtskollision zwischen Meinungsfreiheit und Ehrenschutz vollumfänglich in der höchstgerichtlichen Entscheidungsfindung bedacht werden, darf bezweifelt werden. Es drängt sich vielmehr der Anschein auf, als ob aus Furcht vor der Wiederholung der Unrechtsherrschaft einseitig die Grundrechtsausübung und deren gerichtlicher Schutz verlagert würden.

Kapitel 4: Die Meinungsfreiheit

I. Historie

Um die zu erörternde Problematik der Kollision zwischen der Meinungsfreiheit und dem allgemeinen Persönlichkeitsrecht in vollem Umfange würdigen zu können, ist es unverzichtbar, sich den historischen Rahmen zu vergegenwärtigen, in welchem jene Rechte entstanden sind und verfassungsrechtlich manifestiert wurden. Erst wenn dies präsent ist, kann eine Erörterung erfolgen, warum die hier im Mittelpunkt stehende höchstrichterliche Rechtsprechung unter Beschränkung des Ehrenschutzes und gleichzeitiger Privilegierung der Meinungsfreiheit entscheidet. Zum ersten Mal fand die Meinungs- und Pressefreiheit im Jahr 1776 in den USA Einzug in eine Verfassung, einige Jahre später, nämlich im Jahre 1789, wurde sie in der französischen Menschenrechtserklärung festgeschrieben. In Deutschland wurde die umfassende Meinungsfreiheit erstmals 1818 in eine Verfassung, nämlich die bayerische Verfassung, aufgenommen. Im Verlauf des 19. Jahrhunderts konnten sich schließlich sowohl die Meinungs- als auch die Pressefreiheit als Grundrecht im gesamten Deutschen Reich durchsetzen.

Das Grundgesetz gewährt heute in Art. 5 I GG das Recht der freien Meinungsäußerung. Dies schien vor dem Hintergrund des bei Schaffung des Grundgesetzes noch so zeitnahen NS-Regimes revolutionär, lösten sich 1933 doch viele Parteien auf oder wurden verboten[69]. Während der Zeit der Nazi-Diktatur waren nämlich elementare Grundrechte wie z.B. Meinungs-, Presse- oder Versammlungsfreiheit, Telefon- oder Postgeheimnis eliminiert. Das Regime setzte die Grundgesetze praktisch außer Kraft. Politische Gegner wurden inhaftiert oder in ein Konzentrationslager verbracht. Nachdem am 28. Februar 1933, nach dem Reichtagsbrand, der von den Nationalsozialisten sofort als kommunistischer Aufstandsversuch interpretiert wurde[70], eine große Verhaftungswelle besonders unter Kommunisten und Sozialdemokraten eingesetzt hatte, war die stärkste oppositionelle Kraft in Deutschland ausgeschaltet. Um Hitlers Ziele abzusichern, waren andere Meinungen politisch gefährlich, so dass sie

69 Bullock, Hitler und Stalin, 144.

kurzerhand eliminiert werden mussten. Das hierfür tragende Medium, die Presse, war daher selbstverständlich eines der primär zu bekämpfenden Objekte. Zu Beginn der Herrschaft Hitlers gab es im Deutschen Reich rund 3400 Tageszeitungen aller politischen Couleur[71]. Am Ende der nationalsozialistischen Diktatur waren mehr als zwei Drittel der Zeitungen nicht mehr existent. Die noch wenigen Existierenden gehörten zu diesem Zeitpunkt entweder zu den von nationalsozialistischen Verlagshäusern offiziell verbreiteten Partei- und Propagandablättern des Regimes oder sie welkten unter der Presselenkung und Pressezensur des NS-Staates als gleichgeschaltete private Allerweltszeitungen ohne eigenes Profil dahin[72]. In Hitlers Denken gab es keinen Raum für Meinungsfreiheit und Pressepluralismus. Er wollte mit allen denkbaren Mitteln eine neue Weltanschauung begründen und bei Bedarf auch aufzwängen. Meinungsfreiheit konnte folglich lediglich gleiche, regimekonforme Meinung bedeuten. Diese Vorstellungen, die Hitler propagierte, setzte er sofort nach seiner Ernennung zum Reichskanzler am 30. Januar 1933 mit brutaler Härte und Kompromisslosigkeit in die Tat um.

Bis zu den letzten Reichstagswahlen im März 1933 gab es eine Fülle von reichsweiten Verordnungen, deren gemeinsames Ziel die Beseitigung der Presse- und Meinungsfreiheitfreiheit war. Bereits am 4. Februar 1933 beschnitt eine Notverordnung die Meinungsfreiheit drastisch[73] und eröffnete den Behörden einen weiten Spielraum für Zensur- und Unterdrückungsmaßnahmen. Während des Reichstagswahlkampfes folgten Presseverbote, mit denen die neue Reichsregierung vor allem Zeitungen der KPD und der SPD unterdrückte[74]. Die Opposition sollte schließlich mundtot gemacht werden, um die eigenen politischen Ziele mit voller Kraft durchsetzen zu können. Hitlers Anhänger folgten blind und setzten seine Ideologie um.

Heute gewährleistet die verfassungsrechtlich abgesicherte Meinungsfreiheit unter Beachtung des dargestellten geschichtlichen Hintergrundes, dass Bürgerinnen und Bürger am politischen und gesellschaftlichen Meinungsbildungsprozess partizipieren, auf Missstände aufmerksam machen und Veränderungen einfordern können. Die verfassungsrechtliche Absicherung dieser Rechte ist eben nicht zuletzt eine Reaktion

---

70 Wildt, Die Geschichte des Nationalsozialismus, 76.

71 Bullock, Hitler und Stalin, 156.

72 Schönhoven, Die Knebelung der Pressefreiheit. Das Ende des "Fränkischen Volksfreundes" im Frühjahr 1933.

73 Bullock, Hitler und Stalin, 162; Wildt, Die Geschichte des Nationalsozialismus, 75.

74 Eschenburg, Geschichte der Bundesrepublik Deutschland, 88.

auf und ein Sicherungsmechanismus gegen eine staatlich verordnete Gleichschaltung des Meinungsbildungsprozesses, die kennzeichnend für das NS-Regime war. Sie ist notwendige Basis für ein demokratisches Zusammenleben und eine stetige Kontrolle sowie Mitwirkungsmöglichkeit durch den Souverän. Die Meinungsfreiheit ist also gerade aus dem besonderen Schutzbedürfnis der Machtkritik erwachsen und findet darin unverändert ihre Bedeutung[75]. Teil der von Art. 5 I 1 GG umfassten Freiheit ist, dass der Äußernde von ihm als verantwortlich angesehene Amtsträger in anklagender und personalisierter Weise für die zu kritisierende Art der Machtausübung angreifen kann, ohne befürchten zu müssen, dass die personenbezogenen Elemente seiner Äußerung aus diesem Kontext herausgelöst betrachtet werden und als solche die Grundlage für eine einschneidende gerichtliche Sanktion bilden[76]. Deutschland ist heute ein anerkannter Partner in der demokratischen Völkergemeinschaft. Die deutsche Verfassung, das am 23. Mai 1949 in Bonn verabschiedete Grundgesetz, bestimmt die Grundrechte als Kernstück des demokratischen Rechtsstaates. Zu diesen Grundrechten zählt die Meinungsfreiheit. Dies ist einer der grundlegenden Unterschiede im Vergleich zu der Weimarer Verfassung von 1919; diese war auch demokratisch, ihre Grundrechtsordnung konnte aber durch Notverordnungen aufgehoben werden[77]. Streng genommen waren die Notverordnungen eigentlich zum Schutze der Demokratie gedacht, sie wurden aber auch schon in der Weimarer Republik genutzt, um ohne Zustimmung des Parlaments Gesetze und Verordnungen zu beschließen. Sie waren später der Ansatzpunkt, durch den Hitler die Grundrechte aus den Angeln heben und dann sein diktatorisches Regime errichten sollte[78].

Die deutsche Verfassung ermöglicht mit der Unaufhebbarkeit der Grundrechte, geprägt durch den Willen der Mütter und Väter des Grundgesetzes, jene systematische Verletzung der Menschenrechte, wie sie vom NS-Regime praktiziert worden war, prinzipiell auszuschließen. Daneben entsprach die Anknüpfung der 1949 gegründeten Bundesrepublik Deutschland an die demokratischen Traditionen der westlichen Zivilisation auch dem Willen der westlichen Besatzungsmächte, die nach dem Zweiten Weltkrieg die Entnazifizierung und die Gründung der Bundesrepublik in die Wege

75 Vgl. BVerfGE 93, 266, 293; Marqua, DRiZ 1996, 386 f.; Haas, GA 1996, 473 ff.
76 BVerfG, NJW 2009, 3016, 3018; Wohlers, JR 2009, 523, 524.
77 Schwarz, Geschichte der Bundesrepublik Deutschland, 34
78 Eschenburg, Geschichte der Bundesrepublik Deutschland, 65.

geleitet hatten[79]. Deshalb bieten die Grundrechte in erster Linie Abwehrrechte des Bürgers gegen den Staat. Das Grundrecht auf freie Meinungsäußerung ist als unmittelbarster Ausdruck der menschlichen Persönlichkeit in der Gesellschaft eines der vornehmsten Menschenrechte überhaupt[80] Für eine freiheitlich-demokratische Staatsordnung ist es schlechthin konstituierend, denn es ermöglicht erst die ständige geistige Auseinandersetzung, den Kampf der Meinungen, der ihr Lebenselement ist[81].

II. Inhalt

1) Allgemeiner Schutzumfang

Von Art. 5 I GG ist das Recht umfasst, seine Meinung in Wort, Schrift und Bild frei zu äußern. Ein anscheinend fast banaler Satz, eingängig, logisch, prägend und dennoch fast nicht greifbar. Was bedeutet „seine Meinung äußern“? Was ist überhaupt eine Meinung? Das Grundgesetz selbst definiert dies nicht, allerdings wurde die Meinungsfreiheit bereits in Art. 11 der Erklärung der Menschen- und Bürgerrechte in Frankreich 1789 als "un des droits le plus précieux de l'homme" - eines der vornehmsten Menschenrechte - bezeichnet, während beispielsweise der Staatsrechtler Smend es als „Stück sittlich notwendiger Lebensluft“ beschrieb[82]. Die Bedeutung dieses Grundrechts wurde vom Bundesverfassungsgericht, den „Hütern der Verfassung[83]“ in seiner Rechtsprechung fortlaufened und konstant konkretisiert. Noch heute über allem stehender Tenor des „Lüth-Urteils“ von 1958 war demnach: „Das Grundrecht auf Meinungsfreiheit ist als unmittelbarster Ausdruck der menschlichen Persönlichkeit in der Gesellschaft eines der vornehmsten Menschenrechte überhaupt. Für eine freiheitlich-demokratische Grundordnung ist es schlechthin konstituierend[84].“

---

79 Neben der Versorgung der Bevölkerung, welche versucht wurde zu sichern, hatten sich die vier Besatzungsmächte Großbritannien, Sowjetunion, USA und (später hinzutretend) Frankreich bei der Nachkriegsordnung Deutschlands anfangs auf fünf Ziele geeinigt: Demontage, Demilitarisierung, Denazifizierung, Demokratisierung und Dezentralisierung („die fünf Ds“); siehe auch Wilke, Stunde Null, 13 ff.

80 Toru Mori, Der Staat 47, 258 ff.; Ritter, NJW 2010, 1110, 1113; BVerfGE 7, 198 f.

81 BVerfGE 5, 85, 205; Meier, KJ 1987, 460, 468; BVerfGE 62, 230, 246; BVerfGE 57, 295, 323.

82 Smend, Das Recht der freien Meinungsäußerung, VVDStRL 4, 50.

83 Vgl. Reissenberger, „Wer bewacht die Wächter“, APuZ 16/97, 16.

84 BVerfGE 7, 198, 230.

Die „Meinung“ ist geprägt durch eine subjektive Stellungnahme, sie enthält Elemente des Meinens, Glaubens, Dafürhaltens[85]. Sie dient der Darlegung der subjektiven Sicht des Sprechenden, ohne Anspruch auf allgemeine Verbindlichkeit zu erheben[86]. Dass es bei dem Begriff der „Meinung“ für den Schutz nicht darauf ankommen kann, ob es sich um ein richtiges oder falsches, emotionales oder rational begründetes Werturteil handelt, hat das Bundesverfassungsgericht im Jahre 1972 in seinem Urteil über die Meinungsfreiheit Strafgefangener[87] festgelegt, und erscheint gerade im Hinblick auf die bereits dargestellte Historie dringend geboten, ja unverzichtbar[88]. „In einem pluralistisch strukturierten und auf der Konzeption einer freiheitlichen Demokratie beruhenden Staatsgefüge [ist] jede Meinung, auch die von etwa herrschenden Vorstellungen abweichende, schutzwürdig[89].“ Letztlich stellt sich die freie Meinungsäußerung als eine aus der Menschenwürde entspringende Erscheinungsform persönlicher Entfaltung dar[90]. Die Meinung als Schutzgut bezieht sich ohne Rücksicht auf Wert oder Unwert[91], Wahrheit oder Unwahrheit auf alle Mitteilungen von Tatsachen, Erlebnissen oder Werturteilen, denen ein Element der Stellungnahme, des Dafürhaltens und des Meinens im Rahmen einer geistigen Auseinandersetzung zukommt[92]. Art. 5 I GG gewährleistet somit, ohne ausdrücklich zwischen „Werturteil“ und „Tatsachenbehauptung“ zu unterscheiden, jedermann das Recht, seine Meinung frei zu äußern, auch ohne nachprüfbare Gründe für sein Urteil zu haben[93]. Zugleich ist es der Sinn von Meinungsäußerungen, meinungsbildend und überzeugend zu sein, auch im Hinblick auf den politischen Willen[94]. Deshalb sind Werturteile, die immer eine geistige Wirkung erzielen (sollen), vom Schutzbereich des Art. 5 I 1 GG umfasst.

Das Äußern und Verbreiten der Meinung kann pluralistischer Art sein. Bei den Kundgabemöglichkeiten in Art. 5 I 1 GG des Äußerns und Verbreitens in Wort, Schrift und Bild handelt es sich nur um beispielhafte Aufzählungen. Beide Modalitäten können

---

85 Badura Rn 62; BVerfG, NJW 1992, 1439, 1440; OVG Münster, NJW 1995, 1629, 1630.
86 OVG Münster, NVwZ 1985, 123; VGH Mannheim, NJW 1986, 340.
87 BVerfGE 33,1.
88 BVerfGE 33,1, 18; BVerfGE 42, 163, 170; BVerfG, NJW 1976, 1680; BVerfG, NJW 1986, 1533.
89 BVerfG, NJW 1972, 811; Maetzel, DÖV 1972, 563; BVerfGE 71, 162, 175.
90 Vgl. Lerche, Festschrift G. Müller, 1970, 197, 213; Böckenförde, NJW 1974, 1529, 1535; Schmitt-Glaeser, JZ 1983, 95, 98 f.
91 BVerfG, NJW 1983, 1416; von der Decken, NJW 1983, 1400 ff.
92 Badura Rn 62; BVerfGE 61, 1, 8; BVerfG, NJW 1983, 1415; BVerfGE 42, 163.
93 BVerfGE 42, 163, 171; BVerfG, NJW 1976, 1680; BVerfG, NJW 1986, 1533.
94 Hesse Rn 387; BVerfGE 93, 266, 289, 294; BVerfG, NJW 1995, 3303.

nicht im Sinne fester Tatbestandsmerkmale voneinander getrennt werden[95]. Geschützt ist somit tatsächlich jede Form der Meinungskundgabe, einschließlich der Wahl der Zeit oder des Ortes[96]. Zwar spricht das Grundgesetz nur von der Meinungsäußerungsfreiheit, das bedeutet jedoch nicht, dass dies nur Werturteile inkludiert und Tatsachenbehauptungen vom Grundrechtsschutz ausgeschlossen sind. Sinnvollerweise werden jene in der Darstellung des Schutzbereiches allerdings abgesondert. Sie sind nämlich nur dann geschützt, wenn sie Voraussetzung für eine bestimmte Meinung sind und mit einem Werturteil zusammenhängen[97]. Diese Unterscheidung ist nicht einfach und sicherlich kann man sich auch die Frage stellen, ob eine Unterscheidung überhaupt notwendig ist. Dies vor allem vor dem Hintergrund, dass ein verbaler Angriff auf die Ehre eines anderen Menschen häufig kaum andere Auswirkungen haben wird, wenn er als Werturteil oder als Tatsachenbehauptung getätigt wird. Daher erscheint es unter Umständen möglich, sich zumindest nach der Notwendigkeit der ohnehin schwierigen Abgrenzbarkeit zu fragen, wenn doch der Eingriff nach Außen der Gleiche ist. Selbstredend kann eine erwiesene oder bewusst unwahre Tatsache nicht dem Schutzbereich des Art. 5 I GG unterfallen, weil jene nicht zur verfassungsmäßig vorausgesetzten Meinungsbildung beitragen kann[98], eine unrichtige Information ist kein schützenswertes Gut[99].

Für Tatsachenbehauptungen gilt daher kein derart umfassender Grundrechtsschutz. Sie sind nicht schon aus sich heraus geschützt, sondern gelangen erst über die Brücke der Meinung in den Schutzbereich von Art. 5 I 1 GG, soweit sie Voraussetzung zur Bildung einer solchen sind[100]. Meinungen beziehen sich gewöhnlich auf Tatsachen, die Gegenstand oder Stütze einer Bewertung sind. Tatsachenbehauptungen nehmen daher (nur) am Schutz der Meinungsfreiheit teil, soweit sie ihrerseits zur Meinungsbildung beitragen[101]. Anders als Meinungsäußerungen können sie aber wahr oder unwahr sein. Die Beweisbarkeit selbst macht den tatsächlichen Unter-

---

95 Pieroth/Schlink, GG Rn 566.

96 BVerfG, NJW 1995, 2303; OVG Koblenz, NVwZ 1985, 673; BVerfGE 86, 1; BVerfG, NJW 1992, 2073; BVerfG 65, 1, 40; BVerfG, NJW 1984, 419.

97 BVerfGE 90, 241, 249; 94, 1, 7; Jarras/Pieroth, GG, Art. 5 Rn 2, 5; BGH, NJW 1966, 245; Schramm, GG, Rn A I 1.

98 BVerfGE 61, 8; 65,1, 41; 66, 116, 136, 149; Wente, ZUM 1988, 438, 443 ff.

99 BVerfGE 54, 208, 219; Reinicke, JA 1981, 330.

100 Hufen, JuS 1992, 961, 962; BVerfGE 42, 143; BVerfG, NJW 2002, 356; BGHZ 65, 325; BGH, NJW 1987, 751; KG Berlin, AfP 1974, 109, OLG München, AfP 1974, 108.

101 BVerfGE 61, 1, 8; Schmitt Glaeser, JZ 1983, 97; OLG Karlsruhe, AfP 1977, 356; OLG Hamburg, AfP 1979, 400; OLG Karlsruhe, MDR 1978, 421.

schied auch aus: Ein Werturteil ist eine Aussage, die eine Stellungnahme enthält[102], womit sie der Darlegung der subjektiven Sicht des Sprechenden dient, ohne Anspruch auf allgemeine Verbindlichkeit zu erheben[103]. Werturteile lassen sich daher nicht als wahr oder unwahr qualifizieren[104]. Sie können nur darauf überprüft werden, ob sie sachlich sind und eine vertretbare Würdigung von Tatsachen enthalten[105], wobei Tatsachen zumindest theoretisch mit Mitteln des Beweises auf ihre Richtigkeit hin überprüft werden können[106]. Meinungsäußerungen und Tatsachenbehauptungen lassen sich in der Praxis kaum voneinander unterscheiden und beschäftigen in vielen Prozessen daher stets die Gerichte, vor allem dann, wenn Mischäußerungen vorliegen, also die juristisch zu würdigende Aussage sowohl wertende Elemente als auch tatsächliche Elemente enthält. Da unwahre Tatsachenbehauptungen aber grundsätzlich nicht vom Schutz der Meinungsfreiheit umfasst sind, ist in diesem Fall denklogisch und dennoch diffizil eine Abgrenzung notwendig. Bei jener treten in der juristischen Praxis aber massive Probleme auf. Hierauf wird in einem später noch zu behandelnden Punkt einzugehen sein[107].

2) Verfassungsrechtliche Schranken der Meinungsfreiheit

Die Meinungsfreiheit findet gemäß Art. 5 II GG ihre verfassungsrechtliche Beschränkung unter anderem in dem Schutz der persönlichen Ehre und in den allgemeinen Gesetzen. Dazu gehören auch die Vorschriften, auf die ein Unterlassungsanspruch gestützt ist[108]. Allgemeine Gesetze sind solche Bestimmungen, die sich nicht gegen eine bestimmte Meinung als solche richten, sondern dem Schutz eines höherrangigen Rechtsguts dienen, also dem Schutz des Gemeinschaftswerts, der gegenüber der Betätigung der Meinungsfreiheit den Vorrang hat[109]. Der Begriff der allgemeinen

---

102 BVerfG, NJW 1992, 1439, 1440; OVG Münster, NJW 1995, 1629, 1630.

103 OVG Münster, NVwZ 1985, 123; VGH Mannheim, NJW 1986, 340.

104 BVerwG, NJW 1984, 2591; OVG Münster, NJW 1995, 1629, 1630; VGH Mannheim, NJW 1986, 340.

105 BVerfGE 40, 287, 293; BVerfGE 57, 1, 8; BVerfG, NJW 1989, 3269; BVerfG, NJW 1976, 38; Di Fabio, JuS 1997, 1, 7.

106 BVerfGE 90, 241, 247; BVerfG, NJW 1994, 1779; BVerfG, NJW 1999, 483, 484; BGHZ 132, 13; BGH, NJW 1996, 1131; BGH, NJW 1994, 2614, 2615; BGH, NJW 1993, 930, 931; BGH, NJW-RR 1999, 1251; Seitz/Schmidt/Schoener Rn 336.

107 Zur ausführlichen Erörterung siehe unter Kapitel 6 und Kapitel 7.

108 Seyfarth, NJW 1999, 1287, 1289.

109 BVerfGE 7, 198, 209 f.; Pieroth/Schlink, GG Rn 592; LG Köln, GRUR 1994, 741; BVerfG, NJW 1996, 1529.

Gesetze war bereits in Art. 118 I 1 der Weimarer Reichsverfassung verankert[110]. Was nun genau unter diesen Terminus zu subsumieren ist, war bereits zu jenem Zeitpunkte umstritten[111]. Bei der Münchner Staatsrechtslehrertagung von 1927 entwickelte die herrschende Meinung[112] die Auffassung, dass die Bindung an eben jene Schranke die Meinungsäußerungsfreiheit vor eigens gegen sie gerichtete Eingriffe sichere. Allgemeine Gesetze seien mithin jene, welche nicht eine Meinung als solche verbieten, die sich nicht gegen eine bestimmte Meinung als solche richten[113]. Also sind damit alle Gesetz gemeint, die nicht „Sonderrecht gegen die Meinungsfreiheit enthalten" und die dem Schutze eines schlechthin, ohne Rücksicht auf eine bestimmte Meinung zu schützenden Rechtsgutes dienen[114]. Hierneben gab es die von Smend entwickelte Güterabwägungslehre[115]. Danach war der Terminus der allgemeinen Gesetze geisteswissenschaftlich, insbesondere geistesgeschichtlich zu begreifen. Allgemeine Gesetze sollten „Gesetze, die deshalb den Vorrang vor Art. 118 WRV haben, weil das von ihnen geschützte gesellschaftliche Gut wichtiger ist als die Meinungsfreiheit" sein[116]. Das Bundesverfassungsgericht definiert seit dem „Lüth-Urteil" vom 15.01.1958, quasi in einer gelungenen Mischung der oben beschriebenen Lehren den Begriff der allgemeine Gesetze so, dass darunter alle Gesetze zu verstehen sind, die sich nicht gegen die Äußerung der Meinung als solche richten, die vielmehr dem Schutz eines schlechthin, ohne Rücksicht auf eine bestimmte Meinung, zu schützendes Rechtsgutes dienen, dem Schutz eines Gemeinschaftswerts, der gegenüber der Betätigung der Meinungsfreiheit den Vorrang hat[117]. Das eingreifende Gesetz muss die Bedeutung, die dem Grundrecht aus Art. 5 I 1, 1. Hs. GG in einem demokratischen Gemeinwesen zukommt, beachten, was bedeutet, dass das in die Meinungsfreiheit eingreifende Gesetz seinerseits begrenzt wird durch die hohe Wertigkeit des Grundrechts aus Art. 5 I 1, 1. Hs. GG[118]. Im hier zu diskutierenden rechtlichen Kontext bedeutet dies folglich, dass die Frage, ob und wie die Persön-

---

110 „Jeder Deutsche hat das Recht, innerhalb der Schranken der allgemeinen Gesetze seine Meinung...frei zu äußern".

111 Zur ausführlichen Erörterung siehe Stark, Ehrenschutz, 100.

112 Dokumentation in VVDStRL, Bd. 4 von 1928.

113 Anschütz, VVDStRL, Bd. 4, 75; BVerfG, NJW 1985, 787; BVerfG, NVwZ 2006, 447.

114 Rothenbücher, VVDStRL, Bd. 4, 20.

115 Von der Decken, NJW 1983, 1400, 1401; Smend, VVDStRL, Bd. 4, 51 ff.

116 Smend, VVDStRL, Bd. 4, 52.

117 BVerfGE 7, 198, 209 f.; vgl. auch BVerfGE 59, 231, 263 f.; BVerfGE 62, 230, 244; BVerfGE 71, 162, 175.

118 BVerfGE 7, 198, 208 f.; Toru Mori, Der Staat 47, 258 ff.; Ritter, NJW 2010, 1110, 1112.

lichkeit Schutz vor Herabsetzungen und Bloßstellungen genießt, letztendlich Ergebnis einer Abwägung zwischen dem Recht der Meinungsfreiheit und dem allgemeinen Persönlichkeitsrecht ist[119]. Dabei ist für die vorliegende Untersuchung unerheblich, ob man dies auf eine Rechtfertigung von Persönlichkeitsbeeinträchtigungen in Anwendung der in das Privatrecht transformierten Regelung des § 193 StGB stützt, indem nach der Wahrnehmung berechtigter Interessen durch den Verletzer gefragt wird, oder ob unmittelbar auf Schutzbereiche und rechtfertigende Schranken grundrechtlicher Normen rekurriert wird. In beiden Fällen sind das jeweilige Gewicht der gegenläufigen Interessen und das Ausmaß ihrer Inanspruchnahme zu ermitteln. Zwischen dem wertsetzenden Grundrecht und seinen gesetzlichen Schranken besteht also eine Wechselwirkung. Eine Güterabwägung muss erfolgen[120]. Das Recht zur Meinungsäußerung tritt zurück, wenn schutzwürdige Interessen eines anderen von höherem Rang durch die Betätigung der Meinungsfreiheit verletzt werden.

a) Grundsätzliche Abwägungskriterien

Ob überwiegende Interessen anderer vorliegen, ist auf Grund aller Umstände des Einzelfalles zu ermitteln[121]. Eine Schranke der Meinungsfreiheit bildet nach Art. 5 II GG das Recht der persönlichen Ehre, welches selbständig neben den allgemeinen Gesetzen steht. Der aus der Ehre fließende Achtungsanspruch entspricht dabei nicht dem allgemeinen Persönlichkeitsrecht, sondern stellt vielmehr seinerseits eine Konkretisierung des Persönlichkeitsrechts dar[122]. Das Rechtsgut der Ehre ist unmittelbar im Verfassungstext verankert und erhält so einen eigenständigen Wert von Verfassungsrang[123]. Anders als etwa das allgemeine Persönlichkeitsrecht wird die persönliche Ehre somit unmittelbar durch die Regelung in Art. 5 II GG geschützt. Der negatorische Ehrenschutz gegen wertungsprägende Meinungskundgaben genießt nur dann gerichtlichen Schutz, wenn die fragliche Äußerung ausschließlich als eine persönli-

---

119 BVerfGE 42, 143, 152; BVerfG, NJW 1999, 2262, 2263; MueKo, BGB, § 12 Rn 125; BVerfG, NJW 2004, 590, 591.

120 Grimm, NJW 1995, 1697, 1698; BVerfGE 7, 198, 209, 210; BVerfG, GRUR 2001, 170, BVerfG, GRUR 2008, 81; BGH, GRUR 1966, 92, 94; BGHZ 136, 111.

121 BVerfGE 7, 198, 209, 210; BGH, GRUR 1997, 916, 919; BGH, GRUR 1984, 214.

122 Maunz/Zippelius, Staatsrecht, § 24 Rn IV f.; von der Decken, NJW 1983, 1400, 1401.

123 Von der Decken, NJW 1983, 1400, 1402; Kriele, NJW 1994, 1897, 1899; BVerfGE 54, 153; BVerfG, NJW 1980, 2070.

che Verunglimpfung verstanden werden kann, nicht aber als ein Beitrag zum letztlich sachbezogenen Meinungskampf[124]. Grundsätzlich muss angesichts der in Art. 5 I GG geschaffenen eindeutigen Verfassungsentscheidung für umfassende freie Kommunikation in allen, auch in politischen Bereichen, die grundsätzliche Vermutung für die freie Rede gelten[125], jedenfalls solange es sich um rechtmäßig erlangte, wahrheitsgetreue Informationen handelt[126]. Die dabei geltende Vermutung für die Zulässigkeit der freien Rede[127] begründet indes keinen absoluten Vorrang der Meinungsfreiheit, sondern lässt auch ein anderes Abwägungsergebnis zu. Die widerstreitenden Interessen bedürfen in jedem Fall einer grundsätzlichen Abwägung gegeneinander.

aa) Die Sphärentheorie

Um Abstufungskriterien hinsichtlich der Eingriffsintensität heranziehen zu können, wurde die so genannte „Sphärentheorie" entwickelt. Sie umfasst einen unantastbaren Kern und mehrere abgestufte Schutzkreise[128]. Je tiefer der Eingriff geht, desto höher sind die Anforderungen an dessen Rechtfertigung; bei einer Abwägung tritt in den Fällen der Schmähkritik[129] die Meinungsäußerungsfreiheit regelmäßig hinter das Persönlichkeitsrecht bzw. den Ehrenschutz zurück[130]. Dieses Vorgehen findet sich sowohl in der Rechtsprechung des Bundesgerichtshofs[131] als auch in der des Bun-

124 Badura Rn 62; LG Mainz, NStZ-RR 1996, 330; BayObLG, NStZ-RR 2002, 210; BVerfG, NJW 1991, 95; KG Berlin, NJW-RR 1994, 926.

125 BVerfGE 7, 198, 212; BVerfGE 54, 129, 137; Degenhart, JuS 1992, 361, 364.

126 Canaris, JuS 1989, 161, 170; BVerfG, NJW 1992, 1439.

127 BVerfGE 7, 198, 212; Ritter, NJW 2010, 1110, 1112; Schaefer, JZ 2008, 703, 705; Böckenförde, EuGRZ 2004, 598, 602.

128 Ehman, JuS 1997, 193, 197; Es wird sich einer Sphärenabstufung bedient, um die Schutzbedürftigkeit verschiedener Lebenssachverhalte gewichten und die Verhältnismäßigkeitsprüfung rationalisieren zu können. Da die Abstufung nicht scharf umrissen ist, sieht sie sich ständiger Kritik ausgesetzt, gleichwohl ist an ihr festzuhalten, weil sie nach wie vor ein geeignetes Instrument darstellt, der Vielfalt der Fallgruppen eine Struktur zu geben, auf deren Basis auch neue Fallgruppen verifiziert oder falsifiziert werden können; OLG Hamburg, NJW 1967, 2314, 2316 m.w.N.; BVerfGE 27, 1, 6; BVerfGE 27, 344, 350 ff.; BVerfGE 33, 367, 376 f.; BVerfGE 49, 286, 298; BVerfGE 54, 148 ff.; Geis, JZ 1991, 112, 113.

129 Siehe unter Kapitel 6.

130 Badura Rn 62; BVerfGE 82, 272, 281; BVerfG, NJW 1991, 1475; BVerfG, NJW 1991, 95.

131 Bereits in BGHZ 13, 334, 338, 339; BGH, NJW 1954, 1404; BGH, NJW 1992, 1314; BGH, NJW 2005, 279; BGH, NJW 1994, 915; BGH, AfP 2002, 169; BGH, NJW 2008, 996; BGH, NJW 1981, 2117; BGH, GRUR 1971, 801; BGH, GRUR 1971, 591.

desverfassungsgerichts[132]. Ein Überblick über die konkrete Ausgestaltung dieser Theorie wird in Kapitel 5 erfolgen, so dass an diesem Punkt darauf verwiesen wird.

bb) Besondere Abwägungskriterien im politischen Diskurs

Gerade der im Fokus dieser Arbeit stehende politische Diskurs bzw. die höchstgerichtliche Rechtsprechung und deren Reduktion des Ehrenschutzes in der politischen Diskussion verlangt nach Ansicht der Bundesverfassungsrichter eine andere Abstufung in der Eingriffsintensität. Die oben skizzierten Abwägungskriterien und der Begriff der Schmähkritik sollen hier noch weiter verengt werden. Dies soll vor dem Hintergrund gelten, dass es für eine Demokratie unerlässlich ist, Kritik frei von Furcht vor staatlichem Zwang äußern
zu dürfen. Eine überzogene Kritik macht für sich genommen eine betreffende Äußerung noch nicht zur Schmähung. Sie nimmt diesen Charakter erst dann an, wenn in ihr nicht mehr die Auseinandersetzung in der Sache, sondern die Diffamierung der Person im Vordergrund steht[133] und das Wort nur noch als „Waffe" dient[134]; sie muss also jenseits polemischer und überspitzter Kritik in der Herabsetzung der Person bestehen[135]. Gerade im politischen Diskurs ist Polemik ein sehr beliebtes Stilmittel, sich vom politischen Gegner prägnant abzusetzen. Von einer zielgerichteten Herabsetzung kann unter Berücksichtigung des Wahlkampfes und der Betitelungen in der Regel also ausgegangen werden, obschon dies, wie in Kapitel 7 zu erörtern sein wird, von der höchstgerichtlichen Rechtsprechung nicht bedacht und juristisch honoriert wird. Es erscheint insoweit fraglich, ob gerade der Umstand der stetigen politischen Polemik in einer Wahlversammlung besondere Berücksichtigung bei der Abwägung zwischen Ehrenschutz und Meinungsfreiheit finden muss, was im Folgenden erläutert wird.

132 BVerfGE 34, 238, 345 f.; BVerfGE 73, 120, 121, 122; BVerfG, NJW 2005, 3303; BVerfG, NJW 1991, 95; BVerfG, NJW 2003, 961; BVerfG, NJW 2009, 749; BVerfG, NJW 1983, 1415.

133 BVerfG, NJW 2003, 1109, 1110; v. Münch/Kunig, GG, Art. 5 Rn 14 a.

134 Badura Rn 62; BVerfGE 82, 272, 282; BVerfG, NJW 2005, 3274; BVerfG, NJW 1994, 2413; BGH, NJW 2000, 1036, 1038; BVerfG, NJW 1999, 204; BGH, NJW 1991, 95; OLG München, NJW 1992, 1323; BVerfG, ZUM 2004, 917, 918.

135 BGH, NJW 1974, 1762, 1763; BVerfGE 82, 272, 282; Tettinger, JZ 1990, 1074; OLG Brandenburg, NJOZ 2008, 644; OLG Köln, NJW-RR 1992, 1247; BVerfG, NJW-RR 2000, 1712.

b) Beachtung der Besonderheiten einer Wahlversammlung

Wie geschildert, gelten nach der höchstgerichtlichen Rechtsprechung für Äußerungen in der politischen Debatte andere Abwägungskriterien als in der persönlichen Auseinandersetzung. Die oftmals streitigen Aussagen in politischen Diskussionen können dann einen besonderen gerichtlichen Schutz beanspruchen, wenn sie letztlich ein Beitrag zum geistigen Meinungskampf in einer die Öffentlichkeit wesentlich berührenden Frage[136] sind.

aa) Recht des Souveräns auf kritische Begutachtung

Der Politiker, der sich der öffentlichen Kritik stellt, hat zwar grundsätzlich keinen geringeren Anspruch auf Schutz seiner Ehre, dennoch muss er es ertragen, gründlicher als Privatpersonen zum Gegenstand öffentlicher Erörterungen gemacht zu werden[137]. Der Beachtung, die ein öffentliches Amt verleiht, entspricht das Recht des Souveräns auf kritische Beobachtung, ob die Persönlichkeit dem Anspruch des Amtes gerecht wird[138]. Der Politiker, welcher seine politische Vorstellung darlegen möchte, muss auch vom Wähler daraufhin privat überprüfbar sein, ob er seine Vorstellung praktiziert und nicht nur theoretisch politisch vertritt. Es besteht ein erhebliches Informationsinteresse der Öffentlichkeit an seiner Lebensgestaltung, und zwar nicht nur vor der Wahl, sondern auch darüber hinaus. Besonders wird dies klar, wenn ein noch unbekannter Politiker für anstehende Wahlen kandidiert und damit immer auch eine Vertretungsfunktion des Souveräns für sich in Anspruch nehmen möchte. Dann ist eine kritische Beobachtung seines bisherigen Schaffens und Wirkens grundsätzlich anerkennenswert. Selbstverständlich gilt dies nicht nur in der Wahlvorbereitungssituation, sondern – vielleicht sogar gerade – auch nach der demokratischen Legitimation, also bei Ausübung des Amtes.

---

136 BGH, NJW 1994, 124, 126; OLG Frankfurt am Main, NJW 1989, 1367, 1368; BVerfGE 61, 1, 11; BVerfG, NJW 2003, 370; MueKo, BGB, § 12 Rn 154; Badura Rn 62.

137 BGH, NJW 1962, 32; Seyfarth, NJW 1999, 1287, 1290; Benda, NJW 1994, 2266, 2267; BGH, NJW 1962, 152; OLG Hamburg, NJW 1967, 2314.

138 Benda, NJW 1994, 2266, 2267.

bb) Die Ausweitung der Vermutungsformel – Schutz vor polemischen Äußerungen

Abzuwägen ist bei Angriffen auf die Ehre eines Politikers durch Meinungsäußerungen stets, ob der von der herabsetzenden Äußerung Betroffene seinerseits an dem von Art. 5 I GG geschützten Prozess öffentlicher Meinungsbildung teilgenommen und sich somit aus eigenem Entschluss heraus den Bedingungen des Wahlkampfes unterworfen hat. Kritik am politischen Gegner ist nach höchstrichterlicher Rechtsprechung gerade im Wahlkampf grundsätzlich hinzunehmen, auch auf die Gefahr hin, dass der Wähler den Stellenwert der Polemik falsch einschätzt[139]. Die Vermutungsformel der freien Rede[140] soll sich gerade in Wahlversammlungen zu einer „Supervermutungsformel"[141] verdichten, wonach gegen Äußerungen nur noch in äußersten Fällen eingeschritten werden darf[142]. Der Begriff der Schmähkritik wird in Wahlkampfzeiten noch mehr verengt, und auch polemische Äußerungen sollen als Ausprägung des Werbens um die Gunst der Wählerschaft vor Beschränkungen in Schutz genommen werden[143]. Gegen diese Auffassung könnte freilich sprechen, dass derjenige, der sich in die Politik begibt, dann ganz weitgehend seinen Anspruch auf Ehrenschutz verliert; „er habe sich durch seine Entscheidung, in der demokratischen Politik mitzuwirken des Rechts auf Schutz seiner persönlichen Ehre begeben"[144], es finde eine „Liquidierung des Ehrenschutzes"[145] statt bzw. ein solcher „existiere nicht mehr"[146]. Eine wohl zunächst extreme erscheinende und polarisierende Rechtsansicht, deren Würdigung zu einem späteren Zeitpunkt erfolgen wird[147]. Ein konkludenter Verzicht auf Ehrenschutz durch öffentliches Auftreten kann zumindest nur dann bejaht werden, wenn dieses zur Erreichung der Publizität bewusst genutzt wurde[148]. Vorzugswürdiger ist es, aus der Vermutungsformel zu schließen, dass derjenige, der aus politischen Gründen die Öffentlichkeit sucht und polarisierend an der öffentlichen

---

139 BGH, VersR 1984, 88; BVerfG, NJW 1980, 2069; OLG Köln, NJOZ 2009, 1449; LG Kleve, NJW 2006, 623; BGH, GRUR 1995, 270; BVerfG, NJW 1977, 2205; LG Saarbrücken, NJW-RR 1993, 730; BVerwG, NJW 1984, 2591; OLG Karlsruhe, NJW 1972, 1810.

140 BVerfGE 7, 198 ff.; Toru Mori, Der Staat 47, 258 ff.; Ritter, NJW 2010, 1110 f.

141 Scholz/Konrad, AöR 123, 60, 106; Otto, NJW 2006, 575; Kriele, NJW 1994, 1897.

142 BVerfGE 61, 1, 12, Schmitt Glaeser, JZ 1983, 96 f.

143 BVerfG; AfP 1982, 215; OLG Karlsruhe, NJW-RR 1988, 739; BVerfGE 61, 1, 11 f.; Scholz/Konrad, AöR 123, 60, 106.

144 Kriele, NJW 1994, 1897, 1901.

145 Kiesel, NVwZ 1992, 1129, 1137; Larenz/Canaris, SchuldR II/2 Rn 524 f.

146 Schmitt/Glaeser, NJW 1996, 873, 875.

147 Siehe unter Kapitel 7.

148 Scholz/Konrad, AöR 123, 60, 113.

Diskussion teilnimmt, es hinnehmen muss, dass sich diese auch mit unliebsamen Teilen seines öffentlich relevanten Lebens beschäftigt[149]. Es ist gerecht und billig, dass sich ein Politiker schärfste Kritik gefallen lassen muss, wenn er durch seinen eigenen politischen „Kampfstil" die Kritik geradezu herausfordert[150]. Damit erhöht sich seine Chance, sich angesichts der „Reizüberflutung" im Wahlkampf öffentlich Gehör zu verschaffen[151].

Es gibt per se aber keinen Grund zum adäquaten Gegenschlag[152], da schließlich jede Reaktion zunächst die adäquate Aktion voraussetzt. Allein die Teilnahme des politischen Kontrahenten am Wahlkampf kann und darf kein Recht zur Retorsion begründen und würde einschüchternd für neue Politiker wirken[153]. Man kann einem Politiker, der sich dem geistigen Meinungskampf aussetzt, nicht unterstellen, er erteile damit gleichzeitig die Zustimmung zur Verunglimpfung seiner Person[154]. Eine grenzenlose Unterwerfung unter die Bedingungen des öffentlichen Meinungskampfes ist somit grundsätzlich zu verneinen. Eine andere Rechtsansicht führt sonst zwangsläufig zur Unterstellung, der Politiker erteile alleine durch seine Teilnahme an der Politik einen konkludenten Freibrief zur Beleidigung seiner Person.

Die Gefahr dieser Ansicht, die Ehre des Politikers zu reduzieren, belegt auch die politische Karriere von Paul Kirchhof, Direktor des Instituts für Finanz- und Steuerrecht der Ruprecht-Karls-Universität in Heidelberg. Seine politische Karriere war beendet bevor sie begonnen hatte. Er wurde vom politischen Gegner in der öffentlichen Meinung maximal diskreditiert, ein hoch angesehener Jurist mit juristisch ausgereiften und zumindest vertretbaren Ideen war somit für die Lenkung dieses Landes verloren, eine wirkliche Chance, seine Ideen dem Souverän zu präsentieren, bekam er nie. Er war sogleich Opfer des „adäquaten Gegenschlags", ohne jemals zum ersten Schlag angesetzt zu haben. Wer sich im (politischen) Leben aktiv bewegt, muss sich in einem demokratischen Gemeinwesen zwar auch der Kritik seines Geschäftsgebarens aussetzen[155]. Ein Recht des Redners, unwahre Behauptungen über seinen Gegenkandidaten zu verlieren, kann von Art. 5 I GG indes nicht gewährleistet werden. Mei-

---

149 Degenhart, JuS 1992, 361, 365.
150 BGH, NJW 1965, 1476, 1477; BVerfGE 12, 113, 129; LG Berlin, ZUM 2201, 606; OLG Köln, NJW 1977, 398, 340; OLG Hamburg, NJW 1984, 1130.
151 BVerfGE 12, 113, 131; BVerfGE 42, 143, 153; BVerfG, NJW 1961, 1156.
152 Scholz/Konrad, AöR 123, 60, 112.
153 Zur differenzierten Diskussion siehe unter Kapitel 6 und 7.
154 Kiesel, NVwZ 1992, 1129, 1133; Otto, JR 1983, 1, 11.

nungsfreiheit kann nie Freiheit zur Verletzung der Ehre des Mitmenschen bedeuten. Für Politiker kann nichts anderes gelten. Wer sich der Politik widmet, kann nicht zum Freiwild werden[156]. Politische Diskussion muss Sachdiskussion sein. Nur dieser gebührt gerichtlicher Schutz. Die freie Artikulation ist uneingeschränkt zulässig, solange nicht durch sie in den Achtungsanspruch eines anderen eingegriffen wird. Dies schränkt sie nicht in ihrem Wesen ein, sondern relativiert sie lediglich in ihrem Randbereich. Das allgemeine Persönlichkeitsrecht darf nicht auf dem „Altar einer für die Demokratie existentiellen öffentlichen Meinungsbildung geopfert werden"[157]. Eine andere Beurteilung der Rechtslage liefe auf den Grundsatz hinaus: Wer sich in die Politik begibt, verwirkt weitgehend seinen Anspruch auf Ehrenschutz[158]. Dies würde aber bedeuten, dass eine unsachliche polemische Äußerung gerichtlichen Schutz erfährt und so der Meinungskampf in seiner demokratiestaatlichen Funktion gerichtlich nicht unterstützt, sondern verroht wird. Dies kann nicht die Funktion eines freien und offenen Kommunikationsprozesses als Voraussetzung für eine demokratische Willensbildung sein, sondern wirkt jener entgegen und führt zu einer Senkung des Mindeststandards gegenseitiger Achtung, die aber auch für eine freiheitliche demokratische Grundordnung unverzichtbar ist. Um den Diskussionsrahmen an dieser Stelle nicht zu überschreiten, wird auf die vorgenannten Thesen in dem hierfür gedachten Punkte eingegangen werden[159].

3) Wirkung im Privatrecht – Einfluss des Verfassungsrechts auf das Zivilrecht

Haben die vergangenen Erörterungen die Entscheidungspraxis zum Themenbereich Meinungsfreiheit und Ehrenschutz im verfassungsrechtlichen Kontext dargestellt, so findet regelmäßig die Kollision der benannten Grundrechte aber gerade im Verkehr privatrechtlicher Rechtssubjekte statt. Im politischen Diskurs sowie in der persönlichen Debatte besteht kein Subordinationsverhältnis zwischen Bürger und Staat, sondern Privatrechtssubjekte stehen sich gegenüber, zwischen denen Grundrechte

---

155 Kötz, DeliktsR Rn 634; BGH, MDR 1967, 206; BGHZ 36, 77, 80.
156 Kiesel, NVwZ 1992, 1129, 1333.
157 Ossenbühl, JZ 1995, 633, 636.
158 Kriele, NJW 1994, 1897, 1901.
159 Siehe unter Kapitel 7.

als Abwehrrechte des Bürgers gegen den Staat keine unmittelbare Anwendung finden. Daher stellt sich die grundsätzliche Frage, ob Grundrechtsnormen auf das bürgerliche Recht einwirken und wie diese Wirkung im Einzelnen ausgestaltet ist. Dies ist umstritten[160].

Die äußersten Positionen in diesem Streit liegen einerseits in der These, dass die Grundrechte in ihrer Funktion als Abwehrrechte[161] ausschließlich gegen den Staat gerichtet seien, also überhaupt keine Wirkung zwischen Privatrechtssubjekten entfalten. Andererseits wird die These vertreten, dass die Grundrechte, oder doch jedenfalls die wichtigsten von ihnen, auch im Privatrechtsverkehr gegen jedermann gälten[162]. Freiheitsbedrohung könne im modernen Staat schließlich nicht nur von demselbigen, sondern auch von gesellschaftlichen Kräften ausgehen[163]. Gemäß der Ansicht des Bundesverfassungsgerichts[164] und der herrschenden Lehre im Schrifttum[165] können die Grundrechte Private in der Regel nicht unmittelbar binden[166]. Hauptargument gegen eine unmittelbare Drittwirkung der Grundrechte ist die nicht hinnehmbare Beschränkung der Privatautonomie, soweit die grundrechtlichen Freiheiten sich zu einer umfassenden Pflichtenordnung des Einzelnen wandeln würden.[167] Zudem spricht gegen eine unmittelbare Drittwirkung das systematische und historische Verständnis als Abwehrrechte des Bürgers gegen den Staat[168]. Der Wortlaut des Art. 1 III GG nennt lediglich als Adressat die öffentliche Gewalt, „die nachfolgenden Grundrechte binden Gesetzgebung, vollziehende Gewalt und Rechtsprechung als unmittelbar geltendes Recht."

In Ablehnung der unmittelbaren Grundrechtswirkung, aber in Anerkennung der Bedeutung der Grundrechte für die einfachgesetzliche Rechtsordnung wird daher von einer so genannten „mittelbaren Drittwirkung" gesprochen, was anzuerkennen ist.

---

160 Über den Stand der Meinungen siehe Laufke in Festschrift für Heinrich Lehmann, 1956, Band I 145 ff., und Dürig in Festschrift für Nawiasky, 1956, 157 ff.

161 Epping Rn 14; BVerfG, NJW 1958, 257.

162 So z.B. BAGE 1, 185, 193 f.

163 Pieroth/Schlink, GG Rn 176.

164 BVerfG, NJW 1999, 1323; BVerfGE 7, 198, 205; BVerfGE 24, 278, 282; BVerfGE 30, 173, 199; BVerfGE 58, 377, 396; BVerfGE 66, 116, 131; BVerfGE 73, 261, 269.

165 Maunz/Dürig, GG, Art. 1 III Rn 131 ff.; v. Münch/Kunig, GG, Vorb. Art. 1-19 Rn 31 ff.; Hesse Rn 354 ff.; Stern, Staatsrecht, Bd. 3/1, 1531; Pieroth/Schlink, GG Rn 192 ff.; Jarras/Pieroth, GG, Art. 1 Rn 31.

166 So aber vor allem Nipperdey, DVBl. 1958, 445; weitere Nachweise aus dem Schrifttum bei Stern, Staatsrecht, Bd. 3/1, 1531 f.

167 Maunz/Dürig, GG, Art. 1 III Rn 129; Hesse Rn 354; Dreier, GG, Vorb. Rn 59; Stark, Ehrenschutz, 40.

168 Canaris, JuS 1989, 161, 162.

Darunter ist die indirekte Wirkung der Grundrechte als objektive Wertordnung auf Rechtsbeziehungen der Privatrechtssubjekte über die wertausfüllungsfähigen und wertausfüllungsbedürftigen Begriffe und Generalklauseln des Privatrechts zu verstehen[169]. Unter dem Terminus „Generalklauseln" sind solche wertausfüllungsbedürftige Begriffe zu sehen, die zur Beurteilung menschlichen Verhaltens auf außerzivilrechtliche Maßstäbe, wie die „guten Sitten", verweisen[170]. Schließlich erfordert eine dem Recht entsprechende Entscheidung darüber, was diese sozialen Gebote im Einzelfall fordern, eine exakte Betrachtung der Gesamtheit der diesem Staate zugrunde liegenden Wertvorstellungen, die der Souverän in einem bestimmten Zeitpunkt seiner geistig-kulturellen Entwicklung erreicht und in seiner Verfassung fixiert hat. Deshalb sind die Generalklauseln auch als die „Einbruchstellen" der Grundrechte in das bürgerliche Recht bezeichnet worden[171]. Die in Art. 1 III GG benannte Gesetzgebung, Verwaltung und Rechtsprechung sollen lediglich Richtlinien und Impulse[172] durch die Grundrechte empfangen. Man spricht von einer Ausstrahlungswirkung auf die Anwendung und Auslegung privatrechtlicher Normen[173]. Eine unmittelbare Drittwirkung ist jedoch zumindest in einem Fall zu bejahen, in dem das Grundgesetz selbst eine solche zuerkennt: Art. 9 III GG. Eine Ausweitung auf das Grundrecht der Meinungsäußerungsfreiheit lässt sich aber schon allein durch die Systematik des Grundgesetzes verneinen, da der Umkehrschluss aus Art. 9 III GG nur bedeuten kann, dass das Grundgesetz sonst gerade keine unmittelbare Drittwirkung kennt. Auch die Formulierung des hier diskutierten Art. 5 II GG gibt im Gegensatz zu Art. 9 III GG für eine unmittelbare Drittwirkung noch nicht einmal ungefähre Anhaltspunkte[174]. Dass die dritte Schranke des Art. 5 II GG zu ihrer Verwirklichung nicht des Vollzugs durch den Gesetzgeber bedarf und somit u.U. als Schranke unmittelbar einschränkende (Schutz-)Wirkung entfaltet, kann mit einer unmittelbaren Drittwirkung als Grundrecht nicht gleichgesetzt werden. Eine an die Staatsgewalt gerichtete (ver-

---

169 Siehe Stern, Staatsrecht, Bd. 3/1, 1543; Hesse Rn 356; Maunz/Dürig, GG, Art. 1 III Rn 131 ff.

170 Wie z.B. in § 826 BGB.

171 Bettermann/Scheuner/Nipperdey, GG Rn 525; Maunz/Dürig, GG, Art. 1 III Rn 132; LG Kleve, NJW-RR 1993, 656; BGH, NJW 1986, 2944; BVerfGE 7, 198, 205.

172 BVerfGE 7, 198, 205; Mori Toru, Der Staat 47, 258 ff.; Ritter, NJW 2010, 1111, 1113.

173 Dreier, GG, Vorb. Rn 59; Sachs, GG, vor Art. 1 Rn 32.

174 Beachtenswert ist hierbei aber der Wortlaut des Art. 7 II der Verfassung Brandenburgs vom 20.8.1992: „Jeder schuldet jedem die Anerkennung seiner Würde." Offensichtlich wird hier der einzelne Bürger ausdrücklich in die Pflicht genommen. Dazu ausführlich Isensee, Festschrift für Kriele, 11 ff.

fassungsunmittelbare) Ermächtigung zur Einschränkung von Grundrechten ist nicht zwangsläufig „Anspruchsgrundlage" privatrechtlicher Forderungen[175].

Prägend in der Diskussion der Meinungsfreiheit und der Drittwirkung von Grundrechten war die Entscheidung im Lüth-Urteil[176]. Der erste Senat des Bundesverfassungsgerichts ging dabei der Frage nach, inwieweit Grundrechte auch Schutzrechte im Verhältnis von Bürgern untereinander sein können. Während die Grundrechte im Grundsatz auf den Schutz des Einzelnen gegen den Staat ausgerichtet sind, war vorliegend eine privatrechtliche Streitigkeit im Kontext der juristischen Rechtsfindung. Kernproblem war eine Unterlassungsverfügung von Privatpersonen, nämlich eines Filmproduzenten und eines Filmverleihers, gegen die sich ein Privatmann, Lüth, rechtsschutzsuchend wehrte. Auslöser der juristischen Problematik war die Bekanntmachung des Erscheinens des ersten Nachkriegsfilms von „Jud-Süß"-Regisseur Veit Harlan im Jahre 1950. Der Propagandafilm „Jud-Süß" von 1940, der für Aufsehen besonderen Ausmaßes zur damaligen Zeit sorgte und eine beachtenswerte Zahl an Besuchern (etwa 20 Millionen) verzeichnen konnte, hatte die nationalsozialistische Hetze gegen die Juden unterstützt. Regisseur Harlan wurde allerdings nach 1945 rehabilitiert, zumindest was die juristische Seite betrifft: Den Vorwurf des Verbrechens gegen die Menschlichkeit[177] wies das Hamburger Schwurgericht mit der rechtlichen Würdigung zurück, Harlan habe sich in einem „Nötigungsnotstand" befunden und könne daher für die Folgen seines Films nicht verantwortlich gemacht werden. Dies war letztlich der Grund für Erich Lüth, die Verleiher und Kinobesitzer dazu aufzurufen, den neuen Film Harlans gerade nicht in ihr aktuelles Filmprogramm aufzunehmen. Bundesweite Protestveranstaltungen gegen Harlans Filme waren die Folge. Lüth wurden vom Hamburger Landgericht Ende des Jahres 1951 wegen sittenwidriger Schädigung der Filmverleiher und Kinobesitzer gemäß §§ 826, 1004 BGB weitere Aufrufe oder ähnlich gelagerte Tätigkeiten untersagt, worin dieser eine Verletzung seiner grundrechtlich garantierten Meinungsfreiheit sah. So legte er noch Ende des Jahres 1951 Verfassungsbeschwerde ein. Im „Lüth"-Urteil betonten die Verfassungsrichter dann - im scharfen Kontrast zur Hamburger Vorinstanz - den Vorrang der Meinungsfreiheit und formulierten das Leitbild einer kritischen, auf öffentli-

---

175 Mackeprang, 198.
176 BVerfGE 7, 198 ff.; Mori Toru, Der Staat 47, 258 ff.; Ritter, NJW 2010, 1112.
177 Gemäß dem alliierten § 10 Kontrollratsgesetz.

che Auseinandersetzung gegründeten Gesellschaft[178]. Das Bundesverfassungsgericht betonte hier, dass ohne Zweifel die Grundrechte in erster Linie dazu bestimmt seien, die Freiheitssphäre des einzelnen vor Eingriffen der öffentlichen Gewalt zu sichern; sie sind Abwehrrechte des Bürgers gegen den Staat[179]. Das ergebe sich aus der geistesgeschichtlichen Entwicklung der Grundrechtsidee sowie aus den geschichtlichen Vorgängen, die zur Aufnahme von Grundrechten in die Verfassungen der einzelnen Staaten geführt haben. Diesen Sinn haben auch die Grundrechte des Grundgesetzes, das mit der Voranstellung des Grundrechtsabschnitts den Vorrang des Menschen und seiner Würde gegenüber der Macht des Staates betonen wollte. Ebenso stellte das Bundesverfassungsgericht in dieser Entscheidung klar, dass es das Grundgesetz als ein „Wertesystem" – und gerade keine wertneutrale Ordnung – betrachte[180], das seinen Mittelpunkt in der sich innerhalb der sozialen Gemeinschaft frei entfaltenden menschlichen Persönlichkeit finde. Als solches müsse es für alle Bereiche des Rechts gelten. Daher beeinflusse es auch das bürgerliche Recht. Keine bürgerlich-rechtliche Vorschrift dürfe in Widerspruch zu ihm stehen, jede müsse im Geiste des Grundgesetzes ausgelegt werden. Nach Artikel 1 III GG sei neben der gesetzgebenden und der vollziehenden Gewalt auch die Rechtsprechung an die Grundrechte gebunden. Dadurch entfalteten diese eine „mittelbare Drittwirkung" auf die Parteien in bürgerlichen Rechtsstreitigkeiten. Diese Auffassung entspricht auch dem historischen Verständnis und dem geschichtlichen Hintergrund der Entstehung des Grundgesetzes, wie bereits erörtert wurde[181]. Je weiter der Entscheidungsspielraum ist, der den Zivilgerichten bei der Anwendung einer Norm bleibt, desto mehr wirkt sich also die Ausstrahlung der Grundrechte aus. Insbesondere sind die Generalklauseln Einbruchsstellen für die Wertungen der Grundrechte. Der Zivilrichter ist mithin wegen seiner Grundrechtsbindung verpflichtet, im Rahmen seiner Kompetenzen durch eine grundrechtskonforme Auslegung und gegebenenfalls Fortbildung des einfachen Rechts effektiven Schutz zu gewähren.

---

178 Riedlinger, in „Das Lüth-Urteil aus (rechts-)historischer Sicht. Die Konflikte um Veit Harlan und die Grundrechtsjudikatur des Bundesverfassungsgerichts".

179 BVerfGE 7, 198; Mori Toru, Der Staat 47, 258 ff.; Ritter, NJW 2010, 1113 f.

180 Siehe auch BVerfGE 2, 1, 12; BVerfGE 5, 85, 134 ff. und 197 ff.; BVerfGE 6, 32, 40 f.

181 Siehe unter Kapitel 3.

4) Schutzmöglichkeiten von Betroffenen gegen Meinungsäußerungen

a) Im Privatrecht

Wie bereits dargelegt, erscheinen problematische, polemische Äußerungen zumeist zwischen Privatrechtssubjekten juristisch strittig zu sein, so dass die Frage geklärt werden muss, welche Rechtsschutzmöglichkeiten gegen eine solche Äußerung bestehen. Dass ein Schutz gegen Äußerungen bestehen muss, steht außer Frage und ist schließlich auch Ausdruck einer friedlichen und homogenen Gesellschaft, wie es sich auch in gewissen Normen widerspiegelt[182]. Die Privatrechtsordnung ist Bestandteil der Gesamtrechtsordnung, in der die Grundrechte zur Geltung kommen sollen. Die Zivilgerichte müssen bei der Rechtsprechung die Grundrechte beachten. Hieraus folgt, dass das einfache Recht grundrechtskonform auszulegen ist und dass Interessenskonflikte zwischen Privatrechtssubjekten durch die Zivilgerichtsbarkeit im Einklang mit den Wertungen der Grundrechte zu lösen sind. Das Zivilrecht bietet einzelnen Personen und unter Umständen auch Personengesamtheiten, die sich vermeintlichen Angriffen auf ihre Ehre erwehren wollen, eine beeindruckende Auswahl an Rechtsmitteln. Die folgende Darstellung wird neben der Quantität auch vor allem die Qualität des entsprechenden Anspruchs, was seine praktische, gerichtliche Umsetzung betrifft, beleuchten müssen. Für den jeweiligen Kläger ist es schließlich von erheblicher Bedeutung, welche materiellrechtlichen und prozessualen Vor- und Nachteile seine Wahl des entsprechenden Anspruches mit sich bringt. Nicht ohne Grund wird eine Wechselwirkung zwischen dem „praktisch verkümmernden strafrechtlichen Ehrenschutz“ und dem „Erstarken des zivilrechtlichen Ehrenschutzes“ konstatiert[183]. Während sich der Rechtssuchende im strafrechtlichen Fokus der Problematik der Antrags- und Privatklagedelikte[184] stellen muss, gewinnt der Zivilprozess mit erleichterten Anspruchsvoraussetzungen an Bedeutung. Die gerichtliche Durchsetzbarkeit materiell-rechtlicher Ansprüche ist freilich häufig durch das Nichterfüllen des Beibringungsgrundsatzes und der Substantiierungspflicht begründet.

---

182 So z.B. in §§ 823 II, 824 BGB i.V.m. § 186 StGB.
183 Arzt, JuS 1982, 724.

aa) Widerruf

Um den Widerruf einer ehrkränkenden Äußerung auf privatrechtlichem Wege erreichen zu können, bedarf es zunächst einer Anspruchsgrundlage zugunsten des Gekränkten. Eine ausdrückliche Grundlage bietet das BGB nicht. Zur Abwehr ehrkränkender Äußerungen unter Privatpersonen ist daher der so genannte quasinegatorische Beseitigungsanspruch heranzuziehen[185]. Jener basiert auf einer Analogie zu § 1004 BGB[186], wobei der Bundesgerichtshof das zivilrechtliche Persönlichkeitsrecht unter Berufung auf die Grundrechte aus Art. 2 I und Art. 1 I GG als Bestandteil des deliktischen Schutzes des „sonstigen Rechts" nach § 823 I BGB entwickelt hat[187]. Die Rechtsfolgen sind indes nahezu identisch[188]. Letztlich verfolgt der Widerruf nicht das Ziel, dem Verletzten Genugtuung zu verschaffen oder zu einer Demütigung des Störers zu führen[189]. Folglich soll er seinem Inhalt und seiner Form nach nicht über das hinausgehen, was zur Beseitigung bestehender schädigender Folgen unbedingt notwendig ist[190]. In der juristischen Praxis hat sich der negatorische Widerrufsanspruch gemäß § 1004 BGB analog gegenüber dem deliktischen Zurücknahmeanspruch[191] durchgesetzt. Grund hierfür dürfte unter anderem sein, dass der negatorische Anspruch im Gegensatz zur deliktischen Begründung kein Verschulden in der juristischen Prüfung voraussetzt. Wenn das Merkmal des Verschuldens aber nicht notwendigerweise vorliegen muss, so ist in dieser Anspruchsgrundlage für den Beleidigten daher der Hauptvorzug des zivilrechtlichen Ehrenschutzes vor dem strafrechtlichen[192] zu sehen, muss er doch ein „Weniger" beweisen. Um bei Geltendmachung eines Widerrufsanspruchs gerichtlich zu obsiegen, bedarf es der Erfüllung entsprechender Voraussetzungen. Dies bedingt zunächst, dass eine Privatperson durch ihre Äußerungen unmittelbar in ein subjektives Recht eines anderen eingegriffen haben muss. Nicht selten stellen ehrkränkende Aussagen einen Eingriff in das vom Bundesverfassungsgericht in Übereinstimmung mit dem

184 Die Auflistung der Privatklagedelikte siehe unter § 374 StPO.
185 Kötz, DeliktsR Rn 647; Seyfarth, NJW 1999, 1287, 1293.
186 BGH, GRUR 1960, 500, 502; BGHZ 34, 99, 102; Ehmann, JuS 1997, 193, 202.
187 BGHZ 13, 334, 337 ff.; BGHZ 50, 133, 143; BGH, NJW 1954, 1404; BGH, GRUR 1955, 197.
188 MüKo-Schwerdtner, § 12 Rn 323; Schwerdtner, JuS 1978, 298.
189 BGHZ 89, 198, 202; BGHZ 69, 181, 183; Seyfarth, NJW 1999, 1293, m.w.N.
190 Ermann, BGB, Anh. § 12 Rn 464; Seyfarth, NJW 1999, 1293 f.
191 Stark, Ehrenschutz, 156.
192 Helle, 30.

Bundesgerichtshof hergeleitete allgemeine Persönlichkeitsrecht[193], Art. 1 I GG i.V.m. Art. 2 I GG, des anderen dar. Das allgemeine Persönlichkeitsrecht wurzelt in Art. 2 I GG[194]. Die allgemeine Handlungsfreiheit ist nicht auf bestimmte Lebensbereiche begrenzt, sondern hat in allen Lebensbereichen einen hohen schützenswerten Stellenwert[195]. Die Verbindung zu Art. 1 I GG folgt daraus, dass es, ebenso wie die Menschenwürde, den einzelnen weniger mit seinem Verhalten als in seiner Qualität als Subjekt schützt[196]. Schutzrichtung ist somit nicht die Freiheit zum eigenen Handeln, sondern vielmehr die engere Persönlichkeitssphäre vor Eingriffen von außen[197]. Es ergänzt somit als „unbenanntes Freiheitsrecht" die „benannten Freiheitsrechte", die ebenso konstituierende Elemente der persönlichen Lebenssphäre zum Schutzauftrag haben[198]. Vom Schutzbereich des allgemeinen Persönlichkeitsrechts ist auch das Recht der Selbstdarstellung umfasst[199], welches dem Einzelnen gewährleistet, sich herabsetzender, verfälschender und unerbetener öffentlicher Darstellung zu erwehren[200]. Es umschließt den Schutz von Ruf[201] und der persönlichen Ehre[202] sowie damit einhergehend das Recht auf Gegendarstellung[203] und Berichtigung[204]. Ehre ist mit Reputation und sozialem Geltungsanspruch gleichzusetzen[205]. Sie beruht auf der Vorstellung, die andere von einer Person haben[206].

Gerade im politischen Fokus sind wertende Äußerungen ein effektives Stilmittel, was insoweit auch sinnvoll bzw. nachvollziehbar erscheint, um sich und seine politische Auffassung darzustellen. Nicht selten überschreiten dabei die Äußerungen nicht nur sittliche Grenzen, sondern greifen den politischen Widersacher in seiner personellen Ganzheit an. Bei anstehenden Wahlen entscheidet oft die Reputation der Kandidaten

193 BVerfGE 54, 148, 153 ff.; BVerfGE 79, 256, 268.
194 Zur ausführlichen Darstellung des allgemeinen Persönlichkeitsrechts siehe unter Kapitel 5.
195 BVerfGE 6, 32, 36; BVerfGE 114, 371 f.; Pieroth/Schlink, GG Rn 373.
196 BVerfGE 54, 148, 153; BVerfGE 72, 155, 172; BVerfGE 75, 369, 380.
197 Stein/Frank, Staatsrecht, § 31 II bb; BGHZ 73, 120; BGH, NJW 1965, 685; BGH, NJW 1985, 1617; BGH, NJW 1967, 2314, 2316.
198 Faber, Schutz der Ehre, § 3, 71; Stein/Frank, Staatsrecht, § 31 II bb.
199 Stein/Frank, Staatsrecht, § 31 II bb; Degenhart, JuS 1992, 361.
200 OLG München, NJW 1986, 1260; OLG Frankfurt am Main, NJW 1971, 468; BGH, NJW-RR 2010, 855; BGH, NJW 1964, 562; Pieroth/Schlink, GG Rn 377.
201 Von der Decken, NJW 1983, 1400; Mackeprang, 176 ff.
202 BVerfGE 54, 208, 217; BVerfGE, NJW 1987, 2661, 2662; Katz, § 30 I Rn 677; Degenhart, JuS 1992, 361; Tettinger, JuS 1997, 769, 770.
203 BVerfGE 63, 131, 142 f.; Kühl, AfP 1983, 337 f.
204 BVerfGE 97, 125, 148 f.; Eggert, AfP 1998, 169, 170; Häußler, JA 1999, 276, 278; Ernst, NJW-CoR 1998, 304; BVerfG, NJW 1998, 1381, 1383.
205 BGHSt 11, 70, 71; Kübler, NJW 1999, 1281, 1283; OLG Stuttgart, NJW-RR 1993, 733.
206 Zum Ehrbegriff siehe unter Kapitel 5.

über den Ausgang von Wahlen und Abstimmungen[207]. Nicht zuletzt will der Wähler sich schließlich von einem Menschen vertreten lassen, der nicht nur seine politische Auffassung teilt, sondern darüber hinaus auch sittlich-moralisch seinen persönlichen Anforderungen entspricht. Ein Mensch kann seine Persönlichkeit nur dann frei entfalten, wenn ein Verbot von Demütigungen, Bloßstellungen und Verletzungen des sozialen Achtungs- und Geltungsanspruchs besteht[208], oder zumindest ein juristisches Instrumentarium existiert, das Verletzungen wirkungsvoll kompensiert. Entscheidend für die Durchsetzung eines möglichen Widerrufsanspruchs ist, ob der Kläger die streitgegenständlichen Aussagen im Sinne des § 1004 II BGB zu dulden hat. Eine Duldungspflicht kann sich aus dem Recht der freien Meinungsäußerung nach Art. 5 I GG ergeben. Gerade in politischen Diskussionen gewinnt die Frage aber wieder an Bedeutung, in welcher Funktion der Äußernde gehandelt hat, sprich ob er sich überhaupt auf die Ausübung von Grundrechten, wie Art. 5 I GG, berufen kann. Das Grundrecht aus Art. 5 I 1 GG steht dem Staat und seinen Funktionsträgern eben gerade nicht zu[209]. Als Freiheitsrechte richten sich die Grundrechte gegen den Staat[210]. Auf ihren Adressaten selbst sind sie nicht anwendbar und würden in ihrem Sinn entstellt, wenn sie ihrerseits Eingriffe des Staates in die Rechtssphäre des Bürgers decken könnten. Ein Amtsträger kann sich nur auf Freiheitsrechte berufen, wenn er losgelöst von seiner amtlichen Eigenschaft handelt. Handelt der sich äußernde Politiker als Wahlwerber im privatrechtlichen Bereich ohne bereits ein Amt innezuhaben, so scheidet eine hoheitliche Tätigkeit aus, der Zivilrechtsweg ist somit eröffnet. Der Widerrufsanspruch bietet nur dann hinreichende Aussicht auf Erfolg, soweit es um die Richtigstellung von (unwahren) Tatsachenbehauptungen geht. Werturteile[211] gelten gemäß herrschender Lehre[212] und Rechtsprechung[213] als nicht widerrufsfähig. Begründet wird dies unter Berufung auf die grundgesetzlich geschützte Meinungsfreiheit damit, dass niemand im Wege der Zwangsvollstreckung gezwungen werden

---

207 Kübler, NJW 1999, 1281, 1283.

208 Katz, § 30 I Rn 677; BVerfG, NJW 1989, 3269 f.; Meyn, JuS 1990, 630, 633; Discher, JuS 1993, 465, 469; BVerfG, NVwZ 1990, 54.

209 Maunz/Dürig, GG, Art. 5 I, II Rn 107; BVerfG NJW 1990, 1783; BVerfGE 21, 362, 369, 373; BVerfGE 61, 82, 101; BVerfGE 68, 193, 205 f.

210 Pieroth/Schlink, GG Rn 58; Sachs, GG, vor Art. 1 Rn 78 ff.; Dreier, GG, Vorb. Rn 123 ff., BVerwGE 64, 274.

211 Zur Differenzierung zwischen Tatsachenbehauptungen und Werturteilen siehe unter Kapitel 6 und Kapitel 7.

212 Ehmann, JuS 1997, 202; Seyfarth, NJW 1999, 1293; Helle, 30; Palandt, BGB, vor § 823 Rn 27; zustimmend i.E. Schwerdtner, 314; Anders jedoch Prien, 134 ff.

kann, eine Überzeugung aufzugeben oder eine Würdigung zurückzunehmen[214]. Dies entspricht ferner auch dem historischen Verständnis und dem Ziel, Meinungen ohne Angst vor Repressalien äußern zu dürfen[215]. Auch die wahre Tatsachenbehauptung ist nicht widerrufsfähig. Schließlich kann nicht durch Richterspruch verlangt werden, dass eine objektiv zutreffende Behauptung als falsch zurückgenommen wird und so der Betroffene zur Unwahrheit gezwungen wird. Problematisch ist häufig aber die gerichtliche Durchsetzung des entsprechenden Anspruchs, zumindest was die Beweislast betrifft. Hierbei treten in der rechtlichen und gerichtlichen Praxis die meisten Schwierigkeiten auf, denen der Rechtsschutzsuchende ausgesetzt ist. Grundsätzlich trägt im Zivilverfahren jede Partei die Beweislast für ihre anspruchsbegründenden Tatsachen[216]. Gemäß der ständigen Rechtsprechung wird dieses Prinzip im Fall einer Widerrufsklage durch die Beweislastregel des § 186 StGB[217] nur insoweit beeinflusst, als eine (eingeschränkte) Substantiierungs- und Darlegungslast bezüglich der Wahrheit einer Behauptung seitens des Widerrufsgegners zu verlangen ist. Zugunsten desselben soll sich seine Beweislast betreffend auch ein Berufen auf § 193 StGB auswirken[218]. Bei dieser Norm soll der Beleidigte die Unwahrheit der ehrkränkenden Behauptung nachweisen müssen. Ist hingegen die Klärung, ob eine Wahrheit oder Unwahrheit vorliegt, nicht abschließend möglich, so soll der Widerrufsgegner allenfalls zu der Erklärung gehalten sein, dass er die Behauptung nicht aufrechterhalten könne[219]. Die benannten Voraussetzungen zeigen in ihrer Fülle mithin, wie diffizil die tatsächliche juristische Durchsetzung des Anspruches ist.

---

213 Siehe BGHZ 10, 104, 105 f.; BGHZ 65, 325, 337; BGHZ 99, 133, 138; BGH, NJW 1989, 774.

214 Vgl. MüKo-Schwerdtner, § 12 Rn 330; BGH, GRUR 1988, 402 f.; BGHZ 139, 101; BVerfG, NJW 2006, 209; zust. Hochhuth, NJW 2006, 189; BVerfG, NJW 2006, 3772 f.

215 Siehe hierzu auch Kapitel 3 und 4.

216 Thomas/Putzo, ZPO, vor § 284 Rn 23; Zum Begriff der prozessualen Last vgl. insbesondere Lent, ZZP 67, 344; zuletzt vgl. insbesondere Stürner, 1976, 71 ff.

217 Vgl. zum Einfluss des § 186 StGB Schlosser, JZ 1963, 310.

218 Vgl. BGH, NJW 1959, 2012; BGH, AfP 1985, 1043; BVerfGE 85, 1, 22 f.; Anders jedoch Stark, Ehrenschutz, 159 f.; Erdsiek, NJW 1966, 1386; Westermann, JZ 1960, 693. Zur „Beweislastumkehr" bei Berufung auf „berechtigte Interessen" vgl. Schlosser, JZ 1963, 311.

219 „Eingeschränkter Widerruf". Es müssen dann aber ernstliche Anhaltspunkte für die Wahrheit des Vorwurfs fehlen; vgl. BGHZ 37, 187, 189; BGHZ 69, 181, 182.

bb) Unterlassen

Um ein Unterlassen von Äußerungen auf privatrechtlichem Wege gerichtlich durchzusetzen, bedarf es ebenfalls einer entsprechenden Anspruchsgrundlage. Zur Abwehr ehrkränkender Äußerungen unter Privatpersonen ist, wie bereits erörtert, der quasi-negatorische Beseitigungsanspruch heranzuziehen[220]. Der wegen Verletzung des Persönlichkeitsrechts gegebene Unterlassungsanspruch ist in Analogie zu den negatorischen Ansprüchen des BGB auf eine entsprechende Anwendung der §§ 1004 I 2, 12, 862 I 2 BGB i.V.m. der jeweiligen Schutznorm gestützt[221]. Als Schutznorm der Ehre kommt § 823 I, II BGB i.V.m. § 185 ff StGB in Betracht[222]. Der Unterlassungsanspruch besteht gegenüber Tatsachenbehauptungen und Werturteilen[223]. Eine Privatperson muss unmittelbar in ein subjektives Recht des sich Wehrenden eingegriffen haben, und eine Duldungspflicht darf nicht bestehen. Es ist Ziel der Unterlassungsklage, künftigen ehrverletzenden Äußerungen vorzubeugen[224]. Sie wirkt also präventiv und ist nicht darauf gerichtet, kompensierende Wirkung zu entfalten[225]. Folglich muss die Gefahr eines erneuten Eingriffs bestehen[226]. Dafür spricht regelmäßig die tatsächliche Vermutung, wenn der Inanspruchgenommene bereits rechtswidrig in das Persönlichkeitsrecht eingegriffen hat[227]. Bei Tatsachenbehauptungen ist also in erster Linie zwischen wahren, unwahren und nicht erweislich wahren Tatsachen zu unterscheiden. Hierbei ist der Rechtsfindung regelmäßig zugrunde zu legen, dass wahre Tatsachenbehauptungen grundsätzlich von dem „Betroffenen" hinzunehmen sind, unwahre hingegen nicht[228]. Die erfolgreiche Durchsetzung eines Unterlassungsanspruchs setzt darüber hinaus aber auch noch weiter voraus, dass die

---

220 Kötz, DeliktsR Rn 647; Larenz/Canaris, SchuldR II/2 Rn 673 f.; Baur, AcP 160, 465.

221 BGH, NJW 1997, 1148, 1149; OLG Saarbrücken, NJW 1997, 1376, 1377; Helle, JZ 1997, 786 f.; Wagener/Meister, KH 1997, 579 f.

222 Seyfarth, NJW 1999, 1287, 1288.

223 Wenzel, Handbuch des Äußerungsrechts Rn 12.5; Ehmann, JuS 1997, 1193, 202; BGH, MDR 1993, 122 f.

224 Hubmann, 356; Seyfarth, NJW 1999, 1287, 1288; BGHZ 183, 227, 231; Schönberger, ZUM 2010, 253 ff.; Frey, ZUM 2010, 253 ff.

225 Seyfarth, NJW 1999, 1287, 1288.

226 Wenzel, Handbuch des Äußerungsrechts, 127.

227 MueKo, BGB, § 12 Rn 179; BGH, NJW 1194, 1281, 1283; OLG Stuttgart, NJW 1964, 48; OLG München, NJW 1971, 844; OLG München, NJW-RR 2003, 1487.

228 Vgl. auch BGH, VersR 2008, 971; BVerfGE 97, 391, 403; BVerfG; NJW 1998, 2889.

Abweichung von der Wahrheit erheblich ist und den Betroffenen in seinem sozialen Geltungsanspruch beeinträchtigt[229].

Relativ unproblematisch erscheint mithin die gerichtliche Durchsetzbarkeit in Bezug auf unwahre Tatsachenbehauptungen, jedoch gilt die Besonderheit bei nicht erweislich wahren Tatsachenbehauptungen dahin, dass eine Durchsetzbarkeit nur dann gegeben ist, wenn sich der Äußernde nicht auf ein Recht zur Äußerung berufen kann[230]. Mangelt es an einer Feststellung der tatsächlichen Unwahrheit, so entscheidet sich die Rechtsprechung für den Äußernden, da zugunsten des Mitteilenden davon auszugehen ist, dass seine Aussage wahr ist; von dieser Unterstellung aus ist dann zu fragen, ob er die Äußerung zur Wahrnehmung berechtigter Interessen für erforderlich halten durfte[231]. An diesem Punkte schließt sich der Kreis von § 193 StGB über die Meinungsfreiheit erneut und findet so Einzug in die rechtliche Würdigung[232]. Vielfach wurde diese Rechtsprechung kritisiert mit dem Argument, dass die Judikatur ihre Tendenz zur Privilegierung des Injurianten gegenüber dem Verletzten fortsetzt[233].

Dieses Problem mit mehrdeutigen Aussagen zeigte sich auch in der jüngeren Rechtsprechung. Hatte der Bundesgerichtshof in der „Stolpe-Entscheidung"[234] auf das Günstigkeitsprinzip zurückgegriffen, wurde ihm dies durch das Bundesverfassungsgericht schließlich verwehrt. Der Bundesgerichtshof hatte sich hierbei von der Überlegung leiten lassen, wonach bei einer Äußerung diejenige Deutung entscheidungserheblich und damit ausschlaggebend ist, die den in seiner Ehre Betroffenen weniger beeinträchtigt. Mit dieser Auslegung folgte er der Rechtsprechung des Bundesverfassungsgerichts. Hierauf wird vertieft in Kapitel 7 eingegangen. Jedenfalls hatte diese Deutung zwangsläufig zur Folge, dass sie sich für den auf Unterlassung in Anspruch Genommenen günstiger auswirkte. Damit wähnte sich der Bundesgerichtshof auf der sicheren Seite, zumal dieser Grundsatz bereits von dem Legisten *Johannes Reuchlin* (1455 - 1522) unter Berufung auf *Ulpian*[235] als „eine allen Rechtsgelehrten

229 Müller, VersR 2008, 1141; BVerfG, AfP 2008, 55; BVerfG, WM 2008, 35, 36.
230 BGH, NJW 1979, 267; BGH, VersR 1979, 53; BGH, NJW 1987, 2226.
231 BGH, NJW 1987, 2226; BGH, NJW 1985, 1621; BGH, NJW 1979, 266; BGH, NJW 1981, 2117, 120.
232 BVerfG, NJW 1999, 1323; BVerfGE 99, 185, 189; Seyfarth, NJW 1999, 1287, 1292.
233 So z.B. von Stark, Ehrenschutz, 164 f.
234 BGHZ 139, 95; Dietlein, JR 1999 246 f.; Jutzi, NJW 1998, 593 f.; Krüger, ZUM 2003, 347 ff.
235 Dig. 5, 1, 66 „Si quis intentione ambigua vel oratione usus sit, id quod utilius ei est, accipiendum est".

gemeinsame Lehrmeinung" bezeichnet wird[236], so etwa *Müller*, Vizepräsidentin des Bundesgerichtshofs[237]. Das Bundesverfassungsgericht folgte dieser Auffassung nicht und korrigierte den Bundesgerichtshof dahingehend, dass eine solche Regel nur auf Äußerungen in der Vergangenheit angewendet werden könne, nicht aber bei der Verurteilung zur Unterlassung künftiger Äußerungen[238]. Nach Ansicht des Bundesverfassungsgerichts war überraschend entscheidungserheblich, dass sich der Äußernde eben auch eindeutig ausdrücken könne, nachdem er wisse, dass die Wahrheitsfrage ungeklärt sei. Sei er dazu nicht bereit, bestehe in der Folge auch kein Grund, von einer Verurteilung zur Unterlassung schon deshalb abzusehen, weil die Äußerung mehrere Deutungen zulasse. Ob diese Entscheidung singulärer Natur bleibt oder hiermit eine klare Verschiebung zu Lasten der Äußerungsfreiheit eingeleitet wurde, bleibt derzeit wohl noch unklar. Dieser Aspekt wird aber eine ausführliche Erörterung in Kapitel 7 finden. Die Erfolgsaussichten der Unterlassungsklage im Hinblick auf negative Werturteile werden zumindest dann gegeben sein, wenn die Grenze der Schmähkritik[239] überschritten worden ist[240].

cc) Der Gegendarstellungsanspruch

Der Gegendarstellungsanspruch gewährt dem Betroffenen die rechtliche Möglichkeit, ebenfalls gehört zu werden, *audiatur et altera pars*[241]. Dieser lateinische Ausspruch, der nicht nur aus dem Lateinunterricht bekannt sein dürfte, stellt trotz oder eben aufgrund seiner Prägnanz dar, wie schwach der Gegendarstellungsanspruch ist. Der andere Teil soll eben nur (an-)gehört werden, ein Anspruch auf eine tatsächliche Feststellung der Wahrheit des sodann Vorgebrachten ist damit aber gerade nicht verbunden. Der Gegendarstellungsanspruch umfasst im Vergleich zu den bereits erörterten Rechtsschutzmöglichkeiten eines in der Ehre Betroffenen die geringsten Voraussetzungen und ist Ausdruck des öffentlichen Interesses an inhaltlich richtiger Information und damit des Rechts auf freie Meinungsbildung, das durch die Darstel-

236 Johannes Reuchlin, Sämtliche Werke Bd. IV, 274.
237 Müller, VersR 2008, 1141.
238 BVerfGE 114, 339; BVerfG, NJW 2006, 207, 208; Helle, AfP 2006 110 f.; Feubel, AfP 2006 20, 22; Grimm, AfP 2008, 1, 3.
239 Ausführliche Definition und Besprechung unter Kapitel 7.
240 BGHZ 45, 296, 308 ff.; BGHZ 65, 325, 333; BGHZ 99, 133, 139; BVerfG, NJW 1979, 96 f.

lung der Gegenseite befördert wird, sowie des allgemeinen Persönlichkeitsrechts. Mit dem Gegendarstellungsanspruch wendet sich der vermeintlich in der Ehre Verletzte seinerseits mit Tatsachenbehauptungen gegen in den Medien aufgestellte oder verbreitete Tatsachenbehauptungen. Hieran erkennt man die Funktion des Gegendarstellungsanspruchs als Gegengewicht zur Macht der Medien im Meinungskampf. Geregelt ist er in den Pressegesetzen der Länder sowie den Rundfunk- und Mediengesetzen der Länder, und ist im Mediendienste-Staatsvertrag verankert[242]. Zwar ist dieser Schutz nicht unmittelbar in der Verfassung gewährleistet, jedoch dient er schließlich dem Schutz der Selbstbestimmung des Einzelnen hinsichtlich der Darstellung der eigenen Person. Diese wird von der verfassungsrechtlichen Gewährleistung des allgemeinen Persönlichkeitsrechts in Art. 2 I i.V.m. Art. 1 I GG umfasst. Der Einzelne soll selbst die Entscheidungsmacht innehaben, wie er sich gegenüber Dritten oder der Öffentlichkeit darstellen will, was seinen sozialen Geltungsanspruch ausmachen soll und ob oder inwieweit Dritte über seine Persönlichkeit verfügen können, indem sie diese zum Gegenstand öffentlicher Erörterung machen[243].

Voraussetzung zur erfolgreichen gerichtlichen Geltendmachung des Gegendarstellungsanspruchs ist, dass der Betroffene von einer durch den Beklagten verbreiteten Tatsachenbehauptung tangiert ist[244]. Ob diese wahr oder unwahr ist, bleibt für die Durchsetzung juristisch unerheblich. Ein berechtigtes Interesse fehlt z.B., wenn die Gegendarstellung offenkundig unwahr ist oder sich inhaltlich als völlig belanglos darstellt[245]. Seine eigene Darstellung der Dinge muss in engem zeitlichen Zusammenhang mit der beanstandeten Berichterstattung verlangt werden[246]. Die Zeitung, die Rundfunkanstalt oder das entsprechende Presseorgan ist verpflichtet, die Gegendarstellung unverzüglich in der nächst erreichbaren Ausgabe des Mediums an derselben

---

241 Lat.: auch der andere Teil soll angehört werden!

242 Zusammenfassung der Rechtsgrundlagen und Gesetzestexte bei Wasserburg, 378 ff.

243 BVerfGE 63, 131, 142, unter Verweis auf BVerfGE 54, 148, 153 und BVerfGE 35, 202, 220.

244 So wurde z.B. durch das Landgericht Hamburg (Az. 324 O 556/05) dem „Stern“ untersagt, einige von Doris Schröder-Köpf beanstandete Behauptungen aus einem Artikel vom 23. Juni 2005 erneut zu verbreiten. In dem Artikel „Der Doris-Faktor“ hatte die Autorin u.a. die Möglichkeit dargestellt, dass es Frau Schröder-Köpf gewesen sein könnte, die ihren Mann auf die Idee mit der Vertrauens frage gebracht haben könnte. Das Verfahren wurde zugunsten der Kanzler-Gattin entschieden.

245 BVerfG, NJW 1998, 1381; BVerfG, NJW-RR 2010, 1195; BGH, NJW 2010, 3037.

246 Palandt, BGB, § 823 Rn 37; zu den verfassungsrechtlichen Voraussetzungen der Gegendarstellung vgl. BVerfG, NJW 2002, 357; BVerfG, NJW 1999, 483, Sächs VerfGH, DtZ 1997, 173; zum Gegendarstellungsrecht allg. vgl. Prinz, NJW 1993, 3039; Schmidt/Seitz, NJW 1991, 1009; Schulz, DtZ 1992, 210.

Stelle und in derselben Aufmachung zu veröffentlichen wie der von dem vermeintlich Verletzten beanstandete Artikel. Bei Rundfunk- und Fernsehausstrahlungen muss die Gegendarstellung unverzüglich in dem gleichen Programmbereich zu einer Sendezeit verbreitet werden, die der Zeit der beanstandeten Sendung gleichwertig ist[247]. Hierbei ist dieselbe Stelle auch tatsächlich wörtlich zu nehmen, so dass nach einer Aufmachung auf der Titelseite auch die Gegendarstellung auf der Titelseite veröffentlicht werden muss, worin letztlich auch der Grundsatz der Waffengleichheit zu erblicken ist. Würde die Möglichkeit der Veröffentlichung an einer (unbemerkten) Stelle der Ausgabe erfolgen, so liefe dieser Anspruch letztlich ins Leere.
Juristische Geschichte hat in diesem Zusammenhang das „Caroline von Monaco Urteil I" geschrieben[248]. Anlass waren ein Gegendarstellungsanspruch von Caroline von Hannover[249] (damals noch Caroline von Monaco) gegen eine Titelschlagzeile der Illustrierten „Das Neue Blatt" und ein Gegendarstellungsanspruch von Franziska van Almsick[250] gegen eine andere Illustrierte. Die hierauf folgenden Verfassungsbeschwerden wurden zugunsten der durch den Abdruck Beschwerten entschieden. So lauteten die Leitsätze der bundesverfassungsgerichtlichen Entscheidung des Ersten Senats vom 14. Januar 1998 entsprechend, dass das Grundrecht der Pressefreiheit, Art. 5 I 2 GG, nicht verlangt, dass die Titelseite von Presseerzeugnissen für Gegendarstellungen oder Richtigstellungen freigehalten werden muss. Zudem verstößt es demnacg auch nicht gegen das Grundrecht der Pressefreiheit, dass der Anspruch auf Gegendarstellung weder das Vorliegen einer Ehrverletzung noch den Nachweis der Unwahrheit der Erstmitteilung oder der Wahrheit der Gegendarstellung voraus-

247 Palandt, BGB, § 823 Rn 38; vgl. OLG München, NJW 2003, 2756; OLG München, AfP 2000, 386; BVerfG, NJW 1998, 1381; vgl. auch OLG Karlsruhe, NJW 1993, 1476.

248 BVerfGE 97, 125; vgl. auch BVerfG, NJW 1998, 1381; Kübler, NJW 1999, 1281.

249 Das „Neue Blatt" hatte einen Artikel über eine angeblich bevorstehende Hochzeit von Prinzessin Caroline von Monaco veröffentlicht. Der Artikel war in der unteren Mitte der linken Spalte der Titelseite als „Exklusiv-Reportage" angekündigt. Dagegen erwirkte Caroline von Hannover eine einstweilige Verfügung zum Abdruck einer Gegendarstellung auf der Titelseite. Die Illustrierte druckte die Gegendarstellung zwar ab, die Verlegerin erhob aber (nachdem sie vor den Zivilgerichten unterlegen war), Verfassungsbeschwerde wegen Verletzung der Pressefreiheit. Für die Zeitschrift erwies sich der Abdruck nicht als schädlich: Das entsprechende Heft verkaufte sich mit einem zweistelligen Plus.

250 Die Zeitschrift hatte auf ihrer Titelseite einen Bericht über eine angeblich bevorstehende Hochzeit von Franziska van Almsick angekündigt. Diese erwirkte per einstweiliger Verfügung den Abdruck einer Gegendarstellung auf der Titelseite und eines Widerrufs im inneren Teil. Die Zeitschrift druckte beides im Innenteil ab, und kündigte die Gegendarstellung lediglich auf der Titelseite an. Die Zivilgerichte bestätigten daraufhin den Anspruch Franziska van Almsicks, die Gegendarstellung auf der Titelseite abzudrucken. Dem kam die Illustrierte daraufhin nach, erhob aber wiederum Verfassungsbeschwerde.

setzt. Die Pflicht, Tatsachenbehauptungen zu berichtigen, die sich als unwahr erwiesen haben und das Persönlichkeitsrecht des Betroffenen fortwirkend beeinträchtigen, schränken nach Ansicht der erkennenden Richter die Pressefreiheit nicht unangemessen ein[251]. Gleichwohl ist es nicht unzulässig, einen so genannten „Redaktionsschwanz" anzuhängen, in dem das Medium sich z. B. vom Inhalt der Gegendarstellung distanziert[252], was selbstredend die Effektivität des Instruments der Gegendarstellung gleichsam zweifelhaft in ihrer Bedeutung erscheinen lässt. Der suspekt erscheinende Sinngehalt der Distanzierung bleibt dem Leser unzweifelhaft im Gedächtnis.

Fraglich ist auch jeweils die Länge, also der angemessene Umfang einer Gegendarstellung. Diese braucht sich nicht darauf zu beschränken, die in der Erstmitteilung enthaltene Tatsachenbehauptung als „falsch" zu bezeichnen, sondern es ist noch ein erklärender Zusatz möglich, soweit dieser zum Verständnis des Lesers bezüglich der Erwiderung notwendig erscheint[253]. Der Gegendarstellungsanspruch stellt sich als praxisrelevant dar, indem zumindest aufgrund der eindeutigen Rechtslage langwierige Gerichtsverfahren meist vermieden werden können und nur verhältnismäßig geringe Voraussetzungen zu erfüllen sind. Ob der gewünschte Effekt tatsächlich eintritt, darf allerdings bezweifelt werden. Die Gegendarstellung ist schließlich keine Nachricht wie die Stigmatisierung eines Menschen, welche die Öffentlichkeit begierig aufzunehmen pflegt[254]. Zudem wird erneut die ehrenrührige Aussage transportiert, was zu ihrer Verbreitung beiträgt.

dd) Anspruch auf Geldentschädigung

Unabhängig von den bereits dargestellten rechtlichen Möglichkeiten des Rechtsschutzsuchenden besteht für ihn teilweise auch das Bedürfnis (und meist der ökonomisch orientierte Wunsch), seine Verletzung auch noch anderweitig zu kompensieren. Ist der Tatbestand des § 823 BGB, § 824 BGB oder § 826 BGB rechtswidrig und

251 BVerfG, NJW 1998, 1381.

252 § 10 II BayPrG, § 10 III PresseG Berlin, § 10 II PresseG Hessen, § 10 IV SächsPrG. Anders schon Art. 17 II S. 2 BayMEG („Eine Erwiderung auf die Gegendarstellung darf nicht in unmittelbarem Zusammenhang mit dieser verbreitet werden...") und § 25 III RuFuG des Bundes.

253 OLG Karlsruhe, NJOZ 2007, 5189; OLG Brandenburg, NJW-RR 2000, 832; KG Berlin, NJW-RR 2008, 357; OLG München, NJW-RR 2000, 319; LG Frankfurt am Main, NJW-RR 1988, 1022.

254 Schachtschneider, Medienmacht versus Persönlichkeitsschutz, 8.

schuldhaft erfüllt, besteht grundsätzlich Anspruch auf Ersatz des entstandenen Schadens[255]. Das Gesetz sieht in §§ 249 ff. BGB und § 253 BGB eine Geldentschädigung als Folge unerlaubter Handlungen vor. Gerade der drohende Vermögenszugriff auf den Ehrverletzenden ermöglicht häufig – zumindest praxisnah – eine weitaus wirksamere Prävention gegen deliktisches Handeln, ist dieser doch unmittelbar spürbar, und die Geldentschädigung gleichzeitig eine höhere Kompensation für Rechtsgutverletzungen als die oben beschriebenen Ansprüche. Ein echter Hemmungseffekt muss sich aus diesem Anspruch ergeben, was sich auch in der Höhe der zuzusprechenden Geldsumme darstellen muss[256]. Im Unterschied zum Schmerzensgeld steht bei der Geldentschädigung die Genugtuung des Opfers im Vordergrund. Somit dient der Anspruch vornehmlich der Prävention[257]. Häufig zieht eine erfolgreiche Unterlassungsklage eine weitere Klage nach sich, mit der materieller und/oder immaterieller Schadensersatz bzw. im Einzelfall auch Herausgabe eines Gewinns gefordert wird[258]. Dabei ist es entscheidungserheblich, eine korrekte Unterscheidung zwischen den vermögenswerten und den ideellen Bestandteilen des Persönlichkeitsrechts zu treffen. Hiermit sind mittlerweile verschiedene Senate des Bundesgerichtshofs betraut[259]. Eine notwendige Unterscheidung zwischen materiellem und immateriellem Schadensersatz bedingt der Umstand, dass bei einer immateriellen Beeinträchtigung grundsätzlich nur dann eine Entschädigung in Geld gewährt wird, wenn es sich um einen schweren Eingriff handelt, während diese Einschränkung beim materiellen Schadensersatz nicht gilt. Zur gerichtlichen Durchsetzung des entsprechenden Anspruchs ist es daher neben der positiven Darstellung eines Eingriffs in das allgemeine Persönlichkeitsrecht erforderlich, die Rechtswidrigkeit des Eingriffs nachzuweisen. Dies hat die Aufgabe, über die Normwidrigkeit des schädigenden Verhaltens zu befinden[260] und ist anhand einer auf den Einzelfall bezogenen, sorgfältigen und umfassenden Güter- und Interessensabwägung - insbesondere un-

---

255 Palandt, BGB, § 823 Rn 159 ff.; BGHZ 144, 343, 345; BGHZ 10, 104 ff.; BGHZ 34, 99 f.

256 Vgl. BGHZ 128, 1, 16; Schlechtriem, JZ 1995, 362.

257 BGH, NJW 1996, 984; BGHZ 128, 1 ff.; Körner, NJW 2000, 241, 243; Lange, VersR 1999, 274, 279.

258 Müller, VersR 2008, 1141 ff.; BGHZ 143, 214, 228 f.; BGHZ 128, 1, 6, 9; BGHZ 132, 13, 25 f.; Soergel, BGB, § 847 Rn. 21.

259 Der I. Zivilsenat, wenn das Persönlichkeitsrecht kommerziell nach Art eines Immaterialgüterrechts genutzt wird, und der VI. Zivilsenat für den deliktischen Schutz.

260 Palandt, BGB, § 823 Rn 32; BVerfG, NJW 1992, 815 f.; BGHZ 13, 334, 337 f.; Hager; Staudinger, BGB, § 823 Rn C 17; Emmerich, Schuldrecht, § 22 Rn 22.

ter Beachtung des Grundsatzes der Verhältnismäßigkeit[261] - gegen andere geschützte Rechte und Interessen vorzunehmen[262], worin gleichzeitig die Schwierigkeit der Anspruchsdurchsetzung zu erblicken ist. Denn hierbei ist der sonst bei § 823 I BGB anzuwendende Grundsatz nicht gegeben, dass die Rechtswidrigkeit durch die Tatbestandsmäßigkeit indiziert wird[263]. Die Feststellung für sich alleine, dass der Anspruchsteller durch die angegriffene Äußerung verletzt ist, reicht somit nicht aus. Folglich muss die soziale oder persönliche Nützlichkeit der gefährdenden Handlung zur Wahrscheinlichkeit und Größe des zu erwartenden Nachteils in Bezug gesetzt werden[264]. Eine Widerrechtlichkeit ist mithin dann gegeben, wenn diese Prüfung zu Lasten des Angreifenden ausgeht[265]. Hierbei sind sowohl die Seite des Äußernden als auch die Seite des Betroffenen zu betrachten. Auf der Seite des Betroffenen ist bei der vorzunehmenden Abwägung besonders die Schwere des Eingriffs und seiner Folgen[266] und das eigene Verhalten des Verletzten zu berücksichtigen. Hierbei nützlich ist die Betrachtung, in welche Sphäre[267] des Betroffenen eingegriffen wurde, wobei die Intimsphäre den absoluten Schutz genießt[268]. Auf der Seite des Äußernden sind das Motiv und der Zweck des Eingriffs sowie dessen Art und Weise prägend[269]. Letztlich wird dem Betroffenen ein Ersatz immaterieller Schäden in Geld nur unter einschränkenden Voraussetzungen gewährt[270]. Ziel der juristischen Restriktion ist es, dass nicht jede geringfügige Verletzung des allgemeinen Persönlichkeitsrechts die Verpflichtung zum Geldersatz für immaterielle Schäden nach sich zieht. Es soll mithin vermieden werden, dass unbedeutende Beeinträchtigungen in unangemessener Weise ausgenützt würden, um daran zu verdienen[271], denn ein Anspruch auf Profit bietet das allgemeine Persönlichkeitsrecht eben nicht; ein Verlust an Profit bei Verletzung des Rechts besteht daneben gleichwohl.

---

261 BVerfGE 42, 143, 152; Palandt, BGB, § 823 Rn 184; BVerfG, NJW 1999, 2262, 2263; BVerfG, NJW 2004, 590, 591.
262 BGHZ 13, 334, 338; BGHZ 24, 72, 74; BGHZ 35, 363, 368; BGHZ 50, 133, 143; MüKo-Schwerdtner, § 12 Rn 188, 203; Palandt, BGB, § 823 Rn 184; Schlechtriem, JZ 1995, 363.
263 BGHZ 24, 72; BGHZ 36, 77; BGHZ 45, 296, 307; Palandt, BGB, § 823 Rn 184.
264 BGH, NJW 78, 2151; BGHZ 45, 296, 307; BGHZ 50, 143; BGH, NJW 1978, 751.
265 Palandt, BGB, § 823 Rn 184; vgl. auch BVerfGE 42, 134, 152; BVerfG, NJW 1999, 2262.
266 BGH, NJW 1966, 647; u.U. genügt eine Berechtigung oder Klarstellung, vgl. BGHZ 31, 308 ff.
267 Zu den verschiedenen Sphären siehe auch unter Kapitel 5.
268 BGH, NJW 81, 1366; Degenhardt, JuS 1992, 361, 363 ff.; Diederichsen, Jura 2008, 1, 2, 5; BGHZ, 24, 200, 208; BGH, NJW 1988, 1984 f.
269 Anschauliche Beispiele unter Palandt, BGB, § 823 Rn 189 ff.
270 Siehe hierzu auch BVerfG, NJW 73, 1221; BGHZ 26, 349; BGHZ 39, 124.
271 BGHZ 35, 363, 368; Ridder, AfP 1973, 453; BGH, NJW 1962, 736; OLG Hamburg, NJW-RR 2006, 1707; BVerfG, NJW 2006, 595.

Zwei einschränkende Voraussetzungen sind zu beachten: Zum einen muss die Verletzung des allgemeinen Persönlichkeitsrechts objektiv erheblich ins Gewicht fallen oder den Täter subjektiv der Vorwurf einer schweren Schuld treffen und zum anderen eine anderweitige Befriedigung des Opfers nicht möglich sein[272]. Letzteres bedeutet, dass bei anderer Bewertung die Persönlichkeitssphäre bei Versagen einer Geldentschädigung ohne zureichenden Schutz bleiben würde[273]. Ob eine derartige Schwere des Eingriffs vorliegt, dass dem Betroffenen eine Entschädigung in Geld für die erlittene Schädigung zuzusprechen ist, ist wiederum nach den Umständen des Einzelfalls zu entscheiden, wobei insbesondere der Grad des Verschuldens, Art und Schwere der Beeinträchtigung, Nachhaltigkeit und Fortdauer der Interessens- und Rufschädigung, Anlass und Beweggrund der Äußerung entscheidend ist, sowie die Frage, in welche der geschützten Sphären des Betroffenen eingegriffen wurde[274]. Der Anspruch in Geld muss nach oben genannten Grundsätzen somit dann zurücktreten, wenn die Verletzung auf andere Weise hinreichend ausgeglichen werden kann, wozu je nach Sachlage insbesondere die negatorischen Ansprüche, besonders der Widerruf, ein angemessenes und geeignetes Mittel darstellen können[275].

Diese Auffassung ist nicht unumstritten[276]. Zumeist wird eingewendet, dass eine von vornherein festgeschriebene Subsidiarität des Schmerzensgeldes gegenüber Widerrufs- oder Gegendarstellungsansprüchen mit der Folge, dass ein Schmerzensgeldanspruch entfallen soll, wenn es der Verletzte versäumt, eben jene Ansprüche geltend zu machen, unbillig erscheint. Auch wird dies im Hinblick auf die Genugtuungsfunktion des Anspruchs bei Eingriffen in das allgemeine Persönlichkeitsrecht wohl nicht haltbar sein[277]. Vorzugswürdiger erscheint es, jedenfalls an die entsprechenden Umstände des Einzelfalls anzuknüpfen[278]. Der praktische Nutzen ist fernab der rechtlichen Problematik sicher und Gegenstand stetiger juristischer Diskussion. Hatte schon die Soraya Entscheidung[279] die ausdrückliche Billigung des Bundesverfas-

---

272 Palandt, BGB, § 823 Rn 200; BGH, NJW 1971, 698.
273 BGH, NJW 1977, 628. Vgl. auch MüKo-Schwerdtner, § 12 Rn 285; BGH, NJW 1971, 699.
274 BGH, NJW 1985, 1617; BGH, VersR 1988, 405.
275 BGH, NJW 1971, 699; BGHZ 26, 349; BGHZ 30, 7; BGH, NJW 1965, 1374.
276 Vgl. die Nachweise bei MüKo-Schwerdtner, § 12 Rn 294 mit Rn 1433.
277 BGHZ 35, 363, 369; BGHZ 39, 124, 133; BGH, VersR 1985, 393; vgl. auch Hager, AcP 1996, 172 m.w.N.
278 Siehe auch BGH, JZ 1995, 361.
279 BGH, NJW 1965, 685; BVerfG, NJW-RR 2007, 1055; vgl. allgemein auch BGH, JuS 2007, 286, 287; OLG München, NJW-RR 2001, 41, 42; OLG Karlsruhe, NJW-RR 1999, 103; BVerfG, NJW 1980, 2070.

sungsgerichts gefunden, dass bei Verletzungen des Persönlichkeitsrechts auch der Ersatz immateriellen Schadens verlangt werden kann, so hatte in der notwendigen Folge auch ein Urteil des Bundesgerichtshofs in neuerer Zeit einen wirtschaftlichen Vorteil für den Kläger inne, betreffend die Berichterstattung über angebliche ärztliche Fehler eines Gynäkologen. Die Berichte führten zur Kündigung von dessen Belegarztvertrages mit dem Krankenhaus. Der Arzt erhielt Ersatz seines materiellen und immateriellen Schadens[280]. Ein weiteres Beispiel ist Joachim („Blacky") Fuchsberger[281]. Hier war ein Foto des Moderators, das ihn mit einer Brille zeigte, ohne seine Zustimmung von einem bekannten Optikerverband zu Werbezwecken benutzt worden. Auch ihm wurde vom Bundesgerichtshof Entschädigung zuerkannt[282].

b) Der Folgenbeseitigungsanspruch im öffentlichen Recht

Vielfach mag Anlass des Klagebegehrens auch hoheitliches Handeln sein. Wenn auch dann das Klagebegehr nicht auf Geldersatz, sondern auf Wiederherstellung des früheren Zustandes, des status quo ante, gerichtet ist, vornehmlich durch Widerruf der Aussage, so kommt der Folgenbeseitigungsanspruch in Betracht[283]. Der Versuch einer Normierung desselben im Staatshaftungsgesetz scheiterte an der Unvereinbarkeit des Gesetzes mit Art. 70 GG[284]. Fraglich ist somit die dogmatische Herleitung des Folgenbeseitigungsanspruchs[285]. Man kann den Folgenbeseitigungsanspruch dogmatisch direkt aus den Grundrechten herleiten[286]. Hierfür lässt sich anführen, dass Grundrechte primär Abwehrrechte des Bürgers gegen den Staat sind und folglich einen Anspruch auf Unterlassen rechtswidriger Eingriffe gegen jenen geben[287]. Wenn der Staat Grundrechte verletzt, ist es auch folgerichtig, dem Betroffenen als Fortsetzung des Unterlassungsanspruchs einen Störungsbeseitigungsanspruch zu-

280 BGH, VersR 1997, 325; vgl. allgemein auch BGH, NJW 2008, 2262; BGH, GRUR 2007, 441; LG Berlin, NZV 2006, 205, 206; BGH, NJW 2006, 601; BGH, NJW-RR 2005, 366, 367.

281 *11.3.1927, deutscher Schauspieler und Moderator.

282 BGH, VersR 1993, 66; Zur Thematik ebenfalls BGH, NJOZ 2010, 562; LG Frankfurt am Main, NJOZ 2009, 2842, 2843; BVerfG, GRUR-RR 2009, 375; BGH, GRUR 2008, 896.

283 BVerwGE 59, 319, 325 f.; Faber, NVwZ 2003, 159; Maurer, § 29 Rn 1.

284 BVerfGE 61, 149, 208; Köckerbauer, JuS 1988, 782.

285 BVerwGE 94, 100, 103 f.; Ossenbühl, 293; Köckerbauer, JuS 1988, 782 f.

286 BVerwG, NJW 1972, 269 f.; VGH Kassel, NVwZ-RR 1994, 515, 519; Schoch, VerwArchiv 79, 1, 34.

287 BVerfG, NJW 1992, 492; BVerfG, NJW 1994, 1147; BVerfG, NZM 539, 554; BVerfGE 97, 169; BGH, NJW 2004, 937; Pieroth/Schlink, GG Rn 58.

zuerkennen[288]. Der Störungsbeseitigungsanspruch stellt den ursprünglichen grundrechtskonformen Zustand wieder her; er ist den Grundrechten folglich immanent. Andererseits kann man auch das Rechtsstaatsprinzip aus Art. 20 III GG als Rechtsgrundlage anführen[289]. Diese Vorschrift bindet die vollziehende Gewalt an Recht und Gesetz. Dies enthält gleichsam eine Verpflichtung, die rechtswidrigen Folgen einer Amtshandlung wieder zu beseitigen. Objektive Prinzipien begründen aber grundsätzlich keine subjektiven Rechtspositionen. Das Rechtsstaatsprinzip dient nur als objektiv-rechtlicher Maßstab zur Auslegung des Folgenbeseitigungsanspruchs. Darüber hinaus sagt dieses Prinzip nichts über die Folgen aus, die eintreten sollen, wenn es verletzt worden ist[290], und wird daher auch als dogmatische Stütze bezweifelt[291].
Zur Herleitung kann auch § 1004 BGB sowie §§ 12, 862 BGB und der auf die analoge Anwendung dieser Bestimmungen gestützte zivilrechtliche „quasi-negatorische“ Beseitigungsanspruch[292] zur Abwehr von Beeinträchtigungen deliktisch geschützter Rechtsgüter als geeignet angesehen werden[293]. Die Analogie kann die Heranziehung des umfangreichen Erfahrungsmaterials zum zivilrechtlichen Rufschutz ermöglichen[294]. Dagegen spricht aber, dass der zivilrechtliche Störungsbeseitigungsanspruch auf Grund der Lückenhaftigkeit seiner gesetzlichen Regelung kaum geeignet ist, die rechtliche Grundlage für einen öffentlich-rechtlichen Anspruch zu liefern, der die Beseitigung der Beeinträchtigung eines jeden grundrechtlich geschützten Guts zum Inhalt hat[295]. Wenn sich auch, wie dargestellt, mannigfaltige dogmatische Begründungen für den Folgenbeseitigungsanspruch darstellen lassen, so ist allen doch zumindest eines gemein, nämlich dass der Staat verpflichtet ist, die Folgen rechtswidrigen Handelns zu beseitigen. Letztlich ergänzen und stützen sich die Auffassungen. Zudem ist der Folgenbeseitigungsanspruch gewohnheitsrechtlich anerkannt[296].

288 Ossenbühl, 298 f.; Schoch, VerwArchiv 79, 1, 35 f.
289 BVerwGE 69, 366, 370; Maurer, § 29 Rn 5.
290 Bettermann, DÖV 1955, 528, 531.
291 Faber, Schutz der Ehre, § 5, 192; Bettermann, DÖV 1955, 528, 531.
292 Larenz/Canaris, SchuldR II/2 Rn 673 f.; OLG Düsseldorf, NJW 1948, 385, 386; LG Hannover, NJW 1949, 625 f.; LG Regensburg, NJW-RR 1989, 1458 f.
293 VGH Kassel, NJW 1988, 1683; OVG Münster, NJW 1983, 2402, 2403; Bettermann, DÖV 1955, 528, 534 f.; Frotscher, JuS 1978, 505, 509.
294 Ossenbühl, 298; Faber, NVwZ 2003, 159, 161.
295 Faber, Schutz der Ehre, § 5, 192.
296 VGH München, BayVBl 1984, 272, 274; VGH Mannheim, DVBl 1984, 881; VG Frankfurt am Main, NJW 1987, 2248; VGH Kassel, NVwZ 1989, 266, 267.

Unabhängig hiervon müssen freilich auch stets die Voraussetzungen zur Geltendmachung des Widerrufsanspruchs erfüllt sein. Er entsteht, wenn durch einen hoheitlichen Eingriff in ein subjektives Recht ein noch andauernder rechtswidriger Zustand geschaffen wurde und ist auf die Wiederherstellung des Zustands gerichtet, der im Zeitpunkt des Eingriffs bestand[297]. Zunächst müsste also hoheitliches Handeln – unabhängig von seiner Qualität als Verwaltungsakt oder Realakt – vorliegen[298]. Entscheidend ist, ob die gegenständlichen Äußerungen in Ausübung des Amtes, also in einem engen Funktions- und Sachzusammenhang mit dem Bereich hoheitlicher Betätigung des Amtswalters[299], oder bei bloßer Gelegenheit getätigt worden sind[300] bzw. einen Lebensbereich betreffen, der durch bürgerlich-rechtliche Gleichordnung geprägt ist[301]. Der Bereich bürgerlich-rechtlicher Gleichordnung wird vor allem dann anzunehmen sein, wenn die Äußerung oder Erklärung an die Presse im Bereich privatrechtlicher, fiskalischer Betätigung der öffentlichen Hand gegeben wurde[302], nicht hingegen, wenn die behördliche Presseerklärung der Darstellung oder Rechtfertigung hoheitlich, verwaltungsrechtlicher Tätigkeit dient[303]. Schließlich ist die Auffassung diskutabel, dass amtliche Äußerungen einer Behörde immer öffentlich-rechtlichen Charakter haben[304]. Eine den Bürger beeinträchtigende Äußerung eines Hoheitsträgers wiege nach dieser Auffassung schließlich schwerer als die Erklärung einer Privatperson[305]. Die Autorität seines Amtes könnte schließlich einen überragenden Einfluss haben, so dass seine Äußerung stets als hoheitliche Äußerung aufgefasst wird. Diese Auffassung ist zunächst schlüssig, zumindest wenn man an herausragende Hoheitsträger denkt, die dem Bürger aus der Presse oder aufgrund ihrer politischen Funktion bekannt sind. Hier wird ein jeder Rezipient Schwierigkeiten haben, die Rechtsnatur der Äußerung zu erkennen, da man den Äußernden zu sehr aus der täglichen Presse kennt und seine Äußerungen somit zunächst unweigerlich

297 BVerwGE 69, 366, 370 f.; BVerfG, NJW 1989, 118; OVG Münster, NVwZ-RR 2010, 630; BVerwG, NVwZ 2010, 710 f.; VGH München, NVwZ 2002, 365 f.; OVG Hamburg, NVwZ 2002, 885.
298 BVerwG, DÖV 1971, 857, 858.
299 Faber, Schutz der Ehre, § 2, 35.
300 Bosch/Schmidt, VwGO, § 7 III Rn 6 b.
301 VGH Mannheim, NJW 1990, 1808, 1809; LG Karlsruhe, NVwZ-RR 2009, 87; OLG Frankfurt am Main, NVwZ-RR 1999, 813, 814; VGH Kassel, NVwZ-RR 1994, 700 f.; OVG Münster, NVwZ 1991, 176 ff.
302 BGHZ 34, 99; BGHZ 66, 229; BGHZ 67, 81.
303 BGH, NJW 78, 1860; BVerwG, NJW 89, 412.
304 Stern Rn 24.
305 Berg, JuS 1984, 521, 523; Stern Rn 24.

als hoheitliche Äußerung auffassen wird. Eine andere Auffassung würde juristische Fähigkeiten eines jeden Rezipienten voraussetzen. Diese Denkweise hat hierin aber auch ihre Schwäche, da auch Hoheitsträger, die dem Bürger gerade nicht aus den Medien bekannt sind, sich im normalen Rechtsverkehr äußern. Einer solchen „normalen" Äußerung unweigerlich einen öffentlich-rechtlichen Charakter zuzubilligen, erscheint sinnwidrig. Daher ist auch die Ansicht vertretbar, dass es zu differenzieren gilt. Würde man sämtliche tatsächliche Erklärungen der Verwaltung dem öffentlichen Recht zuordnen, dürfte für rechtsgeschäftliche Erklärungen nichts anderes gelten. Der Verwaltung kann aber nicht die Fähigkeit zu privatrechtlichem Handeln abgesprochen werden[306]. Wenn man bedenkt, dass es wenig ersichtlich ist, warum für tatsächliche Erklärungen andere Maßstäbe als für die sonstigen Realakte gelten sollten, vermag diese Auffassung zu überzeugen. Ein Hoheitsträger verliert nicht einfach seine Humanstruktur. An der Rechtsnatur einer Erklärung ändert sich nichts, wenn die Erklärung die Ehre eines Bürgers verletzt. Bezogen auf die Besonderheiten des politischen Diskurses, ist es daher streitentscheidend, ob sich der Äußernde als Privatperson oder nur bei Gelegenheit einer Wahlversammlung geäußert hat[307]. Um ein hoheitliches Handeln bejahen zu können, müsste er in Ausübung seines Amtes gehandelt haben[308]. Nimmt man als Beispiel einen Kandidaten einer Landtagswahl, so wird dessen angegriffene Äußerung nach objektiven Maßstäben mit den Aufgaben des Landtagsabgeordneten unmittelbar zusammenhängen[309], worunter beispielsweise Plenarsitzungen oder Ausschusssitzungen fallen, auch wenn diese außerhalb stattfinden. Äußerungen vor der Presse, auch gelegentlich einer parlamentarischen Tagung, sind jedoch keine Ausübung der Abgeordnetentätigkeit, sofern der Abgeordnete nicht im Auftrag des Landtags handelt[310].

Nicht selten sind aber (abwertende) Äußerungen auf Wahlversammlungen. Nirgendwo sonst erscheint es schließlich so günstig, den politischen Gegner in den negativen Fokus zu rücken, ihn zum Thema zu machen, um sich selbst positiv beim potentiellen Wähler herauszustellen. Ein Handeln im Auftrag des Landtags ist bei einer

306 Schoch/Schmidt-Aßmann/Pietzner, VwGO, § 40 Rn 277.

307 BGH, NJW 1961, 162; VG Frankfurt am Main, NVwZ 1992, 85, 86; LG Hamburg, NJW 1989, 231 f.; BGH, NJW 1978, 1860; BGH, NJW 1976, 2302, 2303.

308 Schoch/Schmidt-Aßmann/Pietzner, VwGO, § 40 Rn 402, 406; BGH, NJW 1961, 1625; Kopp, § 40 Rn 28 a.

309 BverwG, NVwZ-RR 2000, 598; VGH Mannheim, NJW 1997, 754; Zinn/Stein, HessVerf Kommentar, Art. 95, Erl. 3.

solchen Konstellation selbstredend zu verneinen. Unabhängig davon erscheint es aber zweifelhaft, ob eine Ausübung seines Mandats bei Veranstaltungen dieser Art generell angenommen werden kann. Sinn und Zweck einer Wahlversammlung ist es, die Wähler für die anstehenden Wahlen zunächst zu interessieren und darüber hinaus für sich und die Partei zu gewinnen[311]. Wahlversammlungen werden somit sinnvollerweise in der Öffentlichkeit unter Einbeziehung der Presse abgehalten. Äußerungen auf Wahlversammlungen gehören aber insoweit zum Kreis der allgemeinen Politik und stehen nicht im Zusammenhang mit der parlamentarischen Berufsausübung[312]. Sie sind somit grundsätzlich nicht in Funktion als Volksvertreter abgegeben worden, sondern lediglich „bei Gelegenheit" einer Wahlversammlung. Die Mitwirkung an der politischen Willensbildung des Volkes durch die Parteien nach Art. 21 GG gehört nicht zum Amt eines Abgeordneten[313]. Die „Ausübung des Mandats" wird nur auf den Organismus des Parlaments als Bezugspunkt der Äußerung verstanden[314]. Somit äußert sich der Abgeordnete ausschließlich in Ausübung seines Mandats als solcher, aber nicht vor seinen Wählern[315]. Ein hoheitliches Handeln muss in diesen Fällen verneint werden; der ordentliche Rechtsweg ist folglich in jenen Fällen eröffnet.

III. Rechtsvergleichende Bestandsaufnahme

In Deutschland gehört es zum verfassungsrechtlich verbürgten Recht des Souveräns, Maßnahmen der öffentlichen Gewalt ohne Furcht vor staatlichen Sanktionen zu kritisieren. Dies gehört zum Kernbereich des Grundrechts auf Meinungsäußerungsfreiheit[316]. Diese Aussage stellt treffend fest, welchen Stellenwert das Recht auf freie Meinungsäußerung und damit einhergehend das Recht der Pressefreiheit in einem demokratischen Rechtssystem findet. Kritik an Macht ist schutzbedürftig. Unter diesem Punkt soll daher die verfassungsrechtliche Grundposition des Bundesverfassungsgerichts in Bezug auf die Schutzbedürftigkeit der Meinungsfreiheit mit verglei-

310 LG Köln, NStZ-RR 2003, 364; Zinn/Stein, HessVerf Kommentar, Art. 95, Erl. 3.
311 Kremer, 27.
312 OLG Saarbrücken, NJW 1953, 1150; OLG Stuttgart, NZV 2008, 101; OLG Braunschweig, NJW 1976, 60.
313 BVerfG, NJW 2002, 3458; Zinn/Stein, HessVerf Kommentar, Art. 95, Erl. 3.
314 Friesenhahn, DÖV 1981, 512, 514.
315 Schoch/Schmidt-Aßmann/Pietzner, VwGO, § 40 Rn 406; Friesenhahn, DÖV 1981, 512, 514.

chendem Blick auf andere mögliche Systeme gestreift und die Bedeutung der Meinungsfreiheit für die Demokratie dargestellt werden. Hierzu soll das Beispiel der öffentlichen Meinungskundgebung und etwa denkbaren negativen Folgen gegenüber denen, den Staat öffentlich kritisierenden Bürgerinnen und Bürger, die Bedeutung von Art. 5 I GG auf einen entscheidenden Punkt bringen, in dem sich der demokratische Rechtsstaat vom totalitären Willkürstaat grundlegend unterscheidet: Beruht jeder Totalitarismus auch auf dem Prinzip der Furcht, so darf dies für keine Demokratie und das in ihr ausgedrückte Verhältnis des Bürgers zum Staat gelten. Die demokratische Kontrolle setzt somit zwingend Meinungsfreiheit voraus[317], ihre Ausübung darf in unserem Staate nicht zur Mutprobe werden; die Pressefreiheit nimmt somit ihre essentielle Funktion als Hüterin der Demokratie wahr. Wie hoch dieser Stellenwert zu schätzen und zu schützen ist, vermögen die Geschichte des deutschen Volkes[318] und der vergleichende Blick (nicht nur) auf jüngste Ereignisse in anderen Staaten zeigen. Freilich können an dieser Stelle nur einige exemplarische Punkte aufgezeigt werden, die als Vertreter für den allgemeinen Stellenwert der Meinungsfreiheit in den aufgezeigten Ländern stehen. Eine ausführliche Diskussion kann aber nicht erfolgen, würde diese doch den Rahmen dieser Dissertation überschreiten[319]. Gleichwohl werden die folgenden Beispiele die Wertigkeit des Grundrechts der Meinungsfreiheit darstellen. Es wird hierdurch klar, warum die zu analysierende höchstgerichtliche Rechtsprechung die Meinungsfreiheit unter derart vehementen Schutz stellt.

So wurde etwa die russische Journalistin Anna Politkowskaja[320] am 07.10.2006 in Moskau getötet. Sie war eine russische Reporterin, Autorin und Aktivistin für die Menschenrechte[321]. Von 1982 bis 1993 arbeitete sie für verschiedene Zeitungen und

316 OLG Celle, NJOZ 2010, 781; OLG Köln, NJOZ 2009, 1449; OLG Hamm, NStZ 2008, 631; BVerfG, NJW 1992, 2815; BVerfG, JuS 2007, 568, 569; OLG Karlsruhe, NStZ-RR 2006, 173.

317 Der Philosoph und Gesellschaftskritiker Jean Jaques Rousseau hat in Anlehnung an die auf Thomas Hobbes und Charles de Montesquieu zurückgehende Gewaltenteilung von der Presse als einer "vierten Säule" im Staat gesprochen.

318 Siehe auch unter Kapitel 3 und 4.

319 Siehe zur ausführlichen Diskussion um ausschließlich dieses Thema z.B. Cremades, Das Grundrecht der Meinungsfreiheit in der Spanischen Verfassung, Schriften zum Internationalen Recht Bd. 65; Deppe, Über Pressefreiheit und Zensurverbot in der Russländischen Föderation. Eine Untersuchung über die gesetzliche und tatsächliche Ausgestaltung der verfassungsrechtlichen Freiheitsgarantie.

320 Russisch: Анна Степановна Политковская.

321 International wurde Anna Politkowskaja durch ihre Bücher „Tschetschenien - Die Wahrheit über den Krieg“ und „In Putins Russland“ berühmt. Für ihre Arbeit erhielt sie 2004 den Olof-Palme Preis.

Verlage[322]. Von 1994 bis Mitte 1999 war sie als Stellvertretende Chefredakteurin bei einer Wochenzeitung[323] tätig. In dieser Funktion berichtete sie meist kritisch über den Tschetschenien-Krieg[324] und setzte sich kontinuierlich in Widerspruch zur offiziellen Darstellung aus der Krisenregion. 2002 war ihre Zeitung „Nóvaja Gazéta" noch eine kritische Oppositionszeitung. Nahezu logische Folge war, dass sich auf ihrem Schreibtisch juristische Klagen und Beschwerdebriefe häuften[325]. Vier Jahre später hatte sich das Blatt gewendet. Seit sich ein Mitglied der „Partei Einiges Russland", die Putin sehr nahe steht, in die Zeitung eingekauft hatte, wurde der Schreibstil der Autoren, die politische Couleur, die oppositionelle Nuance offensichtlich geändert. Putin selbst war bereits mehrfach ob fehlender Gewährleistung von Meinungs- und Pressefreiheit in die vornehmlich westlichen Medien geraten[326]. Auch heute gehört dieses Thema zu den zentralen Punkten internationaler Beratungen. Sollte ihre Tätigkeit kausal zu ihrem Ableben sein, so würde der Tod der Journalistin deutlich zeigen, welchen Wert der Schutzbereich aus Art. 5 I GG in einem demokratischen Staat wie Deutschland hat und wie schützenswert dieser ist. Der letzte Text über Folter in Tschetschenien von Anna Politkowskaja bleibt unveröffentlicht. Er sollte am 9. Oktober 2006 erscheinen. Beweismaterial und Artikel seien verschwunden, teilte die Zeitung stattdessen mit.

Aber nicht nur in Russland, sondern auch in weiteren Staaten scheint das Mitteilen von Gedanken, das Äußern von Werturteilen, einen wesentlich niedrigeren gerichtlichen und staatlichen Schutz zu genießen. Im Rechtssystem der Türkei beispielsweise sind Gesetze in Kraft, die die Meinungsfreiheit einschränken oder behindern, so z.B. Art. 301 des türkischen Strafgesetzbuches. Die Novellierung des Strafgesetzbuches stellt vor allem die Arbeit der Journalisten vor große Schwierigkeiten. Straftatbestände wie Beleidigung werden nach dem neuen Gesetzbuch höher bestraft, wenn

---

322 Z.B. in der Iswestija und der Zeitschrift Megapolis-Ekspress.

323 „Obschtschaja Gaseta".

324 Es wird unterschieden: Erster Tschetschenienkrieg (1994-1996); Zweiter Tschetschenienkrieg (seit 1999).

325 Gerichtsverfahren waren damals das gängigste Mittel gegen Journalisten.

326 Am 2. Februar 2004 explodierte beispielsweise im Moskauer Zentrum eine Bombe. Der Sprengsatz wurde vor der Wohnungstür einer Frau gezündet wurde, die vor den Präsidentschaftswahlen ein für Wladimir Putin äußerst unangenehmes Buch veröffentlicht hat, Elena Tregubova. Ihr wurde vorher die Kreml-Akkreditierung wegen unerwünschter Berichterstattung entzogen.

sie durch Mitglieder der Presse verübt wurden[327]. Menschen befinden sich als „Gesinnungstäter“ in Haft. Allein diese Tatsache lässt Assoziierungen zu den verheerenden Auswirkungen in der deutschen Geschichte freien Lauf. So stand beispielsweise der Verleger Fatih Tas in Istanbul vor Gericht. Ihm wurde vorgeworfen, das Buch eines amerikanischen Autors auf den türkischen Markt gebracht zu haben, in dem die Armee und der Staatsgründer Atatürk kritisiert werden[328]. In diesem Buch soll zudem eine Landkarte abgedruckt sein, auf der ein großer Teil der Türkei als historisch kurdisches Gebiet dargestellt ist. Zehneinhalb Jahre Haft forderte die Staatsanwaltschaft[329]. Dieses Geschehen zeigt in aller Klarheit, dass dort der internationale Standard der Menschenrechte nicht gewährleistet wird. Viele Menschen wurden und werden zu Opfern von die Meinungsfreiheit einschränkenden Gesetzen. Und nicht nur der „einfache Bürger“, sondern gerade die Presse scheint beschnitten, brisante Themen, wie die Vertreibung und Ermordung der Armenier werden kontrovers diskutiert, allerdings muss darauf geachtet werden, „welche Worte die Autoren dabei wählen,“ so Oral Çalis¸lar, Kolumnist der Zeitung Cumhuriyet[330].

In den Vereinigten Staaten von Amerika existiert seit dem Jahre 1789 eine kodifizierte Verfassung. Diese enthält in den Verfassungszusätzen einen Grundrechtskatalog. Die Meinungsfreiheit und die Pressefreiheit genießen auch hier einen Schutz[331]. Im Gegensatz zum deutschen Recht wird allerdings die Meinungsfreiheit schrankenlos gewährt[332]. Eine Parallele zum deutschen Recht, in welchem der Schutz des allgemeinen Persönlichkeitsrecht auch nicht explizit in der Verfassung erwähnt ist, ist auch im Grundrechtskatalog der amerikanischen Verfassung der Schutz des Persönlichkeitsrechts nicht ausdrücklich statuiert[333], sondern wird –ähnlich dem deutschen Recht- vom US Supreme Court abgeleitet[334]. Schutz vor Ehrangriffen erfährt der

327 Görlach, Presse- und Meinungsfreiheit in der Türkei, Ergebnisse einer internationalen Fachkonferenz, in: Die Politische Meinung 09/05, 55.

328 Seibert, Thomas, „Angeklagt wegen eigener Meinung“. In: „Der Tagesspiegel“ 12/05.

329 Grundlage der Anklage gegen den Verleger ist der Paragraph 301 des neuen türkischen Strafgesetzbuches, der die „Beleidigung des Türkentums“ verbietet. Zusätzlich wird ein Sondergesetz herangezogen, das die Beleidigung Atatürks unter Strafe stellt.

330 Görlach, Presse- und Meinungsfreiheit in der Türkei, Ergebnisse einer internationalen Fachkonferenz, in: Die Politische Meinung 09/05, 58.

331 Amendment 1 (1791): „Congress shall make no law ... abridging the freedom of speech, or of the press ...“.

332 Empfehlenswerte Lektüre zur hierzu: Brugger, Grundrechte und Verfassungsgerichtsbarkeit in den Vereinigten Staaten von Amerika, 1987, § 24 II.

333 Brugger, AöR 1983, 25 ff.

334 Supreme Court in Roe v. Wade, 410 U.S. 113, 152 (1973).

amerikanische Bürger bei falschen oder diffamierenden Äußerungen, die in nicht gerechtfertigter Weise gegenüber Dritten aufgestellt wurden. Es muss also ein Dritter mit einbezogen sein[335], was an die Voraussetzungen der üblen Nachrede, § 186 StGB, erinnert. Zudem muss das gesellschaftliche Ansehen betroffen sein oder dessen soziale Isolierung begünstigt werden[336]. Dies führt dazu, dass bei der Bewertung des Ehrenschutzes der gute Ruf im Mittelpunkt steht, demnach ein „faktischer Ehrbegriff", nicht ein dualistischer Ehrbegriff zugrunde liegt. Auch hier sind -selbstredend- Rechtfertigungsgründe für den sich Äußernden gegeben. Vorliegend erscheint für das im Mittelpunkt stehende Thema insbesondere der Rechtfertigungsgrund des „fair comment" beachtenswert und diskussionswürdig. Hiernach ist die Meinungsäußerung dann gerechtfertigt, wenn sie eine Frage des öffentlichen Interesses betrifft. Zudem darf sie nicht nur aus verwerflichen Motiven heraus geäußert worden sein. Gleichwohl darf sie übertrieben dargestellt werden. Dies mag an das deutsche Recht erinnern und Parallelen zu dem Begriff der „Schmähkritik" aufzeigen. Ob dem Schutzsuchenden im amerikanischen Recht gerichtlich Schutz gewährt wird, hängt sodann noch wesentlich von der Art des Verschuldens ab. Hierbei wird zwischen Privatpersonen und „public figures" unterschieden. Ist der Schutzsuchende eine „public figure", so ist für die Haftung des Beklagten der Nachweis von „actual malice", also einer böswilligen Schädigungsabsicht, notwendig. Ist der Kläger indes eine Privatperson, so bedarf es lediglich des Nachweises der Fahrlässigkeit. Die amerikanische Rechtsprechung scheint also eine Abstufung des Schutzes vorzunehmen, je nachdem, welche Stellung der Schutzsuchende in der Gesellschaft hat. Auch hier dürfte für eine vollumfänglich gerechte Bewertung, an welchen Maßstäben eine Meinungsäußerung zu messen ist, erheblich sein, wann bzw. unter welchen Umständen der Mensch zur „public figure" wird und damit mehr hinzunehmen hat. Unter anderem mag hierbei als ausschlaggebendes Kriterium der freiwillige Schritt an die Öffentlichkeit gelten[337]. Die Erfolgsaussichten einer Ehrenschutzklage sind ähnlich wie im deutschen Recht dann für Personen des öffentlichen Lebens ungleich

335 "Publication", siehe grundlegend Mundt, Die „publication" im anglo-amerikanischen Beleidigungsrecht, 1993, 45 ff.

336 Restatement (Second) on the Law of Torts, § 559.

337 Bezanson, The Libel Suit in Retrospect: What Plaintiffs Want and What Plaintiffs Get, 74 Cal. Rev. 789 (1986).

geringer als die der Privatpersonen. Dies bedeutet aber im Umkehrschluss, dass auch hier ein gewisser Bekanntheitsgrad Fluch und Segen zugleich ist.

Die zurückliegende Bestandsaufnahme macht deutlich, dass Personen der Öffentlichkeit einen erheblich verminderten Schutz vor Eingriffen in ihr Persönlichkeitsrecht genießen. Begründet wird dies in den USA hauptsächlich damit, dass diese Personen freiwillig die Öffentlichkeit „aufgesucht" hätten. Ähnlich wird in Deutschland argumentiert und dem Politiker, der sich freiwillig in die politische Diskussion begibt, ein verminderter Schutz zuerkannt. Dies gilt quasi im Gegenzug dafür, dass der politisch Motivierte die gewünschte Aufmerksamkeit erhält. In den USA wie hier muss man sich also fragen, ob dieser Schutz der Meinungsfreiheit zu Lasten -stets zu Lasten- eines ebenso hochrangigen Guts gehen darf? Allein diese wenigen Beispiele zeigen deutlich, welchen Stellenwert Meinungs- und Pressefreiheit in einem tatsächlich demokratischen Staate haben müssen, damit sie nicht zu einem luftleeren Gebilde mutieren. Demokratie ist also auf freien Informationsfluss und angstfreie Teilnahme am Diskurs angewiesen[338].

Im internationalen Vergleich bietet das deutsche Recht eine Vielfalt an Rechtsbehelfen gegen beeinträchtigende Medienveröffentlichungen und Ehrangriffe, über deren gerichtliche Durchsetzbarkeit noch zu diskutieren sein wird. Insbesondere der Anspruch auf Gegendarstellung im Vergleich zum amerikanischen Rechtssystem zeigt die theoretisch gegebene Möglichkeit des Verletzten in Deutschland. Der amerikanische Supreme Court nämlich hat diesen Anspruch als Eingriff in die Pressefreiheit als unzulässig erklärt. Nicht zuletzt ein vergleichender Blick zur Meinungsfreiheit in anderen Staaten hat zwar gezeigt, wie schützenswert das hoch geschätzte Gut des Art. 5 I GG ist. Auch die historische Betrachtung der Meinungsfreiheit in Deutschland stellte klar, wie unverzichtbar seine höchste Stellung, seine höchste Wertschätzung, ja sein höchster Schutz zu sein hat. Nicht nur in Deutschland, sondern beispielsweise auch in Amerika reicht ein historischer Rückblick, um zu erkennen, wie sehr eine wirklich gelebte Demokratie auf den bedingungslosen Schutz der Meinungsfreiheit angewiesen ist. Dies zu verstehen ist unabdingbare Basis einer Kritik an der Entscheidungspraxis der höchstgerichtlichen, deutschen Rechtsprechung.

---

338 Grimm, ZRP 1994, 276; Stapper, ZRP 1995, 72 f; OLG Düsseldorf, NStZ-RR 1996, 164; BVerfG, NJW 1995, 3303; BVerfG, NJW 2002, 2189; BVerfG, NJW 1985, 787.

IV. Parteien und Politiker als „Meinungsbilder“

Die aus Art. 21 I 1 GG zu entnehmende Aufgabe der Parteien, an der politischen Meinungsbildung des Volkes mitzuwirken, stellt zugleich die Bedeutung der Meinungsfreiheit in politischen Auseinandersetzungen dar. Gleichzeitig ist sie von großem politischen Nutzen, der aber auch Gefahren für Rechtsgüter anderer birgt. Da der Verfassungsgeber in Art. 21 GG die Partei erwähnt und als gegeben hinnimmt, ist es sinnvoll, ihre Bedeutung und ihren Charakter zu definieren, gerade um die Bedeutung derselben im Kontext zu den Schutzgütern der Meinungsfreiheit und des allgemeinen Persönlichkeitsrechts zu sehen. Parteien sind Vereinigungen von Bürgern, die dauernd oder für längere Zeit für den Bereich des Bundes oder eines Landes auf die politische Willensbildung Einfluss nehmen und an der Vertretung des Volkes im Deutschen Bundestag oder einem Landtag mitwirken wollen, wenn sie nach dem Gesamtbild der tatsächlichen Verhältnisse, insbesondere nach Umfang und Festigkeit ihrer Organisation, nach der Zahl ihrer Mitglieder und nach ihrem Hervortreten in der Öffentlichkeit eine ausreichende Gewähr für die Ernsthaftigkeit dieser Zielsetzung bieten. Mitglieder einer Partei können nur natürliche Personen sein[339]. In dieser Definition wird sowohl die Funktion der Partei als solche klar als auch deren „Macht“, eine Meinung zu formen. Die Parteien wirken somit an der Bildung des politischen Willens des Volkes auf allen Gebieten des öffentlichen Lebens mit, indem sie insbesondere auf die Gestaltung der öffentlichen Meinung Einfluss nehmen, die politische Bildung anregen und vertiefen sowie die aktive Teilnahme der Bürger am politischen Leben fördern, § 1 II PartG. Die Willensbildung durch Parteien geschieht auch durch Beteiligung an Wahlen, die in der parlamentarischen Demokratie die wichtigste Form jener Willensbildung sind[340]. Durch ihre vermittelnde Position an der Nahtstelle zwischen Staat und Gesellschaft leisten Parteien somit einen entscheidenden Beitrag zur Legitimation staatlicher Herrschaft[341]. Sie sind schließlich, wie die lateinische Wurzel des Wortes besagt, nicht das Ganze, sondern Teil des Ganzen[342]. Das Bundesverfassungsgericht hat in ständiger Rechtsprechung die Parteien in den

339 Siehe Legaldefinition in § 2 I PartG.
340 BVerfGE 52, 63, 82; BVerfG, NVwZ 2008, 658; BVerfG, JuS 1980, 220, 221; BVerfG, NJW 1979, 1815, 1818; BVerfG, WM 1979, 906, 910.
341 Wefelmeier, 123.
342 So Richard von Weiszäcker. Anmerkung: lat. pars, partis = der Teil.

Rang einer verfassungsrechtlichen Institution erhoben[343], dennoch sollen sie damit nicht Teil der Staatsorganisation werden. Als frei gebildete, private Vereinigungen wirken sie im außerstaatlich-gesellschaftlichen Bereich maßgeblich an der politischen Willensbildung des Volkes mit und sind Träger eines freiheitlichen politischen Prozesses, der nur ohne staatlich-institutionelle Bindungen sichergestellt ist[344]. Andererseits überwindet die verfassungsrechtliche Verankerung in Art. 21 I GG den strikten Dualismus von Staat und Gesellschaft[345]. Die Parteien wirken in den staatlichen Bereich hinein und nehmen Einfluss auf die parlamentarische Willensbildung. Dennoch können sie keine hoheitliche Gewalt ausüben und daher auch nicht die primären Adressaten von Abwehrrechten sein[346]. Die Partei kann weder im Innen- noch Außenverhältnis hoheitliche Befugnisse ausüben[347]. Dennoch wird ihre Unverzichtbarkeit im demokratischen Gesamtgefüge aus ihrer Verantwortung heraus klar, wobei gleichsam nicht verdrängt werden kann, dass ihr aus dieser Schlüsselfunktion nicht nur die Möglichkeit der politischen Willensbildung des Volkes obliegt, sondern ebenfalls die Bedeutung der damit zwangsweise verbundenen Meinungsfreiheit einen Stellenwert ersten Grades erfährt.

Im Wahlkampf, für den ein freier und offener politischer Prozess besonders wichtig ist und in dem der politische Meinungskampf auf das Höchste intensiviert ist, kommt der Meinungsfreiheit eben eine unverzichtbare Bedeutung zu[348]. Ob dieser Funktion in vollem Umfang Rechnung getragen wird, ist allerdings im Hinblick darauf, dass das Ziel eines jeden Politikers auch der Wahlsieg zur Durchsetzung seiner (politischen) Interessen ist, fraglich. Diesen wird der Politiker nur dann erringen, wenn er die Mehrheit der Wähler bzw. möglichst viele Wähler erreicht und auch inhaltlich – nicht notwendigerweise immer politisch – anspricht. Hieraus ergibt sich, dass oftmals mediale Präsenz und Telegenität wichtiger als Sachkompetenz werden –der Zweck scheint eben manchmal die Mittel zu heiligen-, und Wahlprogramme auch so formuliert werden, dass sie breite Zustimmung finden. So entstehen teilweise einander

---

343 BVerfGE 1, 208, 225; BVerfGE 20, 56, 101; Degenhart, § 1 Rn 74.

344 BVerfGE 85, 264, 284 f.; LG Bonn, NJW 1997, 2958, 2960; Maurer, JuS 1992, 296, 299.

345 BGH, NJW 1994, 2610 ff.; Kotzur, JuS 2001, 54, 55; Tsatsos/Morlok, ParteienR, 62 f.; LG Bonn, NJW 1997, 2958, 2959.

346 Kotzur, JuS 2001, 54, 55.

347 Zur weiteren Vertiefung siehe auch Wolfrum, die innerparteiliche demokratische Ordnung nach dem Parteiengesetz, 134 ff.; Kotzur, JuS 2001, 54, 59; Trautmann, innerparteiliche Demokratie im Parteienstaat, 184 ff.

sehr ähnelnde Wahlprogramme, die den Wahlsieg der einen oder anderen Partei zufallsabhängig zu machen scheinen und dem Wähler durch die Konvergenz der Parteien keine echte Alternative bei der Wahl mehr bieten. Es scheint viel leichter, sich durch gewagte einprägende und die Ehre des anderen verletzende Aussagen von der gegnerischen Partei abzuheben als durch politisch hervorstechende, geistesgegenwärtige Konzepte zur Stabilisierung und Förderung des Staates zu glänzen. Evident ist bei der Fülle der politischen Informationen, die der Bürger täglich erhalten kann und bei dem politischen Bestreben um neue Pläne, dass es dem Rezipienten stets schwerer wird, Wichtiges von Unwichtigem zu unterscheiden. Weder die kritischen Publizisten des 19. Jahrhunderts noch Jürgen Habermas[349], der in seiner bekannten Abhandlung über den „Strukturwandel der Öffentlichkeit" ein Modell des Verhältnisses von Politik, Öffentlichkeit und Medien vorgeschlagen hat, konnten sich vorstellen, dass die Menge an politischen Informationen, die die Massenmedien hervorbringen, eher zur Desorientierung als zur Orientierung beitragen. Die daraus folgende Konkurrenz um das knappe Gut der Aufmerksamkeit des Souveräns dürfte notwendige Folge sein. Um diese zu erhalten, ist immer öfter die Mischung aus politischem Inhalt und Unterhaltung die geeignete Rezeptur zur Durchsetzung politischer Ziele. Die aus anderen Staaten seit Jahren bekannte politische Wahlkampfrezeptur[350] scheint sich nunmehr auch in der Bundesrepublik Deutschland stetig ihren Weg, sei es auch zunächst nur in Grundzügen, zu ebnen.

So sind mittlerweile die früher noch völlig undenkbaren Rededuelle schon Wochen vor der Wahl - wohl nach amerikanischem Vorbild - ein beliebtes Fernsehspektakel, sieht man die kandidierenden Politiker doch aus einer quasi arenagleichen Stellung heraus, sich gegenseitig politisch und emotional überziehen. Bei den Landtagswahlen 2008 zeigte sich die immer stärker werdende Medienorientierung immer deutlicher. Diese Auftritte und Duelle entscheiden Wahlen mit[351]. So stiegen der seinerzeitige hessische Ministerpräsident Roland Koch und seine politische Herausforderin Andrea Ypsilanti Wochen vor der Wahl in allen möglichen Fernsehanstalten „in den politischen Ring", um die Gunst der Wähler für sich zu gewinnen und hierbei den an-

---

348 Vgl. BVerfGE 61, 1, 11 f.; Schmitt Glaeser, JZ 95, 100; von der Decken, NJW 1983, 1400, 1403; BVerfG, NJW 1983, 1415, 1417.

349 Jürgen Habermas, Philosoph und Soziologe.

350 Geradezu legendär sind die Wahlkampfveranstaltungen in den USA.

351 Vgl. zum Thema: Maurer/Reinemann, Schröder gegen Stoiber.

deren möglichst in der Reputation zu beschneiden. Hierfür sorgten dann auch regelmäßig die „fleißigen" Helfer aus den eigenen Reihen, wie z.B. die „Jusos", die mit Aktionen gegen Roland Koch Stimmung machten und hierzu Fußbälle mit dem Konterfei des Ministerpräsidenten demonstrativ traten. Die Aktion wurde als „Kick den Koch" bezeichnet. Über diese ehrangreifende und politisch völlig unbrauchbare Aktion soll daher an dieser Stelle auch nicht weiter gesprochen werden, da diese für sich selbst spricht und bereits in der 107. Sitzung des Hessischen Landtags vom 12.07.2006 zu Genüge diskutiert wurde[352]. Ob die Parteien unter dem Vorbenannten dann noch ihren grundgesetzlichen Auftrag wahrnehmen, an der politischen Willensbildung des Volkes mitzuwirken oder sich zielgerichtet in ihren Aussagen an der demoskopisch ermittelten und von den Medien gebildeten öffentlichen Meinung orientieren und nur noch „Stimmungsmacher um jeden Preis" sind, soll zu einem späteren Zeitpunkt geklärt werden[353]. Die Beispiele zeigen zumindest, dass die höchstgerichtliche Rechtsprechung zum Themenkomplex kein effektives Instrumentarium darstellt, um ehrabschneidende Äußerungen und Aktion zu unterbinden. Es drängt sich viel mehr der Anschein auf, als würde die Erkenntnis der Schutzlosstellung des Ehrenschutzes durch höchstrichterliche Rechtsprechung noch zu weiteren Ehrbeschneidungen führen.

V. Satirische Kundgabe

1) Verfassungsrechtlicher Schutzumfang von Satire und ihr gesellschaftlicher Einfluss

Nicht nur die Meinungsäußerung, die ihren verfassungsrechtlichen Schutz über Art. 5 I GG erfährt, sondern auch eine satirische Darstellung, ihrerseits je nach tatsächlicher Ausprägung über Art. 5 I GG oder Art. 5 III GG geschützt, ist geeignet, in das allgemeine Persönlichkeitsrecht einzugreifen.

352 Wortprotokoll in dem Plenarprotokoll 16/07. 107 Sitzung, 38 f.
353 Siehe unter Kapitel 7.

a) Historische und rechtliche Einordnung

Versucht man, das Wort Satire eindeutig zu fassen, so wird man leicht an die Schwierigkeit der präzisen Definition anderer Termini erinnert. Es gibt annähernd so viele Bestimmungen der satirischen Schreibweise, wie es Satiriker gibt. Die Mittel und Funktionen der Satire änderten sich allerdings historisch betrachtet, wodurch es unmöglich wird, sie scharf von der Komik, der Parodie und der Polemik zu trennen. Älteste Untergattung der Satire ist die menippeische Satire. Die Antike definierte sie zunächst rein formal durch die Kombination von Vers- und Prosadichtung[354]. Nach 1933 wurden unter der Diktatur des Nationalsozialismus satirische Zeitschriften eingestellt, die Autoren bestenfalls des Landes verwiesen. Viele satirische Werke wurden verbrannt oder unterlagen der starken Zensur. Manche Zeitschriften, etwa der „Simplicissimus“, existierten weiter, wurden aber gleichgeschaltet und mit regimetreuen Inhalten versehen. Von dem eigentlich satirischen Inhalt und Gehalt war entsprechend wenig übrig.

Nach dem Zweiten Weltkrieg war es die „Neue Frankfurter Schule“, die die deutsche Satire zu neuen Höhen führte. Wichtiges Instrument war hier die Satirezeitschrift „pardon“ oder ab 1979 das Satireheft „Titanic“, das nach wie vor monatlich erscheint und zu einem späteren Zeitpunkt nochmals in den Mittelpunkt der Diskussion gerückt werden wird.

Eine verfassungsrechtliche Einordnung von Satire ist nicht ohne weiteres zu beschränken, da die Formen satirischer Darstellungen und Äußerungen pluralistischer Natur sind. Schon in einer Entscheidung des Reichsgerichts wurde erkannt, dass es der Satire wesenseigen ist, dass sie mehr oder weniger stark übertreibt, d.h. dem Gedanken, den sie ausdrücken will, einen scheinbaren Inhalt gibt, der über den wirklich gemeinten hinausgeht und somit nicht nach ihrem Wortsinn genommen werden kann[355]. So sind satirische Erscheinungsformen unter anderem an dem Grundrecht auf Meinungsfreiheit gemäß Art. 5 I 1 GG zu messen und je nach Art der Darstellung und des Darstellungsgehaltes auch an dem Grundrecht auf Kunstfreiheit gemäß Art.

354 Prosimetrum.

355 RGSt 62, 183; zu den Erscheinungsformen siehe auch von Becker, GRUR 2004, 908, 909; BVerfGE 75, 396, 378; BVerfG, NJW 2005, 3271, 3272; BayObLG, NJW 1957, 1607, 1608; OLG Hamburg, MDR 1967, 146; OLG Hamm, NJW 1982, 659, 660; Brauneck, ZUM 2000, 137, 140; Würtenberger, NJW 1982, 610, 612.

5 III GG. In vielen Entscheidungen hat das Bundesverfassungsgericht die in Frage stehenden Darstellungen als Kunst angesehen und eine Idealkonkurrenz zwischen Art. 5 I 1 GG und Art 5 III GG angenommen[356] und die Kunstfreiheit als das im Verhältnis zur Meinungsfreiheit stärkere Grundrecht dargestellt. Dieses unterliegt im Gegensatz zu Art. 5 I GG nicht den Schranken aus Art. 5 II GG. Allein der Umstand, dass es sich bei einer Veröffentlichung um eine glossierende, etwa satirische, Darstellung handelt, eröffnet gleichwohl aus sich heraus noch nicht den Schutzbereich nach Art. 5 III GG. Satire kann zwar Kunst sein, nicht jede Satire ist aber zugleich Kunst[357]. Prägend für Karikaturen und Satire ist die starke hervorgehobene Darstellung und Überzeichnung von verletzender Aggressivität, weshalb sich häufig das Verständnis sträubt, sie in die Nähe von Kunst zu bringen. Hiermit ist allerdings stets auch die Frage in den Raum gestellt, was unter den Kunstbegriff subsumiert werden kann. Der Schutzbereich der Kunstfreiheit muss der Eigenart der Kunst selbst gerecht werden, sowohl im Werk- als auch im Wirkbereich.

Das Wesentliche der künstlerischen Betätigung ist die freie schöpferische Gestaltung, in der Eindrücke, Erfahrungen, Erlebnisse des Künstlers durch das Medium einer bestimmten Formensprache zu unmittelbarer Anschauung gebracht werden. Beim künstlerischen Schaffen wirken Intuition, Phantasie und Kunstverstand zusammen; es ist primär nicht, Mitteilung, sondern Ausdruck und zwar unmittelbarster Ausdruck der individuellen Persönlichkeit des Künstlers[358]. In diesem Beschluss des Bundesverfassungsgerichts ging dieses davon aus, den Kunstbegriff definieren zu können. Ob dies Anspruch auf dauerhafte und abschließende Eingrenzung des Schutzbereichs haben darf, wird hier ausdrücklich bezweifelt, zeigt aber die stetige Veränderung des menschlichen Zusammenlebens auch eine ebenso stetige Veränderung künstlerischen Schaffens. Wenn also versucht wird, Kunst zu definieren und somit einen rechtlichen Rahmen zu schaffen, in welchem man satirische Werke subsumieren kann, so wird evident, welche Schwierigkeiten überwunden werden müssen, setzt sich der den Versuch Unternehmende frei von erlernten Definitionen mit

356 BVerfGE 28, 226, 233; BVerfGE 86, 1, 9; vgl. auch Maunz/Dürig, GG, Art. 5 Rn 13; Jarras/Pieroth, GG, Art. 5 Rn 84.

357 BVerfGE 86, 1, 9; vgl. auch BVerfG, NJW 1998, 1386; OLG Dresden, GRUR-RR 2010, 396; OLG Zweibrücken, NJOZ 2009, 4188; BGH, GRUR 2006, 255; LG Hamburg, NJW-RR 2000, 978.

358 „Mephistobeschluss des BVerfG", Beschluss des Ersten Senats vom 24. Februar 1971, BVerfG, 1 BvR 435/68; BVerfGE 30, 173 ff.

dem Thema Kunst kritisch auseinander. Der Begriff „Kunst“ hat sich in den vergangenen Jahrhunderten stets verändert und tut es so auch heute noch. In einer stets intensiven und lebhaften Diskussion zwischen Historikern, Juristen, Kunstschaffenden, Kunstinteressierten und der sonstigen Öffentlichkeit befindet sich der Terminus, der letztlich das Produkt eines kreativen Prozesses ist. Kunst ist vom Ursprung her eine kultische Erscheinung, die sich im Zusammenhang mit vorzeitlichen Kulten oder Religionen entwickelte. Eine geschichtliche Betrachtung der Kunst und damit des Kunstbegriffs vermag zwar zu erfreuen, allerdings wird dem geneigten Leser diesbezüglich anderweitige Lektüre empfohlen[359].

Auch im historischen Rückblick ist leicht feststellbar, dass es mitunter mannigfaltige Auslegungsmöglichkeiten gab. So wurde noch lange im Strafrecht zur Definition des Wortes Kunst der klassische Kunstbegriff herangezogen, der noch auf den Vorstellungen des deutschen Idealismus beruht[360] und Kunst als ein Produkt ansah, bei dem es dem Erzeuger gelungen war, die darzustellenden Inhalte zu vergeistigen, dass „für das natürliche ästhetische Gefühl die sinnliche Empfindung durch die interesselose Freude am Schönen zurückgedrängt“ wird[361]. Von diesem Kunstbegriff entfernte man sich 1945 und bezog danach auch hässliche und obszöne Werke sowie politisch motivierte Darstellungen in diesen mit ein, so dass der Weg zum heutigen Kunstbegriff weiter geebnet wurde[362]. Von dieser Erweiterung des Kunstbegriffes schließlich wurde der Bogen über die letzten Jahre gespannt zu einem heutigen Kunstbegriff, der nunmehr beinahe „alles“ erfasst, was in irgendeiner Weise durch schöpferisches Gestalten geprägt ist. Hierbei wird nicht mehr auf den neutralen Dritten bei einer rechtlichen Beurteilung abgestellt[363], sondern auf den künstlerisch aufgeschlossenen und um Verständnis bemühten, wenn auch literarisch nicht besonders vorgebildeten Menschen[364]. Diese Darstellung zeigt die Schwierigkeit der rechtlichen Einordnung und die Schwierigkeit, einen Sachverhalt rechtlich unter den Begriff der Kunstfreiheit zu subsumieren. Damit korreliert die Schwäche der höchstge-

---

359 Z.B. Ullrich, Was war Kunst? Biographien eines Begriffs, 2005.

360 Dazu z.B. Leiss, 43 ff., 399 ff., 499.

361 Vgl. RGSt 24, 365; H. Locher, Das Recht der bildenden Kunst, 48.

362 D. Wellershoff, Die Auflösung des Kunstbegriffs, 1976, 37 ff., 119 f.; W. Heinz, Kunst u. Strafrecht, 11.

363 So noch BayObLG, NJW 1957, 1607, 1608; vgl. allgemein zur Materie auch OLG Hamburg, NJW 1984, 1130; OLG Hamm, NJW 1982, 659; BGH, GRUR 1972, 558.

richtlichen Entscheidungen im zu diskutierenden Themenbereich. Es ist schlichtweg unmöglich, klare Abgrenzungen zu finden und den rechtlichen Rahmen zu stecken, der die jeweilige künstlerische Tätigkeit gegenüber dem Ehrenschutz begrenzt. Gleichzeitig hat der kurze historische Abriss gezeigt, wie schützens- und erhaltenswert die freie Ausübung von Kunst ist. Höchstrichterlicher Schutz ist demnach zu postulieren, jedoch nicht um jeden Preis.

b) Satire als politische Meinungskundgabe

Zwischen Meinungsfreiheit und allgemeinem Persönlichkeitsrecht ist insbesondere im politischen Blickwinkel der Aspekt der Satire herauszustellen, vermag doch dieses geschickte Wortinstrument in seiner oftmals filigranen Art und Weise mehr zu verletzen als das direkt und hart gesprochene Wort. Gerade die politische Satire liegt häufig inmitten des Spannungsfeldes der hier in der Diskussion stehenden Grundrechte. Satire ist - wagt man einen historischen Rückblick - stets auch der Spiegel der Gesellschaft bzw. des kulturellen und politischen Wandels und somit ein geliebtes Stilmittel künstlerischen Wirkens gerade in politisch turbulenten Zeiten[365]. Diese Erkenntnis ist keineswegs als Produkt der Neuzeit zu verstehen. So war bereits zu Zeiten der französischen Julirevolution[366] 1830 als auch nach Ende des Ersten Weltkriegs die Ausdrucksform der Satire und mit ihr die der Karikaturen ein beliebtes Mittel, um auf ihre Weise die politischen Bewegungen zu kommentieren und zu beeinflussen[367]. Diese Funktion ist heute noch präsent, wenn man sich nur die zurückliegenden (und aktuellen) Wahlkämpfe betrachtet und die dazu entstandenen Karikaturen, Fotomontagen oder sonstigen satirischen Erscheinungsweisen beleuchtet.

---

364 Dazu u. a. Leiss, 418 ff.; vgl. ebenfalls zur Rechtsprechung LG Frankfurt am Main, NJW 1982, 658; OVG Koblenz, NJW 1997, 1175; BVerfGE 31, 229, 240; BVerfG, NJW 2002, 3460 f.; BVerwGE 84, 71, 74.

365 Vgl. G. Piltz, Die Geschichte d. europ. Karikatur, 1980; W. Hofmann, Die Karikatur von Lionardo bis Picasso, 1956.

366 Vgl. Th. Würtenberger, Rechtl. Grenzen pol. Kunst in histor. Betrachtung, 17 ff.

367 Vgl. dazu L. Leiss, Kunst im Konflikt, 1971, 286 ff.

c) Satire als gesellschaftskritische Meinungskundgabe

Neben der politischen Funktion vermag Satire auch gesellschaftliche und sogar staatenübergreifende Brisanz zu besitzen. Sie ist geeignet, in verfremdender oder auch auffallend anprangender Weise auf gesellschaftliche Missstände aufmerksam zu machen. Im September 2005 veröffentlichte beispielsweise eine dänische Tageszeitung unter dem Titel *Muhammeds ansigt*[368] zwölf Karikaturen verschiedener Künstler, die den islamischen Religionsstifter Mohammed zum Thema haben und diesen bildlich darstellen. Diese Karikaturen lösten weltweite Proteste mit verschiedenen Reaktionen - bis hin zum Tode einiger Bürger - aus. Das für die islamische Welt dahinter stehende Kernproblem war die bildliche Darstellung Mohammeds, die grundlegend untersagt ist sowie die angenommene Beleidigung der Religion. Eine rechtliche Beurteilung und Einordnung der Situation erscheint entsprechend schwer. Die von weitem Verständnis und Offenheit geprägte höchstgerichtliche Rechtsprechung sichert dem Satiriker allerdings einen juristisch weiten Ausübungsrahmen, unabhängig der gesellschaftlichen Akzeptanz. „Wenn einer bei uns einen guten politischen Witz macht, dann sitzt halb Deutschland auf dem Sofa und nimmt übel," so Kurt Tucholsky[369]. Dieses Zitat beschreibt wohl plakativ die gesellschaftlichen und rechtlichen Probleme der Satire, die von diversen Kräften und Institutionen, sei es Staat, Kirche oder den konservativen Parteien so weit wie möglich bekämpft wurde. Doch die Aktualität der Aussage wird wohl nie an Wertigkeit verlieren. Entsprechende Sendungen, wie „Scheibenwischer"[370] oder auch TV-Entertainer, wie Harald Schmidt, werden häufig an diese Aussage erinnert. So hat sich jüngst der SWR-Intendant Peter Boudgoust mit harscher Kritik an eine offensichtlich satirisch geprägte Situation der „Harald Schmidt Show" gewandt: „Ein solches lustvolles Überschreiten von Grenzen darf es im öffentlich-rechtlichen Fernsehen nicht geben" und Rückendeckung von der israelitischen Religionsgemeinschaft erhalten. Hintergrund des Streits war eine Aktion von Schmidt und Oliver Pocher, die in ihrer ersten gemeinsamen Sendung am 25.

---

368 Deutsch: „Das Gesicht Mohammeds".

369 Kurt Tucholsky, geboren am 9. Januar 1890 in Berlin; Gestorben am 21. Dezember 1935 in Göteborg.

370 Der „Scheibenwischer" ist eine deutsche Kabarettsendung, die von der ARD im ersten deutschen Fernsehen („Das Erste") ausgestrahlt wird. Zum derzeitigen Ensemble gehören die Kabarettisten Bruno Jonas, Mathias Richling und Richard Rogler. Sie hat häufig politische Inhalte zum Thema.

Oktober 2007 anhand eines so genannten „Nazometers" satirisch analysieren wollten, welche Begriffe durch den Nationalsozialismus belastet sind. Kalauer, wie „Ich habe daheim einen Gasherd" ließen dabei das Gerät heftig ausschlagen. Wie so oft löste dies gespaltene Reaktionen aus. Wie diese und ähnlich gelagerte Situationen rechtlich einzuordnen sind, soll die folgende Erörterung zeigen.

d) Einordnung des rechtlichen Umfangs im Kontext des Ehrenschutzes

Das weite Verständnis von Satire geht einher mit der rechtlich schwierigen Beurteilung von Situationen, in denen sich die Grundrechtsträger einerseits auf die Kunstfreiheit und andererseits auf den Ehrenschutz berufen. Die juristische Aufarbeitung wird auf den ersten Blick dadurch erschwert, dass die Kunstfreiheit in Art. 5 III GG - zumindest, wenn auf den reinen Wortlaut abgestellt wird - schrankenlos gewährt wird im Gegensatz zur Meinungsfreiheit, die in Art. 5 II GG eine explizit benannte Schranke vorweist; „Kunst und Wissenschaft, Forschung und Lehre sind frei." Selbstredend kann hier trotz des Wortlautes nicht von einem schrankenlosen Grundrecht ausgegangen werden, das jedem eine absolute Freiheit ohne Berücksichtigung anderer Rechte gewähren würde. Maßgebend ist die verfassungsmäßige Ordnung unter Berücksichtigung der Einheit des grundgesetzlichen Wertsystems. Die Schwierigkeit einer präzisen Definition scheint auch das Bundesverfassungsgericht so zu sehen, wenn es in einer Entscheidung die Unmöglichkeit, Kunst generell zu definieren[371], bemerkt. Im Schrifttum wird die Kunstfreiheit daher sogar teilweise als Definitionsverbot verstanden, das dem Staat verwehren soll, dem Kommunikationsprozess „Kunst" seine Vorstellungen von richtiger oder guter Kunst aufzuzwingen[372]. Zusammengefasst heißt das, dass die Gewährleistung von Kunst offen verstanden werden muss. Da die Künstler satirischer Erzeugnisse neben ihrem künstlerischen Anspruch oftmals auch politisch ambitionierte Ziele bzw. Ansichten darstellen wollen, ist ein

---

371 BVerfGE 67, 213, 225; Hoffmann, JA 1989, 166, 167; Sonnen, JA 1985, 488, 491; Frankenberg, KJ 1984, 437, 452; Zöbeley, NJW 1998, 1372, 1373.

372 Auch wenn dies überdenkenswert erscheint, so ist aber zumindest eine grob umrissene, typologische Umschreibung des Terminus Kunst erforderlich, um sinnvoll eine Subsumtion unter den Normenwortlaut vornehmen zu können. Daher ist es vorzugwürdiger, von einem Definitionsgebot auszugehen, wie BGH, NJW 1975, 1882, 1884. So auch Sachs, GG, Art. 5 Rn

Konflikt zwischen der Meinungs- und Kunstfreiheit und den dadurch tangierten Rechten anderer, wie dem allgemeinen Persönlichkeitsrecht, offenkundig. Mit diesem Spannungsfeld werden immer wieder die Gerichte bemüht[373], sowohl die Strafgerichtsbarkeit als auch die ordentliche Gerichtsbarkeit im Wege von Unterlassungsverfügungen und ähnlichen Ansprüchen. Hierbei hat das Reichsgericht hinsichtlich der rechtlichen Bewertung bereits eindeutige juristische Impulse vorgegeben: „Es ist der Satire wesenseigen, dass sie, mehr oder weniger stark, übertreibt, d.h. dem Gedanken, den sie ausdrücken will, einen scheinbaren Inhalt gibt, der über den wirklich gemeinten hinausgeht, jedoch in einer Weise, dass der des Wesens der Satire kundige Leser oder Beschauer den geäußerten Inhalt auf den ihm entweder bekannten oder erkennbaren tatsächlich gemeinten Gehalt zurückzuführen vermag, also erkennt, dass tatsächlich nicht mehr als dieser geringere Inhalt gemeint ist"[374]. Einhergehend mit dieser grundlegenden Entscheidung, die die im Mittelpunkt der rechtlichen Erörterung stehende höchstgerichtliche Rechtsprechung auch zur Basis ihrer Entscheidungen macht, wurde weiterhin festgestellt, dass die Satire und die Karikatur oft, namentlich dann, wenn sie Missstände rügen oder geißeln wollen, in jener übertreibenden, verzerrenden Weise die letzten Folgerungen aus dem Bestehen des Missstandes ziehen, um diesen, mag er selbst auch keineswegs in einer so starken Form aufgetreten sein, recht handgreiflich und darum eindrucksvoll als solchen zu kennzeichnen. Daraus folgt auch in der aktuellen Rechtsprechung, dass eine satirische Darstellung nicht nach ihrem Wortsinn genommen werden, sondern erst des in Wort und Bild gewählten Gewandes entkleidet werden muss, bevor beurteilt werden kann, ob das, was in dieser Form ausgesprochen oder dargestellt ist, den Tatbestand einer strafbaren Handlung, im besonderen eine Beleidigung oder einen zivilrechtlich zu beurteilenden Angriff auf den Ehrenschutz enthält. Hierbei wird das Wesen der Karikatur durch das Reichsgericht ganz offensichtlich so dargestellt, wie es bereits Immanuel Kant[375] sah[376].

183, 190; Dreier, GG, Art. 5 Rn 17; BVerfGE 75, 369; 377; Knies, 214 f.; Raue, Literarischer Jugendschutz 1970, 85 ff.; Hoffmann, NJW 1985, 237.

373 Vgl. dazu L. Leiss, Kunst im Konflikt, 1971, 7.

374 RGSt 62, 183. Vgl. ferner RGSt 12, 141; RG, NJW 1912, 417; RG, NJW 1924, 1526.

375 Deutscher Philosoph der Neuzeit, geboren am 22. April 1724 in Königsberg; Gestorben am 12. Februar 1804 ebenda.

376 Vgl. G. Radbruch, Karikaturen der Justiz, 1975, 14.

Bei der rechtlichen Beurteilung kommt es eben auch auf die Ganzheit des Werkes an. Dies sieht das Bundesverfassungsgericht in vergleichbarer Weise[377]. Doch stellt sich die Frage, wie weit Satire gehen darf bzw. in welchem rechtlich unantastbaren Rahmen sich der Äußernde oder Darstellende bewegen kann, ohne sich Ansprüchen Dritter ausgesetzt zu sehen. Würde man nach Tucholsky gehen, so wäre die Antwort wohl eindeutig: Was darf die Satire? - Alles[378]. Indes haben die Urteile über eine juristische Rechtfertigung von satirischen Darstellungen über die Jahre hinweg stark unterschiedlichen Charakter offenbart[379], was allerdings nicht nur auf diesem Rechtsgebiet der Judikatur offensichtlich immanent erscheint. Und tatsächlich gewährt die Justiz der Satire stets einen gewissen Freiraum, eine quasi „natürliche Narrenfreiheit", was selbstredend in Teilen auch vor dem Hintergrund eines freiheitlichen demokratischen Grundwesens mit ihren Elementen auch sinnvoll ist, verlöre die Satire doch anders ihren eigentlichen Sinngehalt und würde diesem entkleidet. Gleichwohl stellt das Ausnutzen des satirischen Stilmittels eine Gefahr für den Schutz der persönlichen Ehre dar. Wenn der gerichtlichen Entscheidung der Gedanke zugrunde liegt, der Satire sei es wesenseigen, dass sie mehr oder weniger stark übertreibt, und die rechtliche Subsumtion nicht dem tatsächlichen Wortgehalt unterliegen darf[380], so bedeutet das nichts anderes, als dass die Ehre des anderen mithilfe dieses Stilmittels dem Angriff nahezu ohne gerichtlichen Schutz ausgeliefert ist. Die Justiz fördert also durch die extensive Auslegung des Satirebegriffs zumindest mittelbar Bestrebungen, Meinungsbildung nicht mehr durch bloßes Darstellen eigener Meinungen, sondern stärker durch negative, satirische Darstellung und Verfremdung des politischen Kontrahenten zu betreiben. Ebenso ergeben sich Probleme bei der verfassungsrechtlichen Beurteilung von Karikaturen[381]. Den Weg, die Sonderstellung von Satire und Karikatur methodisch zu erfassen, hat bereits das Reichsgericht gewie-

377 BVerfGE 30, 173; BVerfG, NJW 1971, 1645; So auch BSG, NJOZ 2010, 1538; BGH, NJW 2009, 3576; LG Köln, GRUR-RR 2009, 247.

378 Tucholsky, Gesammelte Werke, Bd. 1, 362.

379 Copic, JZ 1963, 496; AG Darmstadt, JZ 1971, 140; RGSt 62, 183, 184; BVerfGE 75, 369, 378; BVerfG, NJW 2005, 3271, 3272; BayObLG, NJW 1957, 1607, 2608; OLG Hamburg, MDR 1967, 146; OLG Hamm, NJW 1982, 659, 660; ausführlich zur Thematik ebenfalls Gounalakis, NJW 1995, 809, 813.

380 BVerfG, NJW 2005, 3271, 3272; BayObLG, NJW 1957, 1607, 1608; OLG Hamburg, MDR 1967, 146; OLG Hamm, NJW 1982, 659, 660; Brauneck, ZUM 2000, 137, 140; Würtenberger, NJW 1982, 610, 612.

381 BVerfGE 75, 369, 376 ff.; von Ebner, GewArch 1994, 393, 400; Würkner, JA 1988, 183, 193; Würker, ZUM 1988, 171, 179; BVerfG, JA 1988, 227, 230.

sen[382]. Da es der Satire oder Karikatur geradezu wesenseigen ist, mit Übertreibungen, Verzerrungen und Verfremdungen zu arbeiten, erfordert ihre rechtliche Beurteilung die Entkleidung des satirischen Gewandes, um ihren eigentlichen Inhalt zu ermitteln. Sobald dies geschehen ist, sollen in einem nächsten Schritt dieser Aussagekern und seine Einkleidung gesondert daraufhin zu überprüfen sein, ob sie eine Kundgabe der Missachtung gegenüber der karikierten Person enthalten. Jedoch sind die Maßstäbe für die Beurteilung der Einkleidung anders und in der Regel weniger streng, als die für die Bewertung des Aussagekerns; denn ihr ist die Verfremdung wesenseigen[383]. Im verfassungsrechtlichen Kontext dieser Arbeit muss die Kunstfreiheit beachtet werden. Das in Art. 5 III GG garantierte Grundrecht ist aber keineswegs als selbstverständlich bei der rechtlichen Beurteilung von satirischen Darstellungen heranzuziehen. Das Reichsgericht sah dieses im Zusammenhang mit Satire noch als eher unbedeutend an und lehnte in einigen Fällen sogar klar die Heranziehung der Kunstfreiheit ab[384]. Wenn heute nunmehr auf das Grundrecht der Kunstfreiheit rekurriert wird, so bedeutet das in nicht öffentlich-rechtlich geprägten Situationen auch stets, dass auf die verfassungsrechtliche Bedeutung bei der Urteilsfindung Rücksicht genommen werden bzw. diese mit in die Abwägungen einbezogen werden muss. Dies eröffnet dem Äußernden einen rechtlich erheblichen Spielraum. Eine höchstgerichtliche Einengung der evidenten Tendenzen, Satire nicht als Kunst zu betrachten, sondern sie gezielt zur politischen Diskreditierung einzusetzen, ist nicht erkennbar. Dass dies allerdings notwendig wäre, zeigt die folgende Darstellung.

2) Satire als besonderes Stilmittel in politischen Auseinandersetzungen

Satire hat gerade in politischen Diskussionen eine herausragende Stellung eingenommen. Um ihre politische Meinung kundzutun, greifen Satiriker zu diesem Stilmittel und genießen grundrechtlichen sowie höchstgerichtlichen Schutz. Hierbei greifen sie aber in das ebenso verfassungsrechtlich geschützte allgemeine Persönlichkeits-

382 RGSt 62, 183 ff.

383 Hufen, JuS 1989, 136, 137; BVerfGE 75, 396, 382; BVerfG, NJW 1987, 2661; Würkner, NStZ 1988, 23, 24.

384 RGSt 64, 121, Siehe auch W. Knies, 148, Anm. 47.

recht des Betroffenen ein. *„Problembär außer Rand und Band – Knallt die Bestie ab“,* so titelte eine Ausgabe aus 2007 des Satire-Magazins „Titanic“. Illustriert wurde diese Schlagzeile mit dem Konterfrei des SPD-Vorsitzenden Kurt Beck. Die Verknüpfung des SPD Politikers mit einem Bären war insoweit vor dem „Problembären Bruno“ zu sehen, der wochenlang Deutschland beschäftigte und andere Tiere riss.

Ebenso plakativ war eine Darstellung des damaligen bayerischen Ministerpräsidenten Franz Josef Strauß durch den Karikaturisten Rainer Hachfeld in der Zeitschrift „konkret“ in den Jahren 1980 und 1981, die diesen als ein sich sexuell betätigendes Schwein darstellt oder auch der Beitrag des Satire-Magazins „Titanic“ im April 1993, das auf dem Titelblatt das allseits bekannte Badewannenfoto des toten Uwe Barschel im Hotel „Beau Rivage“ zeigt. Sein Kopf wurde in der Ausgabe durch einen schelmisch grinsenden Björn Engholm, den damaligen schleswig-holsteinischen Ministerpräsidenten, ersetzt und mit einer Sprechblase unterlegt mit den Worten: „Sehr komisch Herr Engholm!“. Jener erwirkte eine einstweilige Verfügung vor dem Landgericht Hamburg. Der weitere Vertrieb dieser Ausgabe wurde einstweilen untersagt.

Diese Beispiele zeigen klar auf, dass gerade im politisch, gesellschaftlichen und journalistisch kommentierenden Bereich die Satire als Stilmittel der Kommunikation beliebtes Mittel politischer Stigmatisierung ist, gelingt es doch dadurch, den politischen Gegner derart geschickt zu diskreditieren oder bloßzustellen, dass dies durch die filigrane, meist amüsante und perfide Art, bei der potentiellen Wählerschar gefestigt in Erinnerung bleibt. Satire und Karikaturen sind oftmals darauf angelegt, einen anderen zu verletzen, zu provozieren[385]. Hierdurch lassen sich Zustände, Ansichten, politische Ziele kritisieren und anprangern, das Objekt wird meist der Lächerlichkeit preisgegeben. Satire legt es durch eine verzerrende Übertreibung also bewusst auf eine rapide wirkende Erfassung des satirischen Gehalts durch den Leser oder Betrachter an[386].

Stützt man die satirische Äußerung auf den Schutzbereich der Meinungsfreiheit, so ist zu beachten, dass diese nicht vorbehaltlos gewährleistet ist. Sie findet, wie bereits dargestellt, gemäß Art. 5 II GG ihre Schranken in den allgemeinen Gesetzen. Hierzu

385 Weber, NJW 2010, 749; OLG Hamburg, NJW 1985, 1654; Gounalakis, NJW 1995, 811; Kassing, Ehrverletzende Personalsatire, 2004; BVerfG, NStZ 1988, 1654; BVerfG, NStZ 1988, 21; OLG Düsseldorf, NJW 1986, 1262; vgl. auch LG Essen, NJW 1980, 1639; BayObLG, NStZ 1983, 126; OLG Hamm, NJW 1982, 659.

386 Vgl. Würtenberger, NJW 1982, 611; BVerfGE 75, 369, 378; BVerfG, NJW 2005, 3271.

zählen auch § 823 I, II BGB in Verbindung mit den §§ 22, 23 KUG. Die Anwendung sowie Auslegeung dieser Vorschriften ist Aufgabe der Zivilgerichtsbarkeit. Diese muß dabei Bedeutung und Tragweite der von ihren Entscheidungen berührten Grundrechte in der Entscheidungsfindung streng beachten, damit deren wertsetzende Bedeutung auch auf der Rechtsanwendungsebene gewahrt wird. Das jeweils erkennende Gericht hat die der Kunstfreiheit durch den Ehrenschutz gezogenen Grenzen zu ermitteln. Die wegen der Spannungslage zwischen der Kunstfreiheit und dem allgemeinen Persönlichkeitsrecht Dritter notwendige Abwägung der widerstreitenden grundrechtlich geschützten Interessen muss dabei Basis der Entscheidung sein. Bei der Abwägung ist dann gerade im politischen Umfeld zu beachten, dass sich die in der Öffentlichkeit stehenden Politiker - ähnlich dem Persönlichkeitsschutz im Spannungsfeld der Meinungsfreiheit - mehr bieten lassen müssen als „normale" Bürger. Man muss demnach in Rechnung stellen, dass für Karikaturen Übertreibungen „strukturtypisch" und Personen, die im öffentlichen Leben stehen, in verstärktem Maße Zielscheibe öffentlicher, auch satirischer Kritik sind. Im oben genannten Beispiel von Franz Josef Strauß hat das damals erkennende Gericht die Grenzen des Zumutbaren als überschritten angesehen und dargelegt, dem Autor sei es anders als in den üblichen Darstellungen nicht nur darum gegangen, bestimmte Charakterzüge oder die Physiognomie eines Menschen durch die Wahl einer Tiergestalt zu kennzeichnen oder zu überspitzen, beabsichtigt sei offenkundig ein Angriff auf die personale Würde des Karikierten. Nicht seine menschlichen Züge, seine persönlichen Eigenarten, sollten dem Betrachter durch die gewählte Verfremdung nahegebracht werden. Vielmehr sollte gezeigt werden, dass er ausgesprochen „tierische" Wesenszüge habe und sich entsprechend benehme. Gerade die Darstellung sexuellen Verhaltens, das beim Menschen auch heute noch zum schutzwürdigen Kern seines Intimlebens gehört, sollte den Betroffenen als Person entwerten, ihn seiner Würde als Mensch entkleiden[387]. Richtig hat das erkennende Gericht also in der schwierigen rechtlichen Einordnung des Spannungsfeldes Ehrenschutz versus Meinungs- oder Kunstfreiheit den Ehrenschutz juristisch präferiert.

Das Problem der rechtlichen Einordnung stellt sich auch gerade bei -freilich meist bewusst gewählten - mehrdeutigen Aussagen mit satirischem Inhalt. Ist eine solche

387 BVerfGE 75, 369; BGH, NJW 2009, 2576; BVerfG, NJW 2009, 3089; BVerfG, GRUR 2007, 1085; BGH, GRUR 2005, 788; LG Hamburg, NJW-RR 2000, 978, 988; BayObLG, NJW 1999,

Äußerung mehrdeutig, kommt eine Verurteilung nur dann in Betracht, wenn das Gericht eine alternative, nicht zur Verurteilung führende Deutung in nachvollziehbarer Weise ausgeschlossen hat[388]. Darin liegt auch die Schwäche der höchstgerichtlichen Rechtsprechung. Sie greift in der rechtlichen Bewertung des Stilmittels Satire auf die rechtlichen Auslegungen in Äußerungsdelikten zurück, deren Gehalt mehrdeutig sind. Gleichzeitig öffnet dies dem Bundesverfassungsgericht die Möglichkeit der vollen Überprüfbarkeit der tatrichterlichen Rechtsfindung. Auch wenn das Bundesverfassungsgericht stets kundgibt, es sei keine „Superrevisionsinstanz", so verkehrt es selbst die eigens aufgestellte Zielrichtung, indem es bei der vollen Überprüfung der tatrichterlichen Entscheidung teils zu derart fern liegenden Deutungsmöglichkeiten gelangt, an die weder der „Künstler", noch der Betroffene gedacht haben. Die höchstgerichtliche Rechtsprechung stellt mithin die polemische Äußerung im Gewand des Stilmittels Satire unter einen Schutz, den diese nie ohne wirklichkeitsfremde Umdeutung hätte erfahren können. Eine Schmähung wird so mithilfe der satirischen Darstellung unter gleichzeitiger Verknüpfung mit einer mehrdeutigen Aussage unter höchstgerichtlichen Schutz gestellt. Gewiss stellt sich eine Deutung einer solchen glossierenden oder satirischen Aussage regelmäßig als schwer dar, denn hierbei sind darauf bezogene „werkgerechte Maßstäbe" anzulegen. Um ihren Aussagegehalt festzustellen, sind derartige Äußerungen nach einer schon auf das Reichsgericht zurückzuführenden Rechtsprechung[389] ihrer in Wort oder Bild gewählten formalen Verzerrung zu entkleiden. Eine Satire oder ähnliche Übersteigerung darf als Stilmittel der Kommunikation grundsätzlich nicht schon selbst als Kundgabe der Missachtung gewürdigt werden[390]. Es ist dann erforderlich, den Aussagekern und seine Einkleidung gesondert daraufhin zu überprüfen, ob sie eine Kundgabe der Missachtung gegenüber der betroffenen Person enthalten[391].

1982.

388 Vgl. BVerfGE 94, 1, 9; OLG München, NJW 2010, 2150; BVerfG, NJW 2010, 2193; LG Köln, NJOZ 2010, 445; BVerfG, NJW 2009, 3503; BGH, NJW-RR 2008, 257; OLG Bremen, NJW-RR 2005, 481; OLG Hamm, NStZ-RR 2006, 7.

389 RGSt 62, 183 ff.

390 Vgl. grundlegend BVerfGE 75, 369, 377 f.; BVerfGE 86, 1, 12 f.; BGH, NJW 2009, 3576; OLG Zweibrücken, NJOZ 2009, 4188, 4189; BVerfG, GRUR 2007, 1085; OLG Hamm, GRUR 2004, 970, 971; LG Hamburg, NJOZ 2003, 1805.

391 Vgl. etwa BGHZ 143, 199 ff.; BVerfGE 86, 1, 12; BVErfGE 75, 369, 377; OLG Oldenburg, NSTZ-RR 2008, 201; BGH, NJW 2003, 685; Gounalakis, NJW 1996, 481; LG Mainz, NStZ-RR 1996, 330.

Dies musste jüngst auch Sigmar Gabriel erfahren, der von Dezember 1999 bis März 2003 Ministerpräsident des Landes Niedersachsen war und nunmehr seit November 2005 Mitglied des Bundestages sowie Bundesminister für Umwelt, Naturschutz und Reaktorsicherheit ist. Zu seiner Zeit, als er in Niedersachsen noch Mitglied des Aufsichtsrates von VW war, erschien auf einer Internetseite[392] am 4. Januar 2006 sein Foto, das in einen Beitrag über VW eingefügt worden war. Auf diesem hob er den rechten Finger und das Foto war mit der Bildunterschrift „Ich will auch zu den Nutten, Herr Hartz“[393] unterlegt. Gabriel sah hierin eine Persönlichkeitsrechtsverletzung, der Beklagte (natürlich) nicht, sondern empfand dies durch die Kunstfreiheit im Hinblick auf Satire gedeckt. Die von Gabriel geforderten Abmahnkosten sah das Gericht als unbegründet an und wies die Klage insoweit ab[394]. Es habe sich hier um eine Veröffentlichung gehandelt, die sich in satirischer Form in einem unmittelbaren zeitlichen und inhaltlichen Zusammenhang mit dem aktuellen politischen Zeitgeschehen auseinandersetze. Zwar bestand zu keinem Zeitpunkt irgendein Zusammenhang zwischen der Person Gabriels und etwaigen Bordellbesuchen, jedoch schien dies für die Richter nicht relevant zu sein. Im Gegenteil würde gerade durch diese Verknüpfung die Satire deutlich. Es handele sich eben um einen Scherz zu Lasten des Klägers, der durchaus geeignet sei, Lachen auszulösen. Dass der Hamburger Richter Anlass zum Lachen auf Kosten der Ehre eines Politikers sah, mag befremden. In der Entscheidung zeigt sich jedoch die bereits oben angesprochene Schwäche von Mischäußerungen. Die dem Bundesverfassungsgericht nachgeordnete Rechtsprechung privilegiert analog der höchstgerichtlichen Richtlinien Äußerungen und Darstellungen, die keinen Schutz verdienen, sondern bewusst und ohne ein etwaiges Ziel, die öffentlichen Meinungsbildung zu fördern, die Ehre des Anderen angreifen. Dies führt dann zur signifikanten und evidenten Reduktion des Ehrenschutzes durch höchstrichterliche Rechtsprechung. Zu der offensichtlichen Schutzlosigkeit derartig Betroffener soll hingegen an dieser Stelle nicht weiter vertieft eingegangen, sondern bei anderer Gelegenheit in die Diskussion eingebracht werden[395].

---

392 www.meinparteibuch.de

393 Peter Hartz, ehemaliger Arbeitsdirektor von VW, musste sich vor Gericht verantworten. Der Vorwurf lautete Untreue in 44 Fällen. Luxusreisen und Prostituierte standen in der öffentlichen und gerichtlichen Diskussion.

394 Amtsgericht Hamburg, Urteil vom 27.02.2007 – Az.: 36a C 253/06.

395 Siehe unter Kapitel 7.

VI. Zwischenergebnis

Meinungskundgaben können vielschichtig sein, sie können gezielt, beiläufig, verdeckt, in Form von Rhetorik oder ähnlichem erscheinen, und oftmals ist es nahezu unmöglich, einen Tatsachenkern von dem Teil der Aussage zu trennen, der durch eine Wertung geprägt und somit verfassungsrechtlich besonders geschützt ist. Dies macht es - nicht nur dem Richter - schwer, eine richtige Entscheidung herbeizuführen, da die Rechtsfolgen abhängig von der entsprechenden Bewertung der Aussage sind. Richtigerweise bietet die Verfassung eine nahezu unendliche Freiheit des Meinungsäußerns. Hier wurde, wie zurückliegend aufgezeigt, aus der deutschen Historie gelernt. Das Regime um Adolf Hitler hob die Pressefreiheit auf, verbot die Gewerkschaften und setzte die Grundgesetze praktisch außer Kraft. Politische Gegner wurden eliminiert. Damit dies Vergangenheit bleibt, ist heute in einem pluralistisch strukturierten und auf der Konzeption einer freiheitlichen Demokratie beruhenden Staatsgefüge jede Meinung, auch die von etwa herrschenden Vorstellungen abweichende, schutzwürdig und schutzbedürftig. Die deutsche Rechtsordnung bietet dem von einer Meinungsäußerung Betroffenen diverse Instrumentarien, mit denen er sich abträglichen Äußerungen grundsätzlich erwehren kann. Die dargestellten Voraussetzungen indes zeigen, wie schwer die tatsächliche Realisierung vor Gericht ist. Immer mehr wird der Ehrenschutz verengt, immer weiter werden Äußerungen zu Gunsten des sich Äußernden verstanden, im Zweifel wird sich bei Mischäußerungen für das Werturteil entschieden und im politischen Diskurs werden die Grenzen sogar noch enger gesteckt. Eine grenzenlose Unterwerfung des Politikers unter die Bedingungen des öffentlichen Meinungskampfes ist aber grundsätzlich zu verneinen. Eine andere Rechtsansicht führt sonst zwangsläufig zur Unterstellung, der Politiker erteile alleine durch seine Teilnahme an der Politik einen konkludenten Freibrief zur Beleidigung seiner Person. Meinungsfreiheit kann nie Freiheit zur Verletzung des Mitmenschen bedeuten. Ein Politiker ist aber kein „aliud", für ihn kann nichts anderes gelten. Ein Mensch kann seine Persönlichkeit nur dann frei entfalten, wenn ein Verbot von Demütigungen, Bloßstellungen und Verletzungen des sozialen Achtungs- und Geltungsanspruchs besteht und dieses Verbot auch durch die Justiz effektiv geschützt wird. Dass dies nicht der Fall ist, war zurückliegend aufzuzeigen und wird auch noch in Kapitel 7 zum Gegenstand weiterer rechtlicher Erörterung gemacht.

Kapitel 5: Das allgemeine Persönlichkeitsrecht

I. Verknüpfung von Art. 1 I GG, Art. 2 I GG

Das allgemeine Persönlichkeitsrecht findet seine verfassungsrechtliche Basis in den Grundrechten aus Art. 1 I GG und Art. 2 I GG. Der verfassungsrechtliche Schutz der Menschenwürde aus Art. 1 I GG „Die Würde des Menschen ist unantastbar. Sie zu achten und zu schützen ist Verpflichtung aller staatlichen Gewalt“ sowie der verfassungsrechtliche Schutz der allgemeinen Handlungsfreiheit, “Jeder hat das Recht auf freie Entfaltung seiner Persönlichkeit, soweit er nicht die Rechte anderer verletzt und nicht gegen die verfassungsgemäße Ordnung oder das Sittengesetz verstößt“, komplimentieren es durch ihr Zusammenwirken. Das allgemeine Persönlichkeitsrecht wird stetig durch Richterrecht im Blick auf das Leitprinzip des Art. 1 I GG weitergebildet und konkretisiert. Der Wortlaut des Grundgesetzes offeriert kein „allgemeines Persönlichkeitsrecht“ oder gar ein eigenständig normiertes Recht der persönlichen Ehre. Dies schlichtweg deshalb, weil es, so wie das allgemeine Persönlichkeitsrecht bekannt ist, nicht positiv selbständig normiert ist. Allerdings ist es angemessen und erforderlich zugleich, das allgemeine Persönlichkeitsrecht als eigenständiges Grundrecht einzustufen[396]. Bereits durch seine ersten „Befürworter“ wurde das Persönlichkeitsrecht als ein Recht empfunden, das jedem Menschen aufgrund seines Menschseins zukommt. Somit ist es ein natürliches Herrschaftsrecht des Menschen über sich selbst. Dieses muss in der notwendigen Folge auch von jeder Rechtsordnung anerkannt werden[397]. Die Anerkennung erfolgte für die heutige Rechtsprechung aus Art. 1 I GG und Art. 2 I GG[398]. Diese Grundrechte schützten unmittelbar den inneren Persönlichkeitsbereich, der nur der freien und eigenverantwortlichen Selbstbestimmung des Einzelnen unterliegt. Diesen Bereich zu achten und nicht etwa unbe-

396 Das Bundesverfassungsgericht versteht das allgemeine Persönlichkeitsrecht als Rahmenrecht und leitet es in st. Rechtsprechung aus Art. 2 I GG und Art. 1 I GG her, vgl. BVerfGE 54, 148, 153; BVerfGE 72, 155, 172; BVerfGE 75, 369, 380; Jarass, NJW 1989, 957 m.w.N.; Vogelsang, 127 f.; Eine allgemeine Übersicht wird empfohlen bei Hubmann, das Persönlichkeitsrecht; Götting/Schertz/Seitz, Handbuch des Persönlichkeitsrechts.

397 Hubmann, 85 ff.; Stern, 627, 638.

fugt in ihn einzudringen, ist ein klares rechtliches Gebot, das sich aus dem Grundgesetz selbst ergibt. Es richtet sich somit nicht nur gegen den Staat, sondern gilt auch zwischen Privatrechtssubjekten[399]. Unter strenger Betrachtung der Grundrechte aus Art. 1 GG und Art. 2 GG könnte man zunächst schließen, in Art. 2 I GG sei speziell die Persönlichkeit geschützt. Das Bundesverfassungsgericht hat jenes Grundrecht zunächst in eine Richtung entfaltet, die expressis verbis nicht unbedingt nahe liegt. Art. 2 I GG wurde zum „allgemeinen Freiheitsrecht", zur Generalklausel aller Freiheitsverbürgungen des Grundgesetzes[400]. Es schützt somit jegliches Tun und Unterlassen und zwar unabhängig davon, welcher Art oder Güte es ist, sofern dieses Tun oder Unterlassen nicht in eines der sonstigen Freiheitsrechte eingreift[401].

Diese konturlose Weite der allgemeinen Handlungsfreiheit ist aber höchst ungeeignet, den besonderen Schutzbedürfnissen der persönlichen Lebensgestaltung im vollen Umfang gerecht zu werden. Das Bundesverfassungsgericht hat daher aus der Kombination von Art. 2 I GG mit der Menschenwürdegarantie, Art. 1 I GG, das hier diskutierte allgemeine Persönlichkeitsrecht abgeleitet. Das Grundrecht der allgemeinen Handlungsfreiheit füllt somit als Generalklausel alle Lücken, die von den speziellen Freiheitsrechten nicht benannt werden. Art. 2 I GG ist ein Auffanggrundrecht gegenüber speziellen Grundrechten und tritt hinter diese zurück, soweit deren Schutzbereiche reichen. Es gewinnt selbständig mithin nur dann an Bedeutung, wenn kein Schutzbereich eines anderen, spezielleren Grundrechts einschlägig ist. Die Vorschrift hat noch eine weitere Bedeutung erlangt, die Basis jeglicher Diskussion in der vorliegenden Arbeit ist und die in der Rechtsprechung des Bundesverfassungsgerichts erst später modifiziert wurde[402]. Demnach erfährt ein Teilbereich des Art. 2 I GG als allgemeines Persönlichkeitsrecht unter dem Einfluss des Art.1 I GG einen besonderen Schutz. Geschützt soll hier ein Verhalten werden, das eine besondere Beziehung

---

398 Siehe auch BVerfGE 54, 148, 153; BVerfGE 72, 155, 172; BVerfGE 75, 369, 380; Jarras NJW 1989, 857; BVerfGE 54, 148, 153; BVerfGE 72, 155, 172.

399 BGHZ 24, 72, 76; BGHZ 26, 349, 354; BGHZ 27, 284, 285; Hubmann, 107; Küchenhoff, 45, 49.

400 BVerfGE 6, 32; BVerfG, NJW 1957, 297; BVerfG, JuS 2009, 848; vgl. auch VG Aachen, NVwZ-RR 2009, 781; VG Stuttgart, NVwZ-RR 2009, 679; BVerfG, JuS 2009, 1113.

401 BVerfGE 6, 32; BVerfGE 54, 143; VGH Kassel, NVwZ-RR 2008, 782; BVerfG, GRUR 2007, 1085; VGH Mannheim, NVwZ-RR 2006, 398, 399; VG Dresden, NVwZ-RR 2003, 848; BVerwG, NVwZ 2002, 598; VG Karlsruhe, NZM 2002, 135.

402 BVerfGE 27, 1; BVerfGE 27, 344; Es schützt die persönliche Integrität des Menschen und vermittelt neben der allgemeine Handlungsfreiheit und den übrigen Grundrechten eine lückeschließende Gewährleistung. Inhalt und Gewährleistung werden durch Richterrecht im Blick auf das Leitprinzip des Art. 1 I GG konkretisiert; Zur Diskussion siehe auch Geis, JZ 1991, 112.

zu der in Art. 1 I GG geschützten Menschenwürde hat. Sinnvoll erscheint dies deshalb, weil diese Verhaltensweisen durch ihren besonderen Konnex zu Art. 1 I GG eines stärkeren Schutzes bedürfen als alle sonstigen Verhaltensweisen, die sonst auch im Übrigen von Art. I 1 GG umfasst sind[403]. Betrachtet man sich daher im Laufe dieser Arbeit die Rechtsprechung des Bundesverfassungsgerichts und des Bundesgerichtshofs in diesem rechtlichen Kontext, so wird man als zitierte Grundlage des allgemeinen Persönlichkeitsrechts immer Art. 1 I GG i.V.m. Art. 2 I GG angeführt sehen. Das Bundesverfassungsgericht hat in einer Kammerentscheidung zur Wahlwerbung der DVU an seine Ausführungen in der „Mephisto-Entscheidung" angeknüpft und wieder auf die wichtige Unterscheidung zwischen Menschenwürde und dem allgemeinen Persönlichkeitsrecht verwiesen[404]. Normenklatur und Dogmatik des verfassungsrechtlichen allgemeinen Persönlichkeitsrechts mangeln daran, dass diese im Zivilrecht entwickelt wurden und in das Verfassungsrecht übertragen wurden, ohne sie kritisch auf ihre Anpassungsbedürftigkeit und die besonderen Strukturen des Verfassungsrechts zu überprüfen. Klar wurde deshalb auch herausgearbeitet, dass die Würde des Menschen auch nach dessen Tode in Gestalt des postmortalen Persönlichkeitsrechts fortbesteht, während das allgemeine Persönlichkeitsrecht die Existenz einer Person voraussetzt. Überdies stellten die Richter fest, dass die Menschenwürde im Kollisionsfalle mit anderen Grundrechten gerade nicht abwägungsfähig sei, das allgemeine Persönlichkeitsrecht indes schon[405]. In seiner Entscheidung macht das Bundesverfassungsgericht weiter deutlich, dass eine „Schnittmenge" zwischen beiden Grundrechten besteht. Tatsächlich wird erst durch die Symbiose beider Grundrechte das allgemeine Persönlichkeitsrecht, wie es heute allgemein anerkannt ist, zu einem quasi eigenständigen Recht, das der richterlichen Weiterentwicklung unterlag und unterliegt. Grundlage des Rechts, mithin das Fundament des allgemei-

403 Die Notwendigkeit einer solchen Ergänzung traditioneller Freiheitsgarantien besteht insbesondere im Hinblick auf Entwicklungen der Informationstechnologie und der mit ihnen verbundenen neuen Gefährdungen; vgl. auch Jarass, das allgemeine Persönlichkeitsrecht, NJW 857; BVerfGE 54, 148.

404 BVerfG, NJW 2001, 2957; Als Beleg für eine stärkere Eigenständigkeit des allgemeinen Persönlichkeitsrechts wird die normative Verortung dieses Rechts nicht nur in Art. 2 Abs. 1 GG, sondern zugleich in Art. 1 Abs. 1 GG angeführt.

405 Vgl. etwa BVerfGE 93, 266; Zacharias, 2950; Es kommt hier aber im Vergleich zu Eingriffen in die allgemeine Handlungsfreiheit zu einer wesentlich strengeren Verhältnismäßigkeitsprüfung. Z.B. soll keine Beschränkung der Intimsphäre erfolgen, vgl. BVerfGE 44, 353, 383 f. Das Bundesverfassungsgericht erkennt mithin einen letzten unantastbaren Bereich privater Lebensgestaltung an, der der öffentlichen Gewalt schlechthin entzogen ist.

nen Persönlichkeitsrechts, ist Art. 2 I GG[406]. Dies deshalb, weil es ebenso wie die allgemeine Handlungsfreiheit nicht auf bestimmte Lebensbereiche begrenzt ist, sondern gerade in allen Lebensbereichen eine elementare Bedeutung innehat. Die Verbindung zu Art. 1 I GG ist deshalb richtig und sinnvoll, weil es ebenso wie die Menschenwürde auch den einzelnen weniger mit seinem Verhalten als vielmehr in seiner Qualität als Subjekt schützt[407]. Diese Grundlage wird sodann durch Art. 1 I GG verstärkt und positiv beeinflusst. Dies kann sich dadurch erklären, dass das allgemeine Persönlichkeitsrecht durch Gesetze beschränkt werden kann, was aber eben gerade dann unmöglich wäre, wenn Art. 1 I GG die Basis der Symbiose bilden würde, ist doch eine Beschränkung des Art. 1 I GG gerade nicht möglich. Das allgemeine Persönlichkeitsrecht des Grundgesetzes besitzt insofern verfassungsrechtlichen Rang und kann daher vom Gesetzgeber nur in begrenztem Umfang beschränkt werden, wobei das privatrechtliche Persönlichkeitsrecht der Beschränkung des Gesetzgebers grundsätzlich vollends unterliegt. Allerdings darf diese Beschränkung nicht gegen Verfassungsrecht verstoßen.

II. Historie des allgemeinen Persönlichkeitsrechts

Um der Problemstellung, ob das Recht der persönlichen Ehre durch höchstrichterliche Rechtsprechung reduziert wird, nachzukommen, ist es erforderlich, aufzuzeigen, dass sich die Judikatur auf dem Gebiet des Persönlichkeitsschutzes nur dann verstehen lässt, wenn sie als Spiegel des jeweiligen Zeitgeistes, im Prinzip also als Summe wirtschaftlicher, gesellschaftlicher und vor allem politischer Entwicklungen und Strukturen gesehen und verstanden wird. Das allgemeine Persönlichkeitsrecht ist, wie erörtert, in der Verfassung der Bundesrepublik Deutschland nicht explizit benannt, dennoch genießt es einen nicht zu verkennenden Stellenwert, der für eine Demokratie unerlässlich ist. Im „Leserbrief-Urteil“ vom 25.05.1954 hat der Bundesgerichtshof unter Aufgabe der reichsgerichtlichen Rechtsprechung erstmals das allgemeine Persönlichkeitsrecht als „sonstiges Recht“ im Sinne des § 823 I BGB aner-

406 V. Mangold/Klein/Strack, GG, Art. 2 I Rn. 40, 65; vgl. auch BVerfGE 54, 148, 153; Das BVerfG sieht Art 1 GG als Interpretationsrichtlinie (Sachs, GG, Art 2 Rn 62; Jarass/Pieroth/Jarass GG Art 2 Rn 38), denn als Rechtsquelle für das allgemeine Persönlichkeitsrecht; BVerfG, NJW 2009, 3357; OLG Koblenz, NStZ-RR 2008; BVerfG, GRUR 2007, 1085; BVerwG, NJW 2004, 1191; BGH, GRUR 1999, 1034.

407 Vgl. auch Pieroth/Schlink, GG Rn 373.

kannt. Dies war letztlich auch Folge des Anschlusses an bedeutende Stimmen in der Literatur, die zu diesem Zeitpunkt schon länger eine „Umstellung" der entsprechenden Rechtsansicht gefordert hatten[408]. Das allgemeine Persönlichkeitsrecht wird in Lehre und Rechtsprechung regelmäßig mit der „Herstellung" durch den Bundesgerichtshof und das Bundesverfassungsgericht verknüpft[409]. Dies vermag freilich aber nicht darüber hinwegzutäuschen, dass die Anerkennung des allgemeinen Persönlichkeitsrechtes mitnichten ausschließlich ein „Produkt" der Nachkriegszeit ist. Bereits in der reichsgerichtlichen Rechtsprechung gab es erste persönlichkeitsrechtliche Ansätze, die vornehmlich durch ökonomische Impulse geformt waren. In den Bereichen, in denen Phrasen und Ausformungen des heute verfestigten allgemeinen Persönlichkeitsrechts bereits als verwertungsrelevant akzeptiert wurden, erfolgte gleichzeitig auch ein eigentumsähnlicher Schutz. Die Entwicklung besonderer Persönlichkeitsrechte im Urheberrecht hatte die lebhafte Diskussion um das geschützte Gut insoweit zur Folge, als zum einen noch unklar war, ob das Urheberpersönlichkeitsrecht auf die Ausstrahlungen eines allgemeinen Persönlichkeitsrechtes zurückzuführen oder ob es ein selbständiges, unabhängiges Recht sei. Außerdem gewannen die Überlegungen an Bedeutung, die in der Anerkennung eines Urheberpersönlichkeitsrechtes eine Vorwegnahme des allgemeinen Persönlichkeitsrechtes zu erkennen glaubten[410]. Aber auch auf anderen Gebieten, wie beispielsweise der bildenden Kunst, beim Persönlichkeitsrecht des Verlegers oder des (sonstigen) Künstlers, führte die Verwertbarkeit der Persönlichkeit als Ware zu einem eigentumsgleichen Schutz[411]. Die zeitlich später folgende Anerkennung durch den Bundesgerichtshof lässt sich somit als unmittelbar notwendige Folge der vorbenannten Entwicklung darstellen, da aufgrund der ständig gewachsenen Verwertbarkeit der Persönlichkeitsgüter in den 50er Jahren

---

408 Vgl. BGHZ 13, 334 ff.; Dahm, Deutsches Recht, 508; Gottwald, Das allgemeine Persönlichkeitsrecht, 68 ff.; Jarass, 587, 588; Nachdem sich das RG der Anerkennung eines solchen Rechts noch verweigert hatte (vgl. RGZ 79, 397, 398; RGZ 82, 333, 334; RGZ 94, 1; RGZ 102, 134; RGZ 107, 277, 281; RGZ 113, 414; RGZ 123, 312, 320) und somit den heute als Ausprägungen des allgemeinen Persönlichkeitsrechts verstandenen Belangen ein Schutz nur zuteil werden konnte, indem man sie unter die benannten Tatbestandsmerkmale der zivilrechtlichen Anspruchsnormen subsumierte (herangezogen wurde vom RG die Vorschrift des § 826 BGB, vgl. RGZ 72, 175; RGZ 85, 343; RGZ 115, 416; RGZ 162, 7, teilweise aber auch § 823 I BGB), entwickelt der BGH das allgemeine Persönlichkeitsrecht erst 1954 in der sog Leserbrief-Entscheidung als Rechtsgut des § 823 I BGB, vgl. BGHZ 13, 334 ff.; BGHZ 24, 72, 76; BGHZ 26, 349, 354.

409 Siehe z.B. bei Pieroth/Schlink, GG Rn 373; BVerfGE 72, 155, 172; BVerfGE 75, 369, 380; Jarass, NJW 1989, 857 m.w.N.; BVerfGE 54, 148, 153; BVerfGE 72, 155, 172.

410 Vgl. hierzu RGZ 79, 398; Simon: Das allgemeine Persönlichkeitsrecht, 49 ff.

411 Vgl. Simon, Das allgemeine Persönlichkeitsrecht, 68 ff.; Gottwald, 32 ff.

ein umfassendes Ausschließlichkeitsrecht an der eigenen Persönlichkeitssphäre geschaffen werden musste. Wenn das allgemeine Persönlichkeitsrecht nicht nur als Schutz gegenüber dem materiellen Wert der Persönlichkeit verstanden wird, sondern auch die soziale Anerkennung des Einzelnen unter Schutz steht[412] sowie auch im Grundsatz der postmortalen Ehrenschutz[413] gegenüber ideellen Beeinträchtigungen Beachtung findet[414], wurden diese Merkmale dagegen vom Reichsgericht nur dann beachtet, soweit deren Beeinträchtigung die Handlungs- und Erwerbschancen am Markt gefährden konnte. Somit wurde hier auch die wirtschaftliche Komponente zur Basis einer rechtlichen Auswirkung gemacht. Rechtsgrundlage war vor allem § 826 BGB, der sich letztlich darauf bezog, Vermögenseinbußen zu verhindern[415]. Indem das Reichsgericht den Schutz der Ehre mit Hilfe der deliktischen[416] und quasinegatorischen Unterlassungsklage[417] auf Fallgestaltungen erweiterte, deren Inhalt nun nicht mehr ausschließlich wirtschaftliche Interessen war, erhielt das Persönlichkeitsrecht auch mittelbar ideelle Impulse.

Die wirtschaftliche Verwertung von Persönlichkeitsaspekten lässt sich schon zu wesentlich früheren Zeiten erkennen. Sobald die Menschheit die ersten „Berühmtheiten" anhimmelte, sei es Julius Cäsar oder Mozart (heute wären es „Tokio Hotel" oder „Madonna"), wurden Name, Konterfei und andere Teile der Identität verwendet, um daraus finanziellen Eigenwert zu erhalten. Nicht zuletzt Graf Zeppelin widerfuhr ein solches Problem im Zusammenhang mit seiner Persönlichkeit, als ein Tabakwarenhersteller den Namen des Grafen sowie sein Konterfei für seine Produkte als Waren-

---

412 BVerfG, NJW 2004, 590; Palandt, BGB, § 823 Rn. 110; vgl. BVerfGE 99, 185, 193; BGH, GRUR 2010, 171; BGH, GUUR 2010, 458; BVerfG, NJW-RR 2010, 470; OLG München, ZUM 2008, 984; OVG Saarlouis, NVwZ-RR 2007, 544; OLG Karlsruhe, NJW-RR 2006, 1640; OLG Frankfurt am Main, NJW-RR 2005, 54.

413 Kritisch Kübler anlässlich seines Vortrags am 17.4.2008 in der Frankfurter Juristischen Gesellschaft, bei welchem er die Ansicht vertrat, einen postmortalen oder pränatalen Ehrenschutz könne es nicht geben. Subjektive Rechte könnten nur Lebenden zustehen; Pabst, NJW 2002, 999; Die Idee des postmortalen Persönlichkeitsschutzes ist Ausdruck der sozialen Anschauung zahlreicher Kulturkreise, die besagt, dass dem Verstorbenen ein würdiges Begräbnis und eine würdige Totenruhe zusteht, dass er vor Herabsetzung zu schützen ist und davor, nach seinem Tod zum reinen Objekt herabgewürdigt zu werden.

414 BVerfG, NJW 2001, 594; BGH, NJW 1996, 593.

415 Vgl. RGZ 109, 52 f.; RGZ 116, 153; Die Vorschrift stellt einen Auffangtatbestand dar und schließt einen Kompromiss zwischen einer deliktsrechtlichen Generalklausel, wie sie das französische Recht kennt, und einem nur auf bestimmte Handlungen und geschützte Rechtsgüter ausgerichteten Deliktsrechtssystem.

416 Über § 826 BGB.

417 Über § 1004 BGB analog.

zeichen hatte eintragen lassen[418]. Er klagte dagegen. In dem hierauf folgenden Urteil des Reichsgerichts verwies dieses darauf, dass es „einem fein fühlenden Menschen widerstrebt [...], wenn sein Name überhaupt mit gewissen Waren in Verbindung gebracht oder von übel beleumdeten Firmen benutzt wird“[419]. Die enge Verquickung ideeller und ökonomischer Interessen wird hier also bereits sehr frühzeitig offenkundig und in den Mittelpunkt juristischer Diskussion gestellt. Auch hat das Reichsgericht in der berühmten Bismarck-Entscheidung[420] eine Art Recht am eigenen Bilde als Ausprägung des heute verstandenen Persönlichkeitsrechts gesehen, gleichwohl nicht ausdrücklich das „allgemeine Persönlichkeitsrecht“ anerkannt: „Ein allgemeines subjektives Persönlichkeitsrecht ist dem geltenden bürgerlichen Rechte fremd. Es gibt nur besonders gesetzlich geregelte Persönlichkeitsrechte, wie das Namensrecht, das Warenzeichenrecht, das Recht am eigenen Bilde, die persönlichkeitsrechtlichen Bestandteile des Urheberrechts“[421]. Hintergrund der ablehnenden Haltung war die (auch heute immer noch bestehende) Problematik einer scharfen Abgrenzung und Schaffung juristischer Konturen. Es existiert eben keine gegenständliche Verkörperung[422] des allgemeinen Persönlichkeitsrechts. Der Grund, warum das allgemeine Persönlichkeitsrecht nicht schon früher endgültigen „verfassungsmäßigen Einzug“ hielt, vermag auf das Rechtssystem des Nationalsozialismus und auf die nationalsozialistische Rechtstheorie zurückzuführen sein, die sich in der Rechtsprechung widerspiegelte. Diese nämlich startete einen umfassenden Angriff auf die individualistische Figur des subjektiven Rechtes[423]. An seine Stelle trat stattdessen der völkisch-rassische Gemeinschaftsgedanke in den Mittelpunkt des neuen Denkens[424]. So ließ die Rechtsprechung auch nicht lange auf sich warten, und im Urheberrecht erfolgte alsbald die ausdrückliche Hervorhebung der Vorrangstellung der Gemeinschaft zulasten der Persönlichkeit des Einzelnen[425]. Der dahinter stehende politische Gedanke war klar. Die Machtergreifung - und vor allem deren Erhaltung - konnte auf Dauer

418 RGZ 74, 308; Ähnlich gelagerte Fälle wurden wie nachstehend entschieden: RGZ 100, 186; RG, WarnR 1911, 222; RG, NJW 1927, 117; BGHZ 15, 107; BGHZ 30, 7, 9; BGH, NJW 1963, 2267; BGH, GRUR 1958, 302; OLG Hamburg, GRUR 2002, 450 f.

419 RGZ 74, 308, 311.

420 RGZ 45, 170.

421 RGZ 69, 401, 403; RGZ 51, 369, 373; RGZ 69, 401, 403 f.; RGZ 79, 397, 400; RGZ 113, 413, 414 f.

422 RGZ 58, 24.

423 Gottwald, Das allgemeine Persönlichkeitsrecht, 32 ff.

424 Vgl. Larenz, Rechtsperson und subjektives Recht, 225 ff.

425 Vgl. RGZ 140, 264 ff.

nur gesichert werden, wenn das künstlerische Schaffen in den Dienst der Allgemeinheit gestellt wurde und die „Gefahr" des Berufens eines allgemeinen Persönlichkeitsrechts des Autors ausgeschaltet wurde. Nur so war es schließlich möglich, politisch unerwünschten Autoren rechtlichen Schutz in diesem Sinne zu verwehren und sich eine politisch „unangreifbare Welt" - zumindest temporär - zu sichern. Letztlich fanden diese Überlegungen auch teilweise Stütze in der Literatur dieser Zeit. Vereinzelt wurde versucht, den Terminus des „allgemeinen Persönlichkeitsrechts" nicht komplett aus dem Vokabular zu streichen, sondern vielmehr für rechtspolitische Zwecke zu nutzen und neu zu definieren[426].

Schließlich ist nach dem Ende dieser unheilvollen Ära das allgemeine Persönlichkeitsrecht, wie es im heutigen Rechtssystem der Bundesrepublik Deutschland bekannt ist, von Bundesgerichtshof und Bundesverfassungsgericht weiterentwickelt worden. Das ideelle Schutzgut wurde hierbei stärker beachtet. Hierbei ist eine deutliche Abhebung von der vorbenannten Schutzrichtung zur Zeit der reichsgerichtlichen Rechtsprechung zu erkennen. In ersten Veröffentlichungen wurde sodann der „Charakter des Fragmentarischen", der dem deutschen Recht auf dem Gebiet des Persönlichkeitsschutzes anhaftete, kritisiert und vor allem der besondere Schutz des Individuums in den Vordergrund gestellt. Es erfolgte eine Negierung und Abkehr von der nationalsozialistischen Gemeinschaftsideologie. So wurde in der Personenwürde der Mittelpunkt der Rechtsidee[427] oder auch das Idealmaß und Vorbild für die Gerechtigkeit[428] erblickt. Insoweit mag es auch verwundern, dass die richterliche Ausprägung des allgemeinen Persönlichkeitsrechts durch den Bundesgerichthof zunächst eher defensiv erfolgte. Jedoch kann man versuchen, dieses „Phänomen" aus dem Aspekt der Verdrängung der Vergangenheit heraus herzuleiten. Im Allgemeinen stellten sich die Bewältigung der Vergangenheit und vor allem die klare Distanzierung vom Unrecht der Nazizeit offensichtlich als diffizil dar. Eine Auseinandersetzung unterblieb größtenteils. Dies vermag nicht dem heutigen „ordentlichen Rechtsempfinden" entsprechen und ist klar abzulehnen, ob dies heute allerdings besser gelänge, vermag hier nicht beurteilt zu werden. In dem zu Anfang zitierten „ersten Persönlichkeitsrechts-Urteil" des Bundesgerichtshofs von 1954 kommt daher auch erstmals

---

426 Vgl. Enders, Persönlichkeitsschutz und Persönlichkeitsrecht, 35.
427 Mitteis, Über das Naturrecht, 34.
428 Vgl. Del Vecchio, Die Gerechtigkeit, 68.

das allgemeine Persönlichkeitsrecht explizit zum Ausdruck[429]. Tatbestandlich ging es im Wesentlichen hierbei um das Problem, dass in einem Zeitungsartikel der Eindruck erweckt worden war, der Rechtsanwalt Hjalmar Schachts hätte als Privatperson für einen anscheinend schuldig gewordenen Kriegsverbrecher Partei ergriffen und diesen in Schutz nehmen wollen. Der Rechtsanwalt hatte tatsächlich lediglich im Auftrage seines Mandanten die Forderung einer Berichtigung eines Artikels an jene Zeitungsredaktion übersandt. Anstelle einer Berichtigung wurde unter der Rubrik „Leserbriefe" jenes Schreiben auszugsweise veröffentlicht. Der Kläger erblickte in dieser Art der Veröffentlichung seiner Aufforderung eine Verletzung seiner Persönlichkeitsrechte. Der Abdruck in dieser Form stelle eine vorsätzliche Irreführung des Lesers dar. Scheinbar selbstredend versteht es sich, dass der Bundesgerichtshof in diesem Kontext und vor dem Hintergrund der Abkehr vom nationalsozialistischen Regime das allgemeine Persönlichkeitsrecht anerkennt. Zweifelhaft und befremdend erscheint aus heutiger Sicht zumindest der Anlass zu sein, war doch schließlich zu erkennen, dass ohne Anerkennung des allgemeinen Persönlichkeitsrechts vor allem die Presse die Vergangenheit zum Gegenstand der öffentlichen Erörterung machen könnte, so lange sie sich im Rahmen der strafrechtlichen Grenzen hielt. Ob dies indessen von der richterlichen Rechtsprechung des Bundesgerichtshofs intendiert war, kann hier dahinstehen. Lediglich sei auf eine weitere interessante Entscheidung des Bundesgerichtshofs vom 22.12.1959 verwiesen[430], in welcher in der Veröffentlichung der privat geäußerten Ansicht eines Rechtsanwaltes zur Judenverfolgung und zu Konzentrationslagern eine schwere Ehrverletzung desselben erblickt wurde. Heute würde der strafrechtliche Aspekt einer „Ausschwitz-Lüge" denklogisch und richtigerweise zu einer anderen rechtlichen Würdigung führen. Gleichwohl wurde die richterliche Ausprägung des allgemeinen Persönlichkeitsrechts stetig weiterentwickelt. Gerade die Orientierung an den (westlichen) Siegermächten, die zunehmende Kommerzialisierung vieler Lebensbereiche im Zuge des wirtschaftlichen Aufschwungs der Nachkriegszeit und das Bedürfnis eines neuen Lebensabschnitts verlangte notwendigerweise nach einem verstärkten Schutz der Persönlichkeit. Höchst interessant ist für diese Zeit auch die Entscheidung des heute „selbstverständlichen" Schutzes der

429 BGHZ 13, 334 ff.; vgl. auch BFH, NJW 1964, 744; Steinle, BB 1981, 359; OLG Jena, NJW-RR 2002, 258; LG Darmstadt, NZM 2000, 360; BAG, NZA 1998, 712; OLG Saarbrücken, NJW-RR 1996, 1048.

430 Vgl. BGHZ 31, 308 ff.

ungefragten Verwertung eines Bildnisses[431]. Mithin knüpfte die Rechtsprechung des Bundesgerichtshofes systematisch an die ökonomische Komponente der reichsgerichtlichen Rechtsprechung an und baute diese konsequent aus[432].

Wenn man die älteren mit den neueren Entscheidungen zum Persönlichkeitsrecht vergleicht, wird offenkundig, dass das Schwergewicht verlagert wurde und an Bedeutung gewinnt. Stand es früher als Abwehrrecht im öffentlichen Meinungskampf im Vordergrund, so gewinnt es immer mehr an Bedeutung in Bezug auf durchsetzbare Ansprüche auf Unterlassung und Schadensersatz. Gegenüber Eingriffen mit kommerziellem Hintergrund ist eine Entwicklung zum vermögenswerten Recht deutlich erkennbar. Die Darstellung verdeutlicht die Bedeutung des höchstgerichtlichen Schutzes des allgemeinen Persönlichkeitsrechts. Insbesondere der historisch rechtliche Kontext zeigt deutlich die gerichtliche Schutzbedürftigkeit des allgemeinen Persönlichkeitsrechts auf. Die politische Machtergreifung - und vor allem deren Erhaltung - kann theoretisch dann am Besten gesichert werden, wenn politische Gegner ihres Ehrenschutzes beraubt werden. Wenn sich der politische Widersacher nicht auf ein verfassungsrechtlich gesichertes und höchstgerichtlich geschütztes Recht der persönlichen Ehre berufen kann, wird er der Anprangerung und gesellschaftlichen Isolation freigegeben. Hierdurch wird es dem Regierenden möglich, politisch Unerwünschten und Andersdenkenden, rechtlichen Schutz in diesem Sinne zu verwehren und sich politisch unantastbar zu machen. Wenn das Bundesverfassungsgericht also, was noch in Kapitel 7 näher analysiert wird, den Ehrenschutz auf ein Minimum gerichtlichen Schutzes zurückführt, so negiert es eine wesentliche historische Entwicklung.

431 Vgl. BGHZ 20, 345 ff.; Heute ständige Rechtsprechung, BGH, GRUR 2009, 1085; BVerfG, GRUR-RR 2009, 375; LG Hamburg, GRUR 2007, 143; BGH, GRUR 2007, 139; OLG Hamburg, NJOZ 2006, 2264; LG München, NJOZ 2006, 4633, LG Düsseldorf, NJOZ 2003, 2883; OLG München, GRUR-RR 2002, 271; LG Berlin, NJW 1996, 1142; OLG Koblenz, NJW-RR 1995, 1112.

432 Vgl. hierzu Gottwald, 138 m.w.N.

III. Umfang

1) Allgemeiner Schutzumfang

a) Schutzrichtung und Abstufungen

Das allgemeine Persönlichkeitsrecht findet seine Wurzeln in Art. 2 I GG. Die allgemeine Handlungsfreiheit ist nicht auf bestimmte Lebensbereiche begrenzt, sondern hat in allen Lebensbereichen einen hohen Stellenwert[433]. Die Verbindung zu Art. 1 I GG folgt daraus, dass es, ebenso wie die Menschenwürde, den einzelnen weniger mit seinem Verhalten als in seiner Qualität als Subjekt schützt[434]. Das allgemeine Persönlichkeitsrecht basiert wesentlich auf dem Recht auf Menschenwürde aus Art. 1 I GG[435]. Das Recht auf Entfaltung der Persönlichkeit ist demnach zentral für die Verwirklichung des Schutzes der Menschenwürde. Aus dieser Überlegung heraus ist in der verfassungsgerichtlichen Rechtsprechung sowie in der Literatur erarbeitet worden, welche Bedingungen für den Einzelnen herrschen müssen, um ihm eine freie Entfaltung der Persönlichkeit zu sichern. So entschied das Bundesverfassungsgericht in einer Entscheidung („Lebach"): „Jedermann darf grundsätzlich selbst und allein bestimmen, ob und wieweit andere sein Lebensbild im Ganzen oder bestimmte Vorgänge aus seinem Leben öffentlich darstellen dürfen"[436]. Schutzrichtung ist somit nicht die Freiheit zum eigenen Handeln. Geschützt wird vielmehr die engere Persönlichkeitssphäre vor Eingriffen von außen[437]. Es ergänzt somit als „unbenanntes Freiheitsrecht" die „benannten Freiheitsrechte", die ebenso konstituierende Elemente der

433 Pieroth/Schlink, GG Rn 373; BVerfGE 111, 54, 81; BVerfG, NJW 1995, 649, NJW 2008, 3698; BVerfGE 80, 137, 152; Erfasst wird also alles menschliche Verhalten, ohne Rücksicht darauf, ob es unter sozialethischen Gesichtspunkten wertvoll ist oder ob es sich lediglich als Ausdruck personaler Willkür darstellt.

434 Pieroth/Schlink, GG Rn 373.

435 BVerfGE 75, 369, 380; BVerfGE 5, 85, 204; Primäre Grundlage dürfte dabei das Grundrecht des Art. 2 I GG sein, das durch Art. 1 I GG beeinflusst und verstärkt wird. Würde man Art. 1 I GG als eigentliche Grundlage annehmen, so könnte das allgemeine Persönlichkeitsrecht schwerlich durch Gesetz beschränkt werden, ist dies doch beim Grundrecht des Art. 1 I GG ausgeschlossen.

436 BVerfGE 35, 202, 220.

437 Stein/Frank, Staatsrecht, § 31 II bb; BGHZ 20, 345; BGHZ 73, 120; BGH, NJW 1985, 1617.

persönlichen Lebenssphäre zum Schutzauftrag haben[438]. Seine Aufgabe ist es, im Sinne des obersten Verfassungsprinzips der „Würde des Menschen“ die engere persönliche Lebenssphäre sowie die Erhaltung ihrer Grundbedingungen zu gewährleisten, die sich eben von den traditionellen konkreten Freiheitsgarantien nicht erfassen lassen, insbesondere im Hinblick auf moderne Entwicklungen und die damit einhergehenden neuen Gefährdungen der menschlichen Persönlichkeit[439]. In seinen Ausformungen und Gestaltungen dient es somit den diversen Entfaltungsmöglichkeiten eines jeden Subjekts und damit schließlich der Selbstbestimmung und Selbstbewahrung[440]. Mit Persönlichkeit meint das Grundrecht das „Person-Sein“, das jedem Menschen zukommt.

Es gebührt mithin nicht nur solchen Personen, die Persönlichkeit im gesellschaftlichen Sinne besitzen. Auch wächst der grundrechtliche Schutz einer Person nicht etwa deshalb, weil der Grundrechtsträger mehr Persönlichkeit als ein anderer entfaltet. Betrachtet man die beiden Wurzeln des allgemeinen Persönlichkeitsrechts, nämlich Art. 1 I GG und Art. 2 I GG, so ist dies nicht weiter frappierend. Bei der rechtlichen Analyse und Subsumtion der allgemeinen Handlungsfreiheit ist es selbstverständlich, dass es auf eine Qualifikation des Handelnden nicht ankommen kann. Aber auch für den Schutz der Menschenwürde ist es gerade nicht entscheidend, ob der Träger sich dieser Würde bewusst ist oder sie selbst zu wahren weiß[441]. Vom Schutzbereich des allgemeinen Persönlichkeitsrechts ist das Recht der Selbstdarstellung umfasst[442], welches dem Einzelnen gewährleistet, sich herabsetzender, verfälschender und unerbetener öffentlicher Darstellung zu erwehren[443]. Es umschließt den Schutz von

438 Faber, Schutz der Ehre, § 3, 71; vgl. BVerfG, NJW 2008, 39, 41; Stein/Frank, Staatsrecht, § 31 II bb; ein fixierter Schutzbereich des allgemeinen Persönlichkeitsrechts würde der inhärenten Zwecksetzung dieser Gewährleistung geradezu zuwiderlaufen. Das allgemeine Persönlichkeitsrecht gewährleistet damit Elemente der Persönlichkeit, die nicht Gegenstand der besonderen Freiheitsgarantien des Grundgesetzes sind, diesen aber in ihrer konstituierenden Bedeutung für die Persönlichkeit nicht nachstehen, vgl. BVerfG, NJW 2008, 822, 824; BVerfGE 99, 185, 193; BVerfGE 114, 339, 346.

439 BVerfGE 54, 148, 153 f.; Jarras/Pieroth, GG, Art. 2 Rn 28.

440 Pieroth/Schlink, GG Rn 373; BGHZ 27, 284; BVerfGE 34, 228.

441 BVerfGE 39, 41 f.; Jarass, 587, 590.

442 Stein/Frank, Staatsrecht, § 31 II bb; Degenhart, JuS 1992, 361; BGHZ 13, 334; BGH, WarnR 1965, 435; BGH, NJW 1966, 647; BGH, NJW 1982, 635.

443 BVerfG, NJW 1992, 2073; BVerfG, MDR 1991, 403; BVerfG, NJW 1992, 2013; BVerfG, NJW 2000, 1413; BGHZ 31, 308; BGHZ 39, 124; BGH, NJW 1996, 1131; OLG Frankfurt am Main, NJW 1990, 2002; OLG Frankfurt am Main, NJW-RR 1993, 852; OLG Frankfurt am Main, NJW-RR 1996, 1050; Pieroth/Schlink, GG Rn 377; OLG Hamburg, NJW- RR 1994, 1176; KG Berlin, NJW-RR 1994, 926; OLG Celle, NStZ 1998, 88; LG Berlin, NJW-RR 1998, 316; AG Düsseldorf, NJW-RR 1998, 1481.

Ruf[444] und der persönlichen Ehre[445] sowie damit einhergehend das Recht auf Gegendarstellung[446] und Berichtigung[447]. Hieraus hat das Bundesverfassungsgericht im Volkszählungsurteil ein umfassendes informationelles Selbstbestimmungsrecht entwickelt[448]. Wichtig für das vorliegende Thema ist im rechtlichen Kontext das Recht der Selbstbewahrung und das Recht der Selbstdarstellung, das bereits angesprochen wurde. Unter dem Recht der Selbstbestimmung ist dabei das Recht eines jeden Einzelnen zu verstehen, selbst zu entscheiden, wer es ist und was seine Persönlichkeit ausmacht. Dieses Recht ist unmittelbar im Kontext mit der persönlichen Ehre zu sehen. Zu diesem Themenkomplex sind daher auch diverse Urteile ergangen, die dies konkretisieren[449]. Entscheidend für das Sich-Berufen-Können auf die persönliche Ehre, sei es im privaten oder im politischen Bereich, ist auch, einen für sich klar zu definierenden, abgrenzbaren, unangreifbaren Lebensbereich zu schaffen. Hier kann sich der Einzelne auf das Recht der Selbstbewahrung berufen und sich abschirmen oder zurückziehen[450]. Hierdurch kann er klar nach außen zu verstehen geben, mit gewissen Themen, die ausschließlich ihn betreffen, von der Allgemeinheit in Ruhe gelassen zu werden, einen Bereich des persönlichen Friedens für sich selbst zu schaffen.

Das allgemeine Persönlichkeitsrecht entzieht sich einer eindeutigen, greifbaren tatbestandlichen Festlegung[451], was sich deutlich im Zivilrecht dadurch zeigt, dass die Rechtswidrigkeit eines Eingriffs nicht bereits durch die Tatbestandsmäßigkeit indiziert

---

444 Von der Decken, NJW 1983, 1400; Mackeprang, 176 ff., BVerfGE 80, 137, 154; aus dem Schrifttum etwa Maunz/Dürig, GG, Art. 2 Rn 3; OLG Jena, NJW-RR 2002, 258; BGH, NJW 1987, 1400; BVerfG, NJW 1985, 787; BVerfG, NJW 1983, 1415; BGHZ 13, 334; BGH, WarnR 1965, 435; BGH, NJW 1966, 647; BGH, NJW 1982, 635.

445 BVerfGE 54, 208, 217; BVerfGE, NJW 1987, 2661, 2662; Katz, § 30 I Rn 677; Degenhart, JuS 1992, 361; Tettinger, JuS 1997, 769, 770; Ehre (Zum Begriff siehe Hirsch, 14 ff.), Ruf und Ansehen werden zunächst durch § 823 II i.V.m. §§ 185 ff. StGB geschützt. Vgl. ebenso Helle, 28 ff., 109 ff. Daneben sind sie Teil des allgemeinen Persönlichkeitsrechts und genießen damit auch dessen Schutz.

446 BVerfGE 63, 131, 142 f.; BGH, NJW 1965, 685; vgl. ferner BVerfGE 54, 208, 217 f.

447 BVerfGE 97, 125, 148 f.; OLG Düsseldorf, NJW 2005, 401; LG Regensburg, NJW-RR 1996, 537.

448 BVerfGE 65, 1, 42; BVerfGE 80, 367, 373.

449 Z.B. BVerfGE 90, 263, 270; BGH, NJW 1995, 2407, 2409; BVerfGE 35, 202, 235; BGH, NJW 2010, 2728; BVerfG, NJW-RR 2010, 1195; OLG Hamburg, NJW-RR 2009, 247; OLG München, ZUM 2008, 984; LG Frankfurt am Main, NJOZ 2008, 3545; OLG Schleswig, NJOZ 2008, 3533; OLG Köln, GRUR-RR 2008, 324.

450 Pieroth/Schlink, GG Rn 375.

451 Vgl. BVerfGE 54, 148, 153 f.; BVerfG, NJW-RR 2010, 470; BGH, NJW 2009, 2888; OLG Köln, MMR 2008, 691; BGH, GRUR-RR 2008, 622; OLG Brandenburg, GRUR-RR 2007, 334; OLG Bamberg, NJW-RR 1999, 322.

wird[452], sondern positiv durch eine Güterabwägung festgestellt werden muss[453]. Das allgemeine Persönlichkeitsrecht gewinnt aufgrund der gesellschaftlichen und rechtlichen Dynamik und Komplexität sowie aufgrund ständig neuer Technologien, wissenschaftlicher Forschungsmöglichkeiten und einer zunehmend entstehenden Mediengesellschaft immer mehr an Bedeutung für verschiedene rechtliche, gesellschaftliche und politische Bereiche. Eine abschließende tatbestandliche Normierung würde sich daher nicht als hilfreich erweisen, sondern zu einer ungewollten Beschränkung führen, die aktuelle öffentliche Themen (wie etwa die Zulässigkeit heimlicher Vaterschaftstests, die Erweiterung einer DNA-Verbrecherdatei u.a.) in ihrer Vielfalt ausklammern würde.

b) Die Sphärentheorie

Der sachliche Schutzbereich des allgemeinen Persönlichkeitsrechts lässt sich als die Summe unbenannter, in der Rechtsprechung entwickelter Persönlichkeitsrechte veranschaulichen, aber seine Abgrenzung wird durch die prinzipielle Entwicklungsoffenheit des Schutzbereichs erschwert. Um eine „Abstufung“ bzw. eine notwendig erscheinende „Begrenzung“ des allgemeinen Persönlichkeitsrechts in Bezug auf die Rechtfertigung von Grundrechtskollisionen zu erhalten, bedarf es der rechtlichen Ausgestaltung. Ein solcher Ansatz ist die Annahme von Persönlichkeitssphären. Diese ebenfalls im Zivilrecht entwickelte Sphärentheorie wurde auch in der Rechtsprechung des Bundesverfassungsgerichts aufgenommen und verfassungsdogmatisch ausgebaut[454]. Der Eigenbereich einer Person soll in verschiedene Sphären eingeteilt werden. Diese wiederum sind durch unterschiedliche Schutzintensität gekennzeichnet. Dieses Vorgehen findet sich sowohl in der Rechtsprechung des Bundesgerichtshofs[455] als auch in der des Bundesverfassungsgerichts[456]. Die Sphärentheorie um-

452 Vgl. § 823 I BGB.
453 BGH, NJW 1987, 2667; BGH, NJW 1957, 1146; Schmidt-Bleibtreu/Klein, GG, Art. 1 Rn 5a; BGH, NJW 2009, 2888; LG Frankfurt am Main, GRUR-RR 2010, 83; LG Duisburg, NJOZ 2009, 3408; OLG München, GRUR-RR 2006, 208; BGH, GRUR 2004, 438; OLG Frankfurt am Main, GRUR 1987, 195; BGHZ 45, 296; BGH, NJW 1966, 1617.
454 BVerfGE 27, 1, 6; BVerfG, NJW 1969, 1707; BVerfGE 27, 344, 350 ff.; BVerfG, NJW 1979, 595; BVerfGE 54, 148 ff.; BVerfG, NJW 1980, 2070.
455 Bereits in BGHZ 13, 334, 338, 339.
456 BVerfGE 34, 238, 345 f.; BVerfGE 73, 120, 121, 122.

fasst einen unantastbaren Kern und mehrere abgestufte Schutzkreise[457]. Je tiefer der Eingriff geht, desto höher sind die Anforderungen an dessen Rechtfertigung; bei einer Abwägung tritt in den Fällen der Schmähkritik die Meinungsäußerungsfreiheit regelmäßig hinter das Persönlichkeitsrecht bzw. den Ehrenschutz zurück458. Zu unterscheiden sind grundsätzlich 3 verschiedene Sphären. Die Sozialsphäre, die Privat- und schließlich die Intimsphäre.

aa) Die Sozialsphäre

Die Sozialsphäre erfasst die Beziehungen des Einzelnen zur „Außenwelt", insbesondere was berufliches Schaffen und Wirken betrifft. Sie steht einer Berichterstattung grundsätzlich offen[459]. Die Sozialsphäre umfasst die gesamte Teilnahme des Grundrechtsträgers am öffentlichen Leben. Dadurch ist sie naturgemäß weit auszulegen. Unter den Bereich dieser Sphäre fällt das Ansehen des Einzelnen innerhalb der Gesellschaft. Wegen des Bezugs nach außen sind Eingriffe einfach zulässig, was insbesondere durch die darzustellende Rechtsprechung in Bezug auf den Ehrenschutz erörtert werden wird. Diese Sphäre ist Eingriffen in gleicher Weise zugänglich wie die Handlungsfreiheit. Die höchstgerichtliche Rechtsprechung negiert insbesondere bei Eingriffen in diese Sphäre den Ehrenschutz.

---

457 Ehman, JuS 1997, 193, 197; Es wird sich einer Sphärenabstufung bedient, um die Schutzbedürftigkeit verschiedener Lebenssachverhalte gewichten und die Verhältnismäßigkeitsprüfung rationalisieren zu können. Da sie nicht scharf umrissen ist, sieht sie sich ständiger Kritik ausgesetzt, gleichwohl ist an ihr festzuhalten, weil sie nach wie vor ein geeignetes Instrument darstellt, der Vielfalt der Fallgruppen eine Struktur zu geben, auf deren Basis auch neue Fallgruppen verifiziert oder falsifiziert werden können; OLG Hamburg, NJW 1967, 2314, 2316 m.w.N.; BVerfGE 27, 1, 6; BVerfGE 27, 344, 350 ff.; BVerfGE 33, 367, 376 f.; BVerfGE 49, 286, 298; BVerfGE 54, 148 ff.; Geis, JZ 1991, 112, 113.

458 Badura Rn 62; BVerfGE 82, 272, 281; BVerfG, NJW 2009, 3016; BVerfG, NJW 2009, 749; LG Münster, MMR 2008, 694; OLG Koblenz, MMR 2008, 54; OLG Brandenburg, NJOZ 2008, 644; BGH, GRUR 2007, 724; OVG Saarlouis, NVwZ-RR 2007, 544; OLG Düsseldorf, MMR 2006, 553; BAG, NZA 2006, 650; OLG Frankfurt am Main, NJW 2005, 3726.

459 BVerfGE 35, 35, 39; BGHZ 31, 308, 313; BVerfG, NJW 2006, 3406, 3408; BGH, NJW 2005, 594.

bb) Die Privatsphäre

Die Privatsphäre hingegen umfasst das von der Öffentlichkeit nicht unmittelbar wahrzunehmende Privatleben[460], also unter anderem das Familienleben, persönliche Briefe[461] oder etwa vertrauliche Gespräche[462]. Ergo umfasst die Privatsphäre den engeren persönlichen Lebensbereich. Sie dient als Rückzugsmöglichkeit für das Individuum und gewährt diesem einen Raum, in dem der Einzelne unbeobachtet sich selbst überlassen ist oder mit Personen seines besonderen Vertrauens ohne Rücksicht auf gesellschaftliche Verhaltenserwartungen und ohne Furcht vor staatlichen Sanktionen verkehren kann[463]. Die Privatsphäre weist gleichwohl, dies wird in Bezug auf die Intimsphäre deutlich, einen signifikanten Sozialbezug auf, die sie der rechtlichen Regelung zugänglich macht. Eingriffe insbesondere durch Meinungsäußerungen sind somit grundsätzlich möglich im überwiegenden
Interesse der Allgemeinheit. Dass die höchstgerichtliche Rechtsprechung diese Interessen besonders weit auslegt und somit rechtlich notwendigen Schutz verwehrt, wird in Kapitel 7 erörtert.

cc) Die Intimsphäre

Die Intimsphäre hingegen bietet den umfassendsten Schutz und ist einer ungenehmigten Berichterstattung vollends entzogen[464]. Sie schützt insbesondere die innere Gefühlswelt sowie die Gedanken des Einzelnen[465]. Die höchste Schutzintensität genießt die Intimsphäre. Dies ist in der besonderen Nähe zur Menschenwürde begrün-

460 BVerfGE 27, 344, 350; BVerfGE 34, 238, 245; BVerfGE 90, 255, 260; vgl. bereits BVerfGE 27, 1, 6; BVerfGE 34, 269, 281; BVerfG, NJW 2000, 1021, 1022; BVerfG, NJW 2008, 39, 42; BVerfGE 80, 367,374; BVerfGE 27, 344, 351; BVerfGE 32, 373, 379; BVerfGE 33, 367, 376 f.; BVerfGE 34, 238, 246; BVerfGE 65, 1, 43 f.

461 BVerfGE 80, 367, 374; BGHZ 13, 344; 15, 249; BGHSt 19, 325; BGH, NJW-RR 2010, 117; BVerfG, NJW 2010, 833; BVerfG, NJW 2009, 3225; VG Berlin, NJW 2004, 457; OLG Stuttgart, NZV 2002, 574; BGH, NStZ 2000, 383.

462 So etwa BGH, NJW 1988, 1016.

463 BVerfGE 90, 255, 260; BVerfG 27, 1, 6; BVerfG, NJW 1995, 1015; BVerfG, NJW 1969, 1707; BVerfG, NJW 1973, 1221.

464 BVerfGE 6, 32, 41; BVerfGE 27, 1, 6; BVerfGE 34, 238; 245 f.; BVerfGE 80, 367, 373; BVerfGE 109, 279, 313; BVerfGE 89, 69, 82 f.; BVerfGE 34, 238, 245 f., 248; BVerfGE 80, 367, 374; ähnlich bereits BVerfGE 6, 32, 41; BVerfGE 32, 373, 378 f.; BVerfGE 89, 69, 82 f.; BVerwGE 103, 321, 324; BVerfG, NJW 1973, 1227 ff.; KG Berlin, AfP 2008, 396 f.; OLG Hamburg, ZUM 2009, 232 f.

det. Sie ist unantastbar und gestattet keine Einwirkung der öffentlichen Gewalt.[466] Das bedeutet, dass selbst überwiegende Interessen der Allgemeinheit einen Eingriff in diesen absolut geschützten Kernbereich privater Lebensgestaltung nicht rechtfertigen. Die Intimsphäre umfasst zum einen jene Aspekte der Persönlichkeit, in denen der Einzelne keinem anderen Einblick gewähren möchte und über die er mit keinem Dritten kommunizieren will. Im Kontext dieser Arbeit bedeutet dies, dass es selbst der höchstgerichtlichen Rechtsprechung mit ihrem weiten Verständnis von Meinungsäußerungsfreiheit verwehrt sein muss, Eingriffe in den Bereich der Intimsphäre unter gerichtlichen Schutz zu stellen.

c) Die Ehre als besonderer Teil des allgemeinen Persönlichkeitsrechts

Das allgemeine Persönlichkeitsrecht und seine besonderen Erscheinungsformen dienen vorrangig dem Schutz ideeller Interessen. Gerade die Beachtung des Wert- und Achtungsanspruchs der Persönlichkeit steht im Fokus der rechtlichen Schutzfunktion. Der einzelne soll selbst darüber befinden dürfen, wie er sich gegenüber Dritten oder der Öffentlichkeit darstellen will, was seinen sozialen Geltungsanspruch ausmachen soll und ob oder inwieweit Dritte über seine Persönlichkeit verfügen können, indem sie diese zum Gegenstand öffentlicher Erörterung machen[467]. Jeder hat das Recht, dass ihm nicht Äußerungen in den Mund gelegt werden, die er nicht getätigt hat[468]. Zum Bereich der Darstellung in der Öffentlichkeit zählt somit auch der Schutz der Ehre[469]. Letztendlich wird dieser Schutz dadurch gewährleistet, dass bei einer Verletzung der benannten Rechte neben Abwehransprüchen auch Schadensersatzansprüche in Betracht kommen, die nicht nur auf den Ersatz materieller, sondern - wenn es sich um einen schwerwiegenden Eingriff handelt und die Beeinträchtigung nicht in anderer Weise befriedigend ausgeglichen werden kann - auch auf den

---

465 Scholz/Konrad, AöR 123, 60, 65; BVerfG, NVwZ 1999, 659; BVerfGE 80, 367, 378; BVerfG, NJW 2008, 1137 ff.

466 BVerfGE 109, 279, 313; BVerfGE 89, 69, 82 f; BVerfGE 34, 238, 246; BVerfG, NJW 1973, 609; ähnlich bereits BVerfGE 6, 32, 41; BVerfG, NJW 1957, 297.

467 BVerfGE 63, 131; ebenso BVerfGE 35, 202; BVerfGE 54, 148.

468 BVerfG, NJW 1980, 2070; BVerfG, NJW 1980, 2070; Reinicke, JA 1981, 328, 330; Roellecke, JZ 1980, 701, 704; Falk, UFITA 1994, 151 ff.; BVerfG, NJW 1989, 3269, 3271.

469 BVerfGE 54, 208; Helle, EWiG 1989, 351, 352; Reinicke, JA 1981, 328, 330; BVerfG, NJW 1989, 1789; BVerfG, MDR 1984, 729 f.; BVerfG, NJW 2004, 1855, 1857.

Ausgleich immaterieller Schäden gerichtet sind.[470] Dieser beruht auf einem Rechtsbehelf, der unmittelbar auf den Schutzauftrag aus Art. 1 I GG und Art. 2 I GG zurückgeht[471]. Dass in diesen Fällen eine Geldentschädigung zugebilligt wird, beruht auf dem Gedanken, dass ohne einen solchen Anspruch Verletzungen der Würde und Ehre des Menschen häufig ohne Sanktion blieben. Dann würde der Schutz der Ehre tatsächlich vollends ad absurdum geführt[472]. Die Entschädigung in Geld setzt somit ökonomische Impulse und dient als effektives Instrumentarium zur Verhinderung von Ehrangriffen.

Wenn wir von Ehre sprechen, so erscheint dieses Wort so leicht von den Lippen zu gehen, dass jeder scheinbar sofort weiß, was dieser Terminus beinhaltet. Dabei muss man sich kritisch fragen, ob dies der Realität entspricht. Kann man Ehre definieren? *„Noch suchen die Juristen eine Definition zu ihrem Begriffe vom Recht“*[473]. Genügt die strafrechtliche Definition des Ehrbegriffs im Lichte des § 185 I StGB, um zivilrechtliche oder öffentlich-rechtliche Abwehransprüche richtig subsumieren zu können oder ist die Schnittmenge der unterschiedlichen juristischen Bereiche doch nicht derart groß, als dass eine Definition genügen würde? Ist vielleicht die Definition des Wortes Ehre in einem anderen Staat, in einer anderen Kultur eine andere, oder reicht es bereits, den eigenen Ehrbegriff mit dem des Nächsten zu vergleichen, um herauszufinden, dass eine Patentdefinition, die einem Jeden gerecht wird, nicht möglich sein kann? Eine gesetzliche Verankerung der Ehre auf der verfassungsrechtlichen und auf der einfachgesetzlichen Ebene vermag hierbei auf den ersten Blick hilfreich sein. Zwei grundsätzliche Anknüpfungspunkte finden sich dabei im Grundgesetz. Zum einen Art. 5 II GG, in dem das „Recht der persönlichen Ehre“ als Schranke zu Art. 5 I GG ausdrücklich Erwähnung findet. Zum anderen sei auf das allgemeine Persönlichkeitsrecht, Art. 1 I, 2 I GG, verwiesen. Auch die Aussage „Ehre ist mit Reputation und sozialem Geltungsanspruch gleichzusetzen“[474], erscheint schlüssig, ist

470 Vgl. bereits BVerfG, MDR 1973, 737.

471 Vgl. BVerfGE 34, 269, 282, 292; BVerfG, MDR 1973, 737; Vosgerau, Der Staat 48, 107 ff.; 974, 137,140.

472 BGHZ 128, 1, 15; BGH, GRUR 1996, 373, 374; BGH, NJW 1995, 861, 863; Siemes, AcP 2001, 202 ff.; Barton, AfP 1995, 452 ff.; Lange, VersR 1999, 274, 280; Gerlach, VersR 2002, 917 ff.; Schlechtriem, JZ 1995, 362 f.; Seitz, NJW 1996, 2848 f.

473 (Rechts-) Philosoph Immanuel Kant, geboren am 22. April 1724 in Königsberg; gestorben am 12. Februar 1804 ebenda.

474 BGHSt 11, 70, 71; Kübler, NJW 1999, 1281, 1283; BGH, NJW 2005, 1791; OLG Karlsruhe, NJW-RR 2003, 688; OLG Braunschweig, MMR 2001, 163; BGH, GRUR 1999, 1034; OLG Hamburg, NJW-RR 1999, 1550; BAG, NZA 1999, 645; BVerfG, NJW 1999, 2262.

aber zu simpel, um umfassend genug zu sein. Es ist vielmehr so, dass es sich bei dem Terminus „Ehre" um einen offenen, prägungsbedürftigen Begriff handelt[475]. Wie aber soll die Frage der Reduktion des Ehrenschutzes eine Beantwortung finden, wenn noch nicht einmal klar ist, was überhaupt die „Ehre" ist? Es wurden alleine im juristischen Schrifttum mehr als 60 verschiedene Versuche, Ehre zu definieren, gezählt[476]. Wie weit darf der Ehrbegriff gehen, muss man bereits den Schutzumfang des allgemeinen Persönlichkeitsrechts restriktiv oder etwa extensiv auslegen? Sicher ist, dass nicht alles vom Schutzumfang der Ehre gedeckt sein kann. Der notwendige Versuch, eine Definition zu liefern, setzt somit zunächst einen historischen Rückblick, dann andere Deutungsansätze voraus.

aa) Versuch einer Deutung anhand historischer Auslegung

Die historische Herleitung des Terminus Ehre ist geeignet, um sich der rechtlichen Definition der „Ehre" zu nähern. Daher ist es sinnvoll, sich durch frühkonstitutionelle Verfassungen in Deutschland zu informieren. Jeglicher Versuch einer Deutung anhand historischer Auslegung hingegen ist bereits im Kern aussichtslos. Weder eine ausdrückliche Normierung noch eine Definition des Terminus „Ehre" existiert. In der Paulskirchenverfassung von 1849, der preußischen Verfassungsurkunde von 1850, der Verfassung des Norddeutschen Bundes von 1867, der Bismarckschen Reichsverfassung von 1871 und auch in der Weimarer Reichsverfassung von 1919 fehlt es gänzlich an Regelungen, die auf der Suche nach einer umfassenden Definition hilfreich sein würden. Eine Erklärung, was juristisch unter der „Ehre" verstanden werden kann und wie weit der Schutzbereich derselben gehen soll, ist nicht gegeben. Entweder scheint der Begriff „Ehre" schlichtweg nicht einen derartigen Stellenwert einzunehmen, als dass man ihn hätte definieren wollen oder auch in der Historie war es bereits unmöglich, klare Grenzen, einen klaren Aussagegehalt des Begriffes zu formen. Erst die Jahrzehnte der Aufklärung brachten schließlich auch den Gedanken der Menschen- und Bürgerrechte mit sich. Mit der Verfassungspolitik des Deutschen Bundes und der süddeutschen Staaten gewannen Anfang des 19. Jahrhunderts in der deutschen Geschichte Kataloge von „Staatsbürgerrechten mit Grundrechtscha-

475 Scholz/Konrad, AöR 123, 60, 66; Tettinger; JZ 1983, 317, 318; BVerfGE 19, 73.
476 Tenkhoff, JuS 1988, 199, 201.

rakter"[477] an Bedeutung, die aber selbst jederzeit durch Gesetze eingeschränkt werden konnten[478]. Der erste Versuch durch die Nationalversammlung der Paulskirche im Jahre 1848, Grundrechte als unmittelbar geltendes Recht zu kodifizieren und sie durch Verfassungsbeschwerden vor einem Staatsgerichtshof zu schützen, scheiterte an der Ablehnung u.a. durch Preußen und Österreich[479]. So erfuhr also erst nach Ende des Zweiten Weltkriegs die Ehre verfassungsrechtliche Bedeutung. Auch auf der Ebene der Länderverfassungen finden sich (teilweise) klare Regelungen. Eine solche existiert beispielsweise in Art. 3 der Hessischen Verfassung von 1946. Hier wird die Ehre in ihrer Wertigkeit relativ klar dargestellt: „Leben und Gesundheit, Ehre und Würde des Menschen sind unantastbar."

Wenn heute die Ehre explizit in Art. 5 II GG geschützt ist, so lässt sich das auf die Beratungen im Parlamentarischen Rat zurückführen. Verleumdung und falsche Berichterstattung sollten als nicht zulässig normiert werden[480]. Durch die positive Normierung der Ehre in Art. 5 II GG wird daher dem Umstand Rechnung getragen, dass die Ausübung der Rechte aus Art. 5 I GG regelmäßig die persönliche Ehre des anderen zu gefährden vermag. Nach dieser Darstellung stellt sich die Frage, ob Ehre heute anders juristisch und gesellschaftlich verstanden wird, als dies vor Generationen der Fall war und ob damit auch der Ehrenschutz eine andere Bedeutung erfährt als noch vor Jahrzehnten. Unter diesem Blickwinkel wird auch die Frage nach einer richterlichen Reduktion in der aktuellen Rechtsprechung bedeutsam. Damit einhergehend muss auch kritisch gefragt werden, ob es eines intensiven Ehrenschutzes überhaupt bedarf. Man mag sich an Robinson Crusoe erinnern, der einsam auf seiner Insel kein Recht und keine Ehre brauchte. Dies kann auch nur so lange bedeutungslos sein, als der Mensch alleine lebt. Sobald eine humane Koexistenz besteht, wird eine Ordnung zwischen ihnen erforderlich: „*Du* bist Freitag und *ich* dein Herr!" Dieses banale Beispiel macht klar, dass die Ehre im heutigen Rechtssystem eine zentrale Rolle spielt. Ihr Schutz muss eines der obersten Ziele des Rechtssystems sein. Eine homogene, friedliche und in sich stimmige Gesellschaft kann nur „funktionieren", wenn ein gewisses Wertesystem und ein sich gegenseitiges Achten jenem

477 Willoweit, 223.
478 Forsthoff, 109; Willoweit, 223 f.
479 Die Frankfurter Nationalversammlung verkündete am 27.12.1848 einen umfänglichen Katalog von Grundrechten, der dann in den Verfassungsentwurf als Abschnitt VI aufgenommen wurde.
480 Doemming/Füsslein/Matz, JöR 1 NF, 79 f.

immanent ist und von jedem Bürger beachtet wird. Der moderne Verfassungsstaat kann nämlich nur insoweit leben, als sich seine Mitglieder, das Volk, in ihm integrieren[481]. Sie müssen sich also gegenseitigen Respekt schulden. Es existieren keine isolierten Individuen, sondern der Souverän tritt in ständigen kommunikativen Verkehr mit Mitmenschen, so dass eine latente Gefahr der Ehrverletzung der Koexistenz stets immanent ist. Wie sich unter diesem Blickwinkel solche aktuellen höchstrichterlichen Urteile deuten lassen, die offensichtliche Ehrverletzungen unter Anwendung einer Güterabwägung als nicht rechtswidrig beurteilen, soll zu einem späteren Zeitpunkt geklärt werden[482]. Der Terminus „Ehre" ist etymologisch sehr alt und entstammt ursprünglich dem religiösen Rahmen. Der heute unter Ehre verstandene Schutzbereich ist „kümmerlicher" Rest der Ehrenordnung, die einst das Zusammenleben der Menschen in Familien, Sippen, Stämmen, Kreisen in oft sehr umfassender und bis ins einzelne gehender Weise regelte und streng sanktionierte - bis zum Ausstoß aus der Gemeinschaft und bis zum Tode, vielfach durch erzwungene Selbsttötung[483]. Wenn man die Ehre nunmehr von damals bis heute vergleicht, so wird unschwer offenkundig, dass neben der subjektiven Ehre innerhalb eines Kreises und der damit verbundenen Reputation auch stets eine Standesehre verbunden war, die auch bis heute im wesentlichen eine Form des Lebens geblieben ist, welche die Ordnung eines kleinen Kreises innerhalb eines großen von diesem abhebt und gegen andere Kreise abschichtet[484]. Ein Standesdenken und die mit einem Stand unmittelbar verknüpfte Ehre des Standesangehörigen sind im 21. Jahrhundert ebenso bedeutsam wie in früheren Zeiten.

bb) Versuch einer Deutung anhand sprachlich-systematischer Auslegung

Da die Ehre eine zentrale Rolle in dieser Arbeit einnimmt, ist es erforderlich, auch andere Auslegungsvarianten in Betracht zu ziehen, die den Inhalt von Ehre darstellen. „Ehre ist, objektiv, die Meinung Anderer von unserem Werth, und subjektiv, un-

481 Toru Mori, Die Meinungs- und Kunstfreiheit und der Strafschutz der Staatssymbole, Jahrbuch des öffentlichen Rechts, Band 48, 117.

482 Siehe unter Kapitel 7.

483 Ehmann, Ehre und Recht, 1.

484 Ehmann, Ehre und Recht, 3.

sere Furcht vor dieser Meinung"[485]. Aus dieser bekannten Weisheit lässt sich entnehmen, dass - zumindest aus philosophischer Sicht Schopenhauers - der Ehre eine sowohl objektive als auch subjektive Seite anhaftet. Diese Spaltung des Ehrbegriffs ist eine Folge der Verinnerlichung des Ehrbegriffs infolge der aufklärerischen Forderung, die vorgegebenen Ehrvorstellungen und die darin liegenden Wertmaßstäbe anderer kritisch zu prüfen und den eigenen Wert aufgrund der eigenen Arbeit und Tüchtigkeit selbst zu bestimmen[486]. Dies würde mit dem im Strafrecht benutzten dualistischen Ehrbegriff korrelieren, wenn dort auch von einer „inneren" und einer „äußeren" Ehre die Rede ist[487]. Im Schrifttum sowie im ganz alltäglichen Sprachgebrauch existiert eine Pluralität von Ansätzen, die Ehre zu definieren[488]. Der Deutungsstreit kennt insofern keine formalen Grenzen, er findet in allen gesellschaftlichen und beruflichen Feldern statt. Ein Dilemma erscheint es zu sein, dass der Terminus „Ehre" nicht in einen klaren Satz, eine logische mathematische Formel zu packen ist. Eine klare logische Denkaufgabe ist eine Definition dieses Begriffes mithin nicht. Aber selbst wenn es gelingen sollte, eine allgemeinverbindliche Definition der Ehre zu finden und diese für sich festzuhalten, so ist die Wertigkeit der Ehre für eine Person dagegen unmittelbar von der um sie herum existierenden Gesellschaft abhängig. Was in früheren Gesellschaften zu ehren war, vermag heute obsolet zu erscheinen. In grober Vereinfachung soziologisch-historischer Forschungsergebnisse wird sogar mancherorts behauptet, der Ehrbegriff entstamme der feudalen Gesellschaftsordnung und habe in der offenen, demokratischen Gesellschaft seine Funktion verloren[489]. Was bedeutet also Ehre in diesem Sinne? Die Antwort vermag *Shakespeare* zu geben, wenn er in Richard II. den edlen *Norfolk* sagen lässt: *"Der reinste Schatz in diesem irdschen Lauf[...]. ist unbefleckte Ehre. Ohn' die der Mensch bemalter Lehm nur wäre; Ehr' ist des Lebens einziger Gewinn; Nehmt Ehre weg, so ist mein Leben hin."* Vom Zwang dieses Ehrbegriffs, dessen Wert höher gestellt war als der des Le-

---

485 Arthur Schopenhauers aus seinen „Aphorismen zur Lebensweisheit", 58.

486 Ehmann, Ehre und Recht, 6.

487 Empfehlenswerte Kurzübersicht bei Tröndle/Fischer, StGB, vor § 185 Rn 3; Schönke/Schröder, StGB, § 185 Rn 2; Otto, NJW 1986, 1206; BGHSt 11, 67, 70; OLG Düsseldorf, NJW 2001, 3562, 3563; LK-Hilgendorf, vor § 185 Rn 2; Lackner/Kühl, StGB, vor § 185 Rn 1; BGHSt 36, 145, 148.

488 Das Wort „Ehre" hat seinen Ursprung in dem althochdeutschen „era" bzw. dem mittelhochdeutschen „ere", was ursprünglich Ehrfurcht bzw. Verehrung bedeutete.

489 Kübler, JZ 1990, 916; BVerfG, NJW 2010, 2193; BVerfG, NJW 2009, 3503; BGH, NJW 2009, 3576; BVerwG, NVwZ-RR 2009, 426; OLG Oldenburg, JuS 2008, 743; LG München, GRUR-RR

bens, versucht *Falstaff* in Shakespeares Heinrich IV. sich zu befreien mit diesen Worten: *"Was ist Ehre? Ein Wort. Was ist dieses Wort Ehre? Luft. Eine feine Rechnung! - Es mag sein: Ehre beseelt mich vorzudringen. Wenn aber Ehre mich beim Vordringen entseelt? Wie dann? Kann Ehre ein Bein ansetzen? Nein. Oder einen Arm? Nein. Oder den Schmerz einer Wunde stillen? Nein. Ehre versteht sich also nicht auf die Chirurgie? Nein. - Wer hat sie? Er, der mittwochs starb: fühlt er sie? Nein. Hört er sie? Nein. Ist sie also nicht fühlbar? Für die Toten nicht. Aber lebt sie nicht etwa mit den Lebenden? Nein. Ehre ist nichts als ein gemalter Schild beim Leichenzuge. Ich mag sie also nicht."*

Heute erscheint das Wort „Ehre" dem modernen Sprachgebrauch verlustig gegangen zu sein. Zumindest muss sich jeder selbst fragen, wann er das Wort „Ehre" explizit das letzte Mal unter voller Würdigung des Wortinhalts verwendet hat. Woran dies liegt, mag vielleicht in dem anglizistisch geprägten Wortschatz gesehen werden und in der „unmodernen" Assoziation des Wortes „Ehre" mit „Tradition und konservativem Denken". Gleichwohl hat dadurch der Ehrenschutz, auch wenn er nicht mehr explizit eine vordergründige Rolle im Wortschatz spielt, eine aktuellere Wirkung denn je, wenn man bedenkt, dass in einer außerordentlich wirtschaftlich geprägten Zeit der „Ehre" auch eine kommerzielle, ökonomische Wirkung zukommt, die weit über die bloß gesellschaftliche Reputation hinausgeht. Aber auch im Wortschatz Begriffe wie „Ehrenwort" oder „Ehrensache" zu finden sind, so vermag doch jeder Äußernde und diese Termini für sich in Anspruch Nehmende, eine andere Vorstellung von deren Inhalt haben, so dass es nicht möglich ist, die „Ehre" schlechthin im Wege der allgemein-sprachlichen Deutung zu definieren.

cc) Versuch einer Deutung anhand der Verfassung und des BGB

In der Verfassung findet sich die „Ehre" in Art. 5 II GG: „Diese Rechte finden ihre Schranken in den Vorschriften der allgemeinen Gesetze, den gesetzlichen Bestimmungen zum Schutz der Jugend und in dem Recht der persönlichen Ehre." Auch wenn der Verfassungsgeber somit grundsätzlich von dem Schutzgut der Ehre ausgeht, vermag er dennoch nicht, diese positiv-rechtlich zu definieren. Das Recht der

---

2008, 44; OLG Hamm, NStZ 2008, 631, 632; LG Köln, NJOZ 2007, 3497; BVerfG, NJW 2009, 3576, 3578.

persönlichen Ehre ist im Gesamtgefüge des Art. 5 GG als dritte Schranke normiert. Wenn man nun gerade unter dem hier zugrunde liegenden rechtlichen Kontext, der Fragestellung, ob eine Reduktion des Ehrenschutzes durch höchstrichterliche Rechtsprechung stattfindet, eine umfassende Würdigung anstrengen will, so bedarf es für diese einer klaren Einschätzung des „Zusammenspiels" der Meinungsfreiheit und der persönlichen Ehre im Kontext der Verfassung. Das objektive Wertsystem der Verfassung muss daher auch bei der Bestimmung des Ehrbegriffs ausschlaggebende Auslegungshilfe bieten. Oberstes Prinzip der Verfassung der Bundesrepublik Deutschland ist die Unantastbarkeit der Würde des Menschen, Art. 1 I 1 GG. Gleichzeit wird der klare Auftrag an die staatliche Gewalt in Art. 1 I 2 GG zum Ausdruck gebracht, „sie zu achten und zu schützen ist Verpflichtung aller staatlicher Gewalt". Der Mensch steht damit im Mittelpunkt sämtlicher Normierungen der Verfassung, er ist Maßstab aller verfassungsrechtlichen Wertentscheidungen[490]. Die Menschenwürde hat somit einen absoluten, gegen alle möglichen Angreifer gerichteten Achtungsanspruch[491].

Was bedeutet dies nun für eine verfassungsrechtliche Deutung des Terminus Ehre? Da diese mit der Menschenwürde unmittelbar verknüpft ist, muss dies klar zum Ausdruck kommen, denn die Ehre findet gerade ihre Grundlage in der Persönlichkeit des Menschen, und die Menschenwürde ist unmittelbar mit der Existenz einer Person verbunden[492]. Allein die Existenz eines Menschen führt somit unmittelbar zum Vorhandensein einer Ehre, zumindest einer inneren Ehre, um dem „dualistischen Ehrbegriff" zu folgen. Ob die äußere Ehre gleichsam folgt, hat der Ehrträger nicht mehr alleine in der Hand. So sehr er sich auch um seine Reputation, um das Vorhandensein der äußeren Ehre durch sittliches Verhalten bemühen mag, so obliegt deren Einschätzung dennoch Dritten. Ob in diesem Kontext ein Schutz der Ehre davon abhängig sein darf, ob der Ehrträger eine ehrenrührige Aussage eines Dritten tatsächlich versteht, wie dies von der herrschenden Meinung gefordert wird[493], darf daher

490 Maunz/Dürig, GG, Art. 1 I Rn 14.

491 Doemming/Füsslein/Matz, JöR 1951, 50; vgl. ebenso BVerfGE 30, 173, 194; BVerfG, NJW 1971, 1645, 1647; Dreier, GG, Art. 1 Rn 74; BVerfGE 87, 209, 228; BVerfG, NJW 1993, 1457, 1459; BVerfG, NJW 1977, 1525, 1526.

492 BayVerfGH 1, 29/32: „Die Würde der menschlichen Persönlichkeit ist dieser innere und zugleich soziale Wert- und Achtungsanspruch, der dem Menschen um dessentwillen zukommt."

493 BayObLG 16, 21; Schramm, Festschrift für Lenckner, 560; BVerfG, NJW 2000, 3423.

äußerst fragwürdig erscheinen[494], vermag doch bei Befolgen der herrschenden Auffassung der Ehrenschutz eine leere Hülle für solche sein, die geistig anderen unterliegen. Dann wiederum würde aber auch der klare Schutzauftrag aus Art. 5 I 2 GG leer laufen. Die einem Menschen angemessene Ehrerbietung wäre somit durch Dritte willkürlich beeinflussbar. Der Ehrenschutz muss somit als Ausfluss der Würdegarantie der Verfassung verstanden werden[495], also einen auf der Würde des Menschen beruhenden Achtungsanspruch unter Berücksichtigung des erworbenen sozialen Geltungswertes beinhalten. Im BGB hingegen existiert ebenfalls kein eigenständiger Ehrbegriff, der die Schwierigkeit einer klaren Definition minimieren würde[496]. Dies mag daran liegen, dass der Gesetzgeber die „Ehre" bewusst nicht als sonstiges Recht i.S.v. § 823 I BGB verstanden hat, sondern einen ausreichenden Schutz über § 823 II BGB und die strafrechtlichen Schutzgesetze sah. Dies fand schließlich erst mit der Anerkennung des allgemeinen Persönlichkeitsrechts, das die „Ehre" als Unterfall beinhaltet, eine Änderung. Als Auslegungshilfe vermag das BGB damit ebenfalls nicht zu dienen. Eine Fülle von Regelungen des Zivilrechts hingegen dienen natürlich schon lange der freien Entfaltung der Persönlichkeit[497].

d) Politische Ehre

Was bedeutet die Schwierigkeit des klaren Erfassens des Ehrbegriffs für die Politik? Dass die Ehre eine strenge Unterschutzstellung genießen muss, ergibt sich bereits aus der folgenden Überlegung heraus: „Eine Gesellschaft, in der der Ehrbegriff verschwände, würde damit ihren sittlichen Verfall bekunden und ihren äusserlichen einleiten"[498]. Aber gibt es eine politische Ehre und unterscheidet sich diese von der Ehre innerhalb des geregelten gesellschaftlichen Zusammenlebens? Oder ist es viel eher so, dass innerhalb des politischen Diskurses der Ehrbegriff auf ein Minimum reduziert wird, um der demokratischen Funktion der politischen Willensbildung freien Lauf zu lassen, so dass sich der Politiker, der sich in das politische Feuer begibt, sich

494 Und wird vom Verfasser entgegen der h. M. verneint.
495 So BVerfGE 15, 283 ff. und zustimmend von Münch/Kunig, GG, Art. 1 I Rn 91 f.
496 Stark, Ehrenschutz, 30 f.; Mackeprang, 19 f.
497 Wie etwa die Regeln über die Testierfreiheit oder die Ehemündigkeit.
498 Georg Simmel: Einleitung in die Moralwissenschaft; Band 1: Zweites Kapitel: Egoismus und Altruismus.

ebenso „freiwillig“ von Anfang an seiner Ehre begibt[499]? Oder verhält es sich so, dass die politische Ehre zwar inhaltlich gleich der „normalen“ Ehre ist, aber lediglich im Bereich einer Güterabwägung bei Kollisionen (beispielsweise mit der Meinungsfreiheit) geringere Anforderungen zu stellen sind? Fragen, die für die Beantwortung des Dissertationsthemas bedeutsam sind. Die äußere Ehre eines jeden kann beschnitten werden, die innere Ehre kann verletzt, aber nicht genommen werden.

Die „innere Ehre“ vermag, ohne damit eine inhaltliche Wertreduktion vornehmen zu wollen, eine eher untergeordnete Rolle für die Beantwortung der über diesen Zeilen stehenden Frage zu spielen. Die äußere Ehre hingegen ist als Maß der Anerkennung einer Person in ihrer Umwelt ein gerade in der Politik schützenswertes Gut, da die Reputation des politisch Motivierten regelmäßig über dessen Erfolg „in der breiten Masse“ entscheiden wird. Somit wird auch der Erfolg seines Versuchs der politischen Willensbildung und gleichsam einer der Eckpfeiler einer jeden Demokratie maßgeblich von dessen Reputation abhängig sein. Die Ehrverletzung liegt also in der Verminderung oder Zerstörung dieser Anerkennung beim Souverän. Dem Terminus Ehre ist von Anfang an der Gedanke immanent, dass der Mensch nicht bloß Einzelwesen ist mit einem Recht gegenüber anderen, in Ruhe gelassen zu werden. Er ist vielmehr auch Sozialwesen, welches auf die Beziehung zu anderen und deren Anerkennung notwendig angewiesen ist[500].

Dieses Dasein als Sozialwesen wird gerade im politischen Alltag offenkundig, vermag doch der einzelne Politiker seine politischen Ansichten dann nicht durchzusetzen, wenn er die Anerkennung oder zumindest die Billigung der anderen nicht genießt. Seine Gedanken - vermögen sie auch noch so gut zu sein - werden sich nicht realisieren lassen. Paul Kirchhof, um eines der jüngsten Beispiele zu benennen, seines Zeichens hoch angesehener Jurist und Hoffnungsträger der CDU-Wahlkampagne 2005 wurde - eine politische Bewertung seiner Vorstellungen ist an dieser Stelle unnötig - bewusst in der öffentlichen Meinung im Vorfeld der Wahl diskreditiert. Wenige Wochen später war Kirchhof ein „herzloser Radikalreformer, ein Garant für soziale Kälte“, seine eigentlichen politischen Argumente waren nicht mehr interessant für die breite Wählerschar, die politischen Konsequenzen klar. Dieses

499 So z.B. Kriele, NJW 1994, 1897, 1901; Otto, NJW 2006, 575; Kübler, NJW 1999, 1281; Schmitt Glaeser, NJW 1996, 873; Drimm, NJW 1995, 1697.

500 Scheler, Der Formalismus in der Ethik und die materielle Wertethik - neuer Versuch der Grundlegung eines ethischen Personalismus, 506, 563.

Beispiel zeigt klar auf, welche Bedeutung die Ehre von Politikern hat und welcher gerichtliche Schutz zwingend zu erfolgen hat. Der von der Anerkennung der Anderen isolierte Politiker kann somit allein wenig und in Gemeinschaft mit anderen viel leisten. Um die Vorteile der Gemeinschaft zu erhalten, muss er daher selbst das leisten, was von jedem überall und von ihm an seinem Platz besonders erwartet wird[501]. So bemerkte schon Schopenhauer: „Wir lieben die Ehre nicht um der Ehre, sondern allein um des Vorteils willens, den sie bringt"[502]. Es wird also das Ziel eines jeden erfolgsstrebenden Politikers sein (müssen), alles dafür zu tun, dass neben seiner politischen Arbeit, die öffentliche Meinung über ihn, er sei nützlich für die Gesellschaft, erhalten wird. Auf dieser Meinung beruht seine Ehre und damit unmittelbar verknüpft auch sein politischer Erfolg. Dennoch darf wohl nicht verkannt werden, dass es auch dem demokratischen Gemeinwesen nützlich ist, den politischen Gegner in seinen politischen Ansichten durchaus auch einmal scharf anzugreifen, um jedem plakativ den Unterschied des jeweiligen Denkens offenkundig zu machen. Eine tatsächliche politische Willensbildung würde ansonsten bei einem „politischen Friedenstanz" kaum noch stattfinden können, da ansonsten die teilweise filigranen politischen Meinungsunterschiede nur noch den politisch Interessierten und sonstigen Schöngeistern offenkundig würden. Dies kann schlechterdings nicht Ausdruck einer vom Souverän bestimmten Leitung des Staates als Ausformung einer mittelbaren, repräsentativen Demokratie sein. Öffentliche Meinung wird somit weitgehend durch die veröffentlichte Meinung bestimmt. Eine politische Streitkultur ist also notwendig, ja sogar eine Bereicherung im demokratischen Prozess[503], der Austausch von Argument und Gegenargument ist dabei die Methode, nach der die Demokratie funktionieren müsste. Es muss eine Prüfung und eine Korrektur durch die Wählerinnen und Wähler ermöglicht werden. Da es der Sinn jeder zur Meinungsbildung beitragenden öffentlichen Äußerung ist, Aufmerksamkeit zu erregen, sind angesichts der heutigen Reizüberflutung aller Art einprägsame, auch starke Formulierungen, daher grundsätzlich erforderlich und anerkannt[504]. Das gilt auch für Äußerungen, die in scharfer und ab-

501 Ehmann, Ehre und Recht, 12.

502 Arthur Schopenhauer, 22.02.1788 - 21.09.1860, dt. Philosoph.

503 Dr. Philipp Rösler, Fraktionsvorsitzender der Niedersächsischen Landtagsfraktion der FDP bei einer Podiumsdiskussion am 15.12.2006.

504 Vgl. BVerfGE 24, 278, 286; BVerfG, NJW 1969, 227; BGH, ZIP 1993, 1801, 1804; FG Düsseldorf, EFG 1976, 203, 204; BFHE 97, 281.

wertender Kritik bestehen, mit übersteigerter Polemik vorgetragen werden oder in ironischer Weise formuliert sind[505].

Freilich macht dies den politischen Streit nicht unbedingt leicht und die Bedeutung der politischen Ehre kaum fassbar. Losgelöst von der Privatperson des Politikers, seinem ganz individuellen Verhalten außerhalb seines politischen Schaffens, müsste somit eigentlich die politische Ehre verstanden werden, denn schließlich kann es für sein politisches Engagement und seinen politischen Erfolg keinen Unterschied machen, ob er auch Ehre im nicht-politischen Verhältnis genießt. Die Kreise des privaten und politischen Äußerns dürften somit eigentlich nicht vermischt werden, es dürfte sich keine mathematische Schnittmenge ergeben. Jedoch ist es vielfach unmöglich und vielfach auch bewusst - freilich von der politischen Opposition - gewollt, den politischen Kontrahenten gerade auch in der privaten Ehre anzugreifen. Nichts erscheint medienwirksamer, als private Missstände, mögen sie auch noch so fernab des eigentlichen politischen Zieles liegen, aufzudecken. Würde man nun die „private Ehre" der „politischen Ehre" gleichsetzen bzw. gleiche Maßstäbe bei der Beurteilung von grundrechtlichen Kollisionen (beispielsweise zwischen Meinungsfreiheit und Persönlichkeitsrecht) ansetzen, so wäre notwendige Folge, dass das Privatleben und soziale Wirken eines jeden Politikers ebenfalls gleich geringen Schutz genießen würde, wie sein Wirken im bewusst politischen Bereich. Eine Reduktion zum „ehrlosen Individuum" wäre das Resultat. Genau dies sind aber die Tendenzen der höchstgerichtlichen Rechtsprechung, was in Kapitel 7 noch verdeutlicht werden wird. Da dies mit rechtsstaatlichem Denken schlechterdings nicht mehr vereinbar ist, wird hier bewusst diese These vertreten, dass es zwei verschiedene Abstufungen von „Ehre" eines Politikers geben muss: Zum einen die private Ehre, welche all das Schaffen und Wirken im privaten Bereich und in einem solchen Bereiche erfasst, in dem sich der Politiker bewusst und klar nach Außen erkennbar als „privates Individuum" bewegt. Zum anderen muss es eine andere, eben eine „politische Ehre" geben, die auch weiter beschränkt werden kann, um dem hinter dem politischen Ziele liegenden demokratischen Wesen der Politik, der Willensbildung, freien Lauf lassen zu können.

505 BGH, NJW 1994, 124, 126; BGH, NJW 1987, 1398; BGH, GRUR 2010, 458; OLG Saarbrücken, NJW-RR 2010, 346; OLG Köln, NJOZ 2009, 1449; OLG Frankfurt am Main, NJW-RR 2009, 475, 476; OLG Karlsruhe, NJW-RR 2009, 223; BGH, NJW 2008, 2110, 2112; LG Hamburg, NJW-RR 2006, 844; OLG Dresden, NJW 2005, 1871; OLG Nürnberg, NJW-RR 2003, 40, 42.

Somit muss die private Ehre einen größeren Schutz genießen als die politische Ehre, damit sich der Politiker, der sich der politischen Opposition aussetzt, nicht gleichsam der Ehre des Gesamtsubjekts „Mensch“ begibt. Problematisch ist an dieser hier vertretenen Auffassung sicherlich, dass es kaum möglich erscheint, eine logische Zergliederung der personellen Ganzheit des Menschen zu schaffen, ihn also quasi in die Einheit „Politiker“ und die Einheit „Privatmensch“ aufzuteilen. Probleme werden sich stets in den jeweiligen Randbereichen ergeben, also beispielsweise dort, wo der jeweilige Politiker zwar grundsätzlich als Privatperson auftritt, jedoch aufgrund seines Bekanntheitsgrades seine Person unmittelbar und zwangsläufig mit seinem politischen Schaffen verbunden wird. Eine einzelfallbezogene Abwägung und Würdigung des jeweiligen Auftritts würde hier zu gerechten Ergebnissen führen. Andererseits ist mit der Abstufung der Ehre in 2 verschiedene Formen bei nur einem Individuum notwendigerweise auch die rechtliche Unsicherheit des sich Äußernden verbunden, da er sich stets fragen muss, ob er in sensiblen Randbereichen zwischen Privatmensch und Politiker nunmehr die Ehre verletzt und sich damit rechtlichen Forderungen möglicherweise aussetzt oder nicht. Allerdings ist dies notwendiges Übel, um den oben geschilderten Feststellungen vollumfänglich Rechnung zu tragen und gerade nicht den Politiker ehrlos im Privatbereich zu belassen. Zumindest kann festgehalten werden, dass es einen Unterschied bei der Beurteilung privater und politischer Ehre geben muss. Ob diese letztlich auf tatbestandlicher Ebene oder erst in dem Bereich einer Rechtfertigung gesehen werden muss, soll zu einem späteren Zeitpunkt geklärt werden.

2) Verfassungsrechtliche Schranken des allgemeinen Persönlichkeitsrechts

Fraglich ist, welche verfassungsrechtliche Beschränkung für das Grundrecht des allgemeinen Persönlichkeitsrechts gilt. Zwar weist das allgemeine Persönlichkeitsrecht eine klare Beziehung zu Art. 1 I GG auf, da es weniger das Verhalten des Menschen als vielmehr seine Qualität als Subjekt schützt. Dennoch wurzelt es primär in Art. 2 I GG, weil es wie die allgemeine Handlungsfreiheit gerade nicht auf bestimmte, festgelegte Lebensbereiche begrenzt ist, sondern in jeglichen Bereichen des Lebens relevant wird. Folglich kann nur die Schrankentrias des Art. 2 I GG zur Anwendung kommen[506]. Die Schranke der verfassungsmäßigen Ordnung versteht das Bundesverfassungsgericht als die Gesamtheit aller Normen, die sowohl formell als auch materiell mit der Verfassung konform gehen[507]. Hierbei ist klar zu beachten, dass insbesondere an die Prüfung der Verhältnismäßigkeit strengere Anforderungen zu stellen sind, da Art. 2 I, 1 I 1 GG als spezielles Freiheitsgrundrecht einen engeren Anwendungsbereich hat als Art. 2 I GG, so dass die Schranke ebenfalls enger sein muss[508]. Insofern hat die höchstrichterliche Rechtsprechung unter Beachtung des Übermaßverbots folgenden Leitgedanken aufgestellt: „Je mehr der gesetzliche Eingriff elementare Äußerungsformen der menschlichen Handlungsfreiheit berührt, umso sorgfältiger müssen die zu seiner Rechtfertigung vorgebrachten Gründe gegen den grundsätzlichen Freiheitsanspruch des Bürgers abgewogen werden“[509].

IV. Zwischenergebnis

Das allgemeine Persönlichkeitsrecht ist eines der fundamentalen Rechte, das dem Souverän zusteht. Gleichzeitig ist es schwer, klare Umrisse dieses Rechts zu finden, insbesondere, wenn es um die Frage der Ehre geht. Was genau ist Ehre? Ehre ist ein Begriff, der vortäuscht, man wisse aus sich heraus, um was es gehe. Diese Annahme ist weit gefehlt. Es gibt eine Vielschichtigkeit an Deutungsmöglichkeiten, was unter den Ehrbegriff zu subsumieren ist. Dass das allgemeine Persönlichkeitsrecht in der heutigen Form gewährleistet wird, ist letztlich natürlich auch historisch zu erklären. Dieses Recht konnte in Hitlers Denken gefährlich für die Machterhaltung sein und musste nach seiner Ideologie ausgeschaltet werden. Hiervon wurde gelernt und das allgemeine Persönlichkeitsrecht konsequent weiterentwickelt. Wenn es heute den Ruf des Einzelnen schützt, dann darf dieser Schutz nicht abgeschwächt und davon abhängig gemacht werden, wer sich auf die Schutzwirkung bezieht. Es kann und

506 BVerfGE 65, 1, 43 f.; Jarass/Pieroth, Art. 2 Rn 36; BVerfG, NJW 2010, 586; Bayerischer VGH, JZ 2006, 617, 622.

507 BVerfGE 6, 32, 38; BVerfGE 80, 137, 153; BVerfG, MDR 1989, 1072, 1073; Kunig, Jura 1990, 523, 623; Rennert; NJW 1989, 3261, 3263; vgl. zur Thematik auch Hesse, Grundzüge des Verfassungsrechts der Bundesrepublik Deutschland.

508 Jarras/Pieroth, GG, Art. 2 Rn 45 f.; Pieroth/Schlink, GG Rn 373, 382.

509 BVerfGE 17, 306, 314; BVerfG, DÖV 1964, 417, 419; Thüringer VGH, LVerfGE 7, 392, 407; BVerwGE 26, 135, 140.

darf keinen Unterschied machen, ob sich ein Politiker in Ausübung oder nicht seiner politischen Funktion abträglichen Äußerungen gegenüber sieht. Beurteilt man dies rechtlich anders, wenn der Politiker gerade in Amtsausübung agiert, dann findet hier eine klare Zergliederung der personellen Ganzheit der Person, eine Depersonalisation, statt und sorgt dafür, dass nur der Hartgesottene in der Politik Bestand hat, weil er die rechtliche Schutzlosigkeit nicht scheut. Das Bundesverfassungsgericht sorgt durch die Schutzlosstellung des Politikers, auch in dessen Privatbereich, dafür, dass die Tendenz der vollumfänglichen Beleidigung in der politischen Sprachkultur manifestiert wird. Simmel hat indes recht, wenn er sagte, dass eine Gesellschaft, in der der Ehrbegriff verschwände, damit ihren sittlichen Verfall bekunden und ihren äußerlichen einleiten würde. Nichts anderes kann bereits für die Reduktion desselben gelten.

Kapitel 6: Kollision von Meinungsfreiheit und allgemeinem Persönlichkeitsrecht

I. Allgemeine Problemdarstellung

Die Verantwortung für den erkennenden Richter, wenn sich die Grundrechte der Meinungsfreiheit und des allgemeinen Persönlichkeitsrechts gegenüberstehen, ist hoch, denn „das allgemeine Persönlichkeitsrecht legt in die Hand des Richters eine Macht, die auf der Bewegungsfreiheit des Verkehrs schwer lasten kann“[510]. Über den viel diskutierten „Problemkreis“ der Reichweite der Überprüfungskompetenz des Bundesverfassungsgerichts soll an dieser Stelle nicht in großem Umfange eingegangen werden. Es wird hierzu auf die Erörterung im letzten Kapitel verwiesen. Das Bundesverfassungsgericht greift unübersehbar in den Ehrenschutzprozessen in die Rechtsprechung der ordentlichen Gerichte ein und führt in entsprechenden Fällen teilweise zur gänzlichen Sachverhaltsneufeststellung[511] und in Ausnahmefällen sogar dazu, dass „die von den Zivilgerichten vorgenommene Wertung durch seine eigene“ ersetzt wird[512]. Es bleibt mithin gerade nicht mehr bei der Überprüfung der Willkürgrenze, sondern es wird vom Bundesverfassungsgericht weiter überprüft, ob auch andere Deutungen der streitgegenständlichen Aussage möglich erscheinen und mit überzeugenden Gründen vom Tatrichter ausgeschlossen wurden. Das bedeutet in der logischen Konsequenz, dass dieses Eingreifen und Ersetzen durch das Bundesverfassungsgericht zur uferlosen Tatsachenkontrolle mutiert und eine schleichende „Entmündigung der Instanzgerichte“ Einzug hält. Jedenfalls sind diese Problematik und die nahezu unübersehbare Feinsinnigkeit der Rechtsprechung in Bezug auf das allgemeine Persönlichkeitsrecht bekannt. Die Rechtsprechung ist für den Souverän oft nicht zu verstehen, was dann auch *Müller*, Vizepräsidentin des Bundesgerichts-

---

510 Wieruszowski, Senatspräsident, geboren 1857 in Görlitz.
511 Vgl. BVerfGE 82, 272, 282; Tettinger, JZ 1990, 1074, 1075; BVerfG, NJW 1980, 1980, 1982; Reinicke, JA 1981, 328, 333; Schmidt, NJW 1980, 2066, 2067.
512 Vgl. BVerfGE 42, 143, 148; BVerfGE 18, 85, 93; BVerfG, NJW 1976, 1677; BVerfG, NJW 2008, 358; BVerfG, NJW 2005, 1857; BVerfG, NJW-RR 2004, 1710.

hofs, zugeben musste[513]. Das Bundesverfassungsgericht sieht jedenfalls die besondere Bedeutung der Meinungsfreiheit für die individuelle Persönlichkeitsentfaltung innerhalb der freiheitlich demokratischen Grundordnung. So verknüpft es beide Aspekte untrennbar miteinander. Wenn sich nun aber zwei Grundrechtsträger auf ihre verfassungsmäßig geschützten Rechte berufen, der eine auf die Meinungsfreiheit, der andere auf sein allgemeines Persönlichkeitsrecht, so ist eine Kollision gegeben. Freilich ist eben diese Kollision bei allen denkbaren Grundrechtsgestaltungen möglich und kein spezieller Einzelfall in eben jener Ausgestaltung, jedoch sind entsprechende höchstrichterliche Entscheidungen bemerkenswert.

Der Schutz der Meinungsfreiheit besteht unabhängig davon, ob die Äußerung rational oder emotional, begründet oder unbegründet ist und ob sie von anderen für nützlich oder schädlich erachtet wird[514]. Da sich der Schutz aber nicht nur auf den Inhalt der Äußerung, sondern auch auf ihre Form bezieht, wird eine Aussage nicht eben diesem Schutzbereich von vornherein entzogen, wenn sie polemisch oder verletzend formuliert ist[515]. Dies mag logisch und zum Schutze einer wirklich gelebten Demokratie auch sinnvoll - oder sogar notwendig - erscheinen. Problematisch wird hingegen die Abwägung und höchstgerichtliche Ausgestaltung im Spannungsfalle. Die verfassungsrechtlich verankerte Schranke der Meinungsfreiheit aus Art. 5 II GG gibt klare Regeln vor, auch was den Spannungsfall der Meinungsfreiheit mit der persönlichen Ehre betrifft. Im Rahmen des aus Art. 2 I GG in Verbindung mit Art. 1 I GG abgeleiteten allgemeinen Persönlichkeitsrechts genießt die Ehre selbst grundrechtlichen Schutz[516]. Da sie vor allem durch Meinungsäußerungen verletzt werden kann, ist sie in Art. 5 II GG auch explizit als rechtfertigender Grund für Einschränkungen der Meinungsfreiheit anerkannt. Hieraus darf indes nicht geschlussfolgert werden, dass der Gesetzgeber die Meinungsfreiheit im Interesse der persönlichen Ehre beliebig beschränken dürfte[517]. Vielmehr muss nach höchstrichterlicher Rechtsprechung, deren Richtigkeit im letzten Kapitel auch zu diesem Thema noch zu diskutieren sein wird, im Spannungsfalle das eingeschränkte Grundrecht im Auge behalten und übermäßi-

513 Müller, VersR 2000, 797, 806; BVerfG, MDR 1988, 549, 551; Rubel, JA 1988, 521, 523.
514 Vgl. BVerfGE 30, 336, 347; BVerfGE 33, 1, 14; BVerfG, MDR 1988, 549, 551; BVerfGE 33, 1, 14; BVerfGE 61, 1, 7; BVerfGE 85, 1; BVerfGE 71, 108.
515 Vgl. BVerfGE 54, 129, 138 f.; BVerfGE 61, 1, 7 f.; Reinicke, JA 1981, 328, 333; Schmidt, NJW 1980, 2066, 2067.
516 BVerfGE 54, 148, 153 f.; Roellecke, JZ 1980, 701, 704; Falk, UFITA 94, 151, 174; BVerfG, NJW 1980, 2070; BVerfGE 33, 1, 16; BVerfG, NJW 1972, 811.

ge Einengungen der Meinungsfreiheit vermieden werden. Aufgrund der Bedeutung für die Demokratie bestehe kein absoluter Vorrang, aber eine grundsätzliche Vermutung zugunsten der freien Rede[518]. Wegen der höchstrichterlichen Entscheidungspraxis in solchen Konstellationen drängt sich die Frage auf, ob es nicht bei dem Wunsch und Leitgedanken von 1958 bleibt und die Realität die Aussage als formelhafte Schutzbehauptung für Tatsächlichkeiten erscheinen lässt?

So schimpfte - wohl politisch motiviert - der SPD Landtagsabgeordnete Thomas Knapp aus Baden-Württemberg in einer öffentlichen Rede gegen den CDU-Fraktionsvorsitzenden Stefan Mappus: „In der baden-württembergischen CDU befindet sich in den Köpfen braune Soße. Mappus selbst stehe soweit rechts außen, dass er über den Rand fiele, wenn die Erde eine Scheibe wäre“[519]. Ein gesundes Menschenempfinden bzw. ein von gegenseitigem Respektgefühl geprägter Mensch würde in dieser Konstellation wohl eine Kataplexie erleiden und ungeachtet einer politischen Motivation bzw. eines politischen Denkens einer der Beteiligten diese Aussage als bedenklich, aber zumindest ehrabschneidend und nicht tragbar erachten. Die Richter der 8. Zivilkammer des Landgerichts Karlsruhe erkannten das Problem. Sie hingegen folgten einmal mehr der höchstrichterlichen Rechtsprechung und wollten eine Schmähkritik nicht erkennen, da in der politischen Auseinandersetzung nun mal ein „stärkerer Wind wehe“.

Juristische Konsequenzen hatte diese Rede daher nicht. Politische Konsequenzen gleichwohl: Die Rede des SPD Landtagsabgeordneten Knapp gefiel den Genossinnen und Genossen. Er wurde im Amt bestätigt. Der geneigte Leser mag sich nun wohl die Frage stellen, wie weit sich der sich Äußernde aus dem Fenster lehnen und seinen politischen Widersacher diskreditieren darf, bis der Betroffene vor Gericht seinen notwendigen Schutz erfährt.

Da diese Fallkonstellation keinen höchstgerichtlichen Ausgang gefunden hat, kann hier nur gemutmaßt werden, dass die höchstgerichtliche Rechtsprechung analog ihrer bisherigen Entscheidungspraxis entschieden hätte. Entsprechend wäre geurteilt worden, dass Kritik am politischen Gegner gerade im Wahlkampf grundsätzlich hin-

517 BVerfGE 7, 198, 208; Toru Mori, Der Staat 47, 258, 276; Ritter, NJW 2010, 1110, 1113.

518 So z.B. BVerfGE 93, 266 ff.; Gounalakis, NJW 1996, 481, 487; Fromme, Recht und Politik 2005, 26, 31.

519 Frankfurter Allgemeine Zeitung vom 1.6.2007: „Ein Hardliner muss einstecken. Der CDU-Fraktionsvorsitzende Mappus unterliegt vor Gericht“.

zunehmen ist, auch auf die Gefahr hin, dass der Wähler den Stellenwert der Polemik falsch einschätzt[520]. Die Vermutungsformel der freien Rede[521] soll sich gerade in Wahlversammlungen verdichten, wonach gegen Äußerungen nur noch in äußersten Fällen eingeschritten werden darf[522]. Der Begriff der Schmähkritik wird in Wahlkampfzeiten also noch mehr verengt und auch polemische Äußerungen sollen als Ausprägung des Werbens um die Gunst der Wählerschaft vor Beschränkungen in Schutz genommen werden[523]. Ergo ist davon auszugehen, dass Mappus vor dem Bundesverfassungsgericht keinen Schutz erfahren hätte. Die Aussage Knapps, Mappus stehe so weit rechts außen, dass er über den Rand fiele, wenn die Erde eine Scheibe wäre, hätte somit - als Werturteil eingestuft - gerichtlichen Schutz als Ausprägung des politischen Werbens erfahren. So hätte das Urteil die Überlegungen manifestiert, dass sich eine Person, die sich bewusst in der Öffentlichkeit betätigt und damit die allgemeine Aufmerksamkeit auf sich zieht, diesen Teil ihres Lebens grundsätzlich auch der öffentlichen Diskussion freigibt[524].

Weitere gleichgelagerte Fallgestaltungen und Entscheidungen haben in den vergangenen Jahrzehnten für Aufsehen gesorgt und verwundern immer wieder aufs Neue. Menschen durften - größtenteils ohne selbst hierfür Anlass gegeben zu haben - unter höchstrichterlicher Billigung als „Zwangsdemokraten" oder „dialektische Gartenzwerge" betitelt werden und mussten sich zum vollumfänglichen Schutz der Meinungsfreiheit als „Jugendsekte", „Dummenfänger" oder „Konfessionshetzer" bzw. „Hassprediger" coram publico darstellen lassen[525]. Häufig schwierig in der juristischen Beurteilung von Meinungsäußerungen sind jeweils Mischäußerungen, die sowohl Wertungen als auch Tatsachenbehauptungen beinhalten und somit bei der Beurteilung von etwaigen Ansprüchen des Betroffenen unterschiedliche Voraussetzungen erfüllen müssen. Ob eine Äußerung ein Werturteil oder eine Tatsachenbehauptung dar-

---

520 BGH, VersR 1984, 88; BVerfG, NJW 1980, 2069; OLG Köln, NJOZ 2009, 1449; LG Kleve, NJW 2006, 623; BGH, GRUR 1995, 270; BVerfG, NJW 1977, 2205; LG Saarbrücken, NJW-RR 1993, 730; BVerwG, NJW 1984, 2591; OLG Karlsruhe, NJW 1972, 1810.

521 BVerfGE 7, 198 ff.; Toru Mori, Der Staat 47, 258 ff.; Ritter, NJW 2010, 1110 f.

522 BVerfGE 61, 1, 12, Schmitt Glaeser, JZ 1983, 96 f.; Scholz/Konrad, AöR 123, 60, 106; Otto, NJW 2006, 575; Kriele, NJW 1994, 1897.

523 BVerfGE 61, 1, 11 f.; Scholz/Konrad, AöR 123, 60, 106; BVerfG, NJW 1980, 2069; LG Kleve, NJW-RR 2005, 1632; OLG Köln, NJOZ 2009, 1449.

524 BGH, NJW 1962, 32; Seyfarth, NJW 1999, 1287, 1290; Benda, NJW 1994, 2266, 2267; BGH, NJW 1962, 152; OLG Hamburg, NJW 1967, 2314.

stellt, ist nach ihrem Inhalt, so wie sie in ihrem Gesamtzusammenhang von den angesprochenen Rezipienten verstanden wird, zu bestimmen[526]. Die Abgrenzung ist nicht nur juristisch entsprechend schwer und damit das Ergenbis einer richterlichen Kontrolle kaum voraussehbar. Maßgebend dafür, ob in der Äußerung eine Tatsachenbehauptung oder letztlich eine wertende Kritik zu erblicken ist, ist die Auffassung des unbefangenen Durchschnittsrezipienten des angesprochenen Adressatenkreises[527]. Entscheidend kommt es also darauf an, ob dem Empfängerhorizont die Äußerung als Aussage über nachweisbare Fakten und als Basis für ein eigenes Werturteil erscheint oder nicht[528]. Wie bereits erwähnt, sind allerdings gerade Mischäußerungen höchst problematisch, ist es hier doch diffizil, Tatsachenbehauptung von wertender Kritik exakt voneinander zu trennen, um bewerten zu können, welche Voraussetzungen eines etwaigen Unterlassens oder Widerrufens vorliegen müssen. Letztlich ist maßgebend, ob die Tatsachenbehauptung oder die subjektive Bewertung im Vordergrund steht[529].

Die Rechtsprechung legt im Sinne eines eher weit gefassten Schutzbereichs des Art. 5 I GG den Begriff der Meinung weit aus[530]. Dies vermag im Sinne der herrschenden Meinung folgerichtig erscheinen. Folgerichtig, hier aber abgelehnt, soll allerdings auch bei Äußerungen im Rahmen politischer Auseinandersetzungen im Zweifel eine Wertungskundgabe vorliegen, die dann entsprechenden Schutz erfährt.[531] Ist die Stellungnahme „in entscheidender Weise durch die Elemente der Stellungnahme, des Dafürhaltens oder Meinens geprägt", denen gegenüber die tatsächliche Behauptung als substanzarm in den Hintergrund tritt, so ist sie insgesamt als Werturteil zu qualifizieren. Eine Tatsachenbehauptung kann ferner als verdeckte Aussage erfolgen, etwa wenn nur ein Verdacht, eine Vermutung oder eine für möglich gehaltene Entwicklung behauptet oder verbreitet wird[532]. Auch eine Berichterstattung über wahre Tatsachen ist insgesamt als unwahre Tatsachenbehauptung zu werten, wenn sie

---

525 BVerfGE 82, 272; BVerfG, NJW 1991, 95; BGHZ 45, 269; BVerfG, NJW 1989, 3269; BVerfGE 54, 129, 133; BVerfG, NJW 1980, 2069; vgl. auch Hochhuth, NJW 2007, 192.

526 BGH, NJW 1988, 158; BVerfGE 85, 1, 15; BVerfG, NJW 1992, 1439; BVerfG, NJW 2000, 3196; BGH, NJW 2002, 1192, 1193; BGH, NJW 1997, 2513; BGH, NJW 1982, 2246.

527 BGH NJW 1975, 1882; BGH, NJW 1988, 1589 f.; OLG Brandenburg, NJW-RR 2002, 1269; OLG Hamburg, NJW-RR 1988, 737; OLG München, AfP 1990, 303; Soehring, 269 f.

528 BGH, NJW 1989, 1923; Helf, JA 1989, 494, 495; BGH, NJW-RR 1999, 1251; 1252; BGH, NJW 1994, 2614; OLG Koblenz, NJW 1996, 325; BVerfG, NJW 1999, 2262.

529 BVerfG, NJW 1983, 1415, 1416; BGHZ 45, 296, 304; OLG Nürnberg, NJW-RR 2002, 1471.

530 BVerfG, NJW 1983, 1415; OLG Hamburg, AfP 1983, 409; BVerfGE 93, 266, 295.

531 BVerfGE 43, 130, 139; BGHZ 65, 335; OLG Frankfurt am Main, NJW 1971, 471, 472.

bewusst unvollständig ist und ein Durchschnittsleser bei Mitteilung der verschwiegenen Tatsache andere Schlussfolgerungen aus der Berichterstattung gezogen hätte[533]. Bei mehreren möglichen Deutungen der Aussage muss schließlich diejenige der rechtlichen Beurteilung zugrunde gelegt werden, die dem in Anspruch Genommenen günstiger ist und den Betroffenen weniger belastet[534]. Und lassen sich Tatsachenkern und Werturteil nicht mehr dergestalt voneinander trennen, dass sie aus sich heraus noch verständlich sind, sondern der Sinn der Äußerung verfälscht wird, ist die entsprechende Äußerung insgesamt als Meinungsäußerung zu werten[535]. Gerade in politischen Debatten vermischen sich oftmals (gezielt) Tatsachenmitteilungen mit Werturteilen. Aktuell sorgten auch die Landtagswahlen in 2008 wieder für reichlichen politischen und juristischen Sprengstoff, was bereits die flammenden Wahlreden der bevorstehenden Landtagswahl in Hessen zeigten.[536]

Wieso wird aber höchstgerichtlich zu Lasten des Ehrenschutzes entschieden, scheinbar im klaren Widerspruch zu selbst aufgestellten Regeln? Oder erscheint es lediglich ein Widerspruch zu sein, der bei genauer juristischer Betrachtung sich in Wohlgefallen auflöst? Dies soll nachfolgend geklärt werden.

II. Begrenzung der Meinungsfreiheit durch den Ehrenschutz

Wie bereits erwähnt, findet die Meinungsfreiheit ihre Schranke unter anderem im Ehrenschutz. Dieses Recht findet sich an der letzten Stelle der Schrankentrias des Art. 5 II GG. Seine Stellung nach den „allgemeinen Gesetzen" und den „gesetzlichen Bestimmungen zum Schutze der Jugend" vermag freilich nicht aus sich heraus auf einen minderwertigen Schutz, quasi einer Schranke dritter Ordnung zu schließen (mag man dies auch unter Betrachtung diverser höchstrichterlicher Urteile unterstellen). Um unnötige Redundanzen zu vermeiden, wird unter diesem Punkte indes nur noch

---

532 BGH, NJW 2004, 598; NJW 2006, 601, 602 f.

533 BGH, NJW 2006, 601, 603; BGH, NJW 2000, 656, 657; BGH, NJW 1979, 1041; OLG München, NJW-RR 2000, 1066; OLG Köln, NJW-RR 1998, 1175, 1177; OLG Köln, NJW-RR 2000, 470.

534 BVerfGE 61, 1; BVerfGE 82, 272, 280 ff.; BVerfGE 85, 1; BVerfGE 93, 266, 295 ff.; BGHZ 139, 95.

535 BVerfGE 85, 1, 14 f.; BVerfG, NJW 1993, 1845; BGH, NJW 1994, 2614, 2615.

536 So bezeichnete am 28.12.2007 die SPD Politikerin Nancy Faeser (SPD Zukunftsteam Justiz) den Ministerpräsidenten Hessens, Roland Koch, munter und scheinbar völlig ohne moralisches

auf das Wesentliche, zur Förderung der Diskussion Notwendige, eingegangen. Bereits unter Analyse der höchstrichterlichen, bundesverfassungsrechtlichen Rechtsprechung vermag erkannt werden, dass diesem Schrankenvorbehalt nicht die - vorsichtig formuliert - „größte rechtliche" Bedeutung beigemessen wird. So wird der Ehrenschutz bezeichnenderweise teilweise im Rahmen der allgemeinen Gesetze geprüft[537].

Dies wirft die Frage auf, ob damit nicht die oben, freilich bewusst subjektiv geprägte und polemisch gestellte Frage, ob der Ehrenschutz eine Schranke dritter Ordnung sei, nicht in eben diesem Sinne zu beantworten ist. Die Prüfung der Ehre als Unterpunkt der allgemeinen Gesetze wird daher auch als „Paradebeispiel dogmatischer Fehlleistung" bezeichnet[538]. In eben jener Entscheidung wird eine explizite Zuordnung der in Frage stehenden Ehrenschutzbestimmungen des Strafgesetzbuches gerade nicht vorgenommen. So wird in dem Urteil ausgeführt, dass „ein Gericht, das über eine Beleidigung judiziert, mit den Ehrenschutzbestimmungen der §§ 185 ff. StGB einfaches Gesetzesrecht anwendet." In der Folge verweist das Bundesverfassungsgericht auf die für die allgemeinen Gesetze entwickelte Wechselwirkungstheorie und spricht vom Einfluss des Grundrechts der freien Meinungsäußerung auf Auslegung und Anwendung der Ehrenschutzbestimmungen[539]. In einem anderen Beschluss scheint das Bundesverfassungsgericht straf- und zivilrechtliche Ehrenschutzbestimmungen lediglich als vom dritten Schrankenvorbehalt umfasst anzusehen und damit eine Subsumtion unter die allgemeinen Gesetze gerade abzulehnen[540]. Wer hierbei noch eine klare Linie zu erkennen vermag, gehört sicherlich zu den geistigen Überfliegern, wie diese Rechtsprechung dann aber noch im „Namen des Volkes" und damit auch verständlich „für das Volk" zu erklären ist, verschließt sich vollends. Indes ist das Bundesverfassungsgericht mit seiner Auffassung und Erklärung der persönlichen Ehre im Schrankensystem der Meinungsfreiheit nicht allein. Das Gegenteil ist der Fall. Auch in der Literatur wird höchst unterschiedlich mit der Stellung der Ehre umgegangen. So wird sie teilweise ebenso als Beispiel der

---

oder rechtliches Empfinden als „scheinheilig". Diese Äußerung gehört jedoch wohl zu den „Unbedeutenden" in diesem Wahlkampf.

537 BVerfGE 12, 113, 124; Beyer, NJW 1991, 1156, 1157; Schmidt Leichner, NJW 1961, 819.

538 Schmitt Glaeser, AöR 97, 289.

539 BVerfGE 12, 113, 124; Beyer, NJW 1991, 1156, 1157.

540 BVerfGE 33, 1, 16; Maetzel, DÖV 1972, 563; Schmitz, AfP 1987, 573, 578.

allgemeinen Gesetze gehandelt[541], weit überwiegend aber als eigenständige Schranke mit einer eigenständigen, von den übrigen losgelösten Bedeutung gesehen[542]. Der letzten Auffassung kann auch nur beigepflichtet werden, lässt doch bereits die Auslegung nach dem Wortlaut und die offensichtliche Losgelöstheit der Schranken voneinander lediglich den Schluss zu, dass die Ehre nicht nur eine Untergliederung der allgemeinen Gesetze darstellt und so beachtet werden soll, als ob nach den allgemeinen Gesetzen gedanklich ein „insbesondere…“ stehen soll, sondern dass sie ein eigenständiges Gut darstellt. Dies schließt freilich nicht aus, dass es immer wieder Schnittmengen zwischen den erwähnten Schranken geben mag. In ständiger Rechtsprechung des Bundesverfassungsgerichts[543] wird hierauf die bereits erwähnte Wechselwirkungslehre angewandt, obschon diese ursprünglich für die allgemeinen Gesetze von diesem entwickelt wurde.

Der eigentliche Hintergrund der Anwendung der Wechselwirkungslehre ist schlüssig sowie notwendig und soll auch hier nicht in Frage gestellt werden. Schließlich dient diese Abwägung der Verhinderung eines Automatismus, der ein permanentes Zurücktreten der Meinungsfreiheit vor allen allgemeinen Gesetzen zur Folge hätte. Dies indes wäre vor dem historischen und für eine Demokratie notwendigen Hintergrund schlechterdings nicht möglich, mutierte diese doch dann zur Farce. Eine unbedingte Anwendung der Wechselwirkungstheorie auf das Recht der Ehre ist zumindest diskussionswürdig, ist doch schließlich die Ehre als Teil des allgemeinen Persönlichkeitsrechts nicht „nur“ ein allgemeines Gesetz, sondern hat verfassungsmäßigen Rang. Somit steht es trotz dieses Rangs gleichwertig neben den allgemeinen Gesetzen und denen zum Schutze der Jugend. Dies wiederum bedeutet im Umkehrschluss nichts anderes, als dass - trotz des gleichwertig klingenden Wortlauts - dem Schutze der Ehre eine größere Bedeutung beigemessen werden muss, als einem allgemeinen Gesetz[544]. Aufgrund seines Verfassungsranges muss es also als gleichwertiges Recht in einem Abwägungsfalle behandelt werden. Nichts anderes kann aus den vom Bundesverfassungsgericht selbst aufgestellten Richtlinien entnommen werden, lässt es doch erkennen, dass „das Grundgesetz nur als Einheit begriffen werden“

541 Ridder, Die Grundrechte, Bd. 2, 283 ff.; Schüle/Huber, 31.
542 Maunz/Zippelius, Staatsrecht, § 24 Rn IV 2 f.; Stern, FS Hübner, 822 ff.; Maunz/Dürig, GG, Art. 5 I, II Rn 244 f.
543 So erstmals in BVerfGE 42, 143, 150.
544 Stern, Festschrift für Hübner, 826 f.

kann. „Daraus folgt, dass auf der Ebene der Verfassung selbst ranghöhere und rangniedrigere Normen in dem Sinn, dass sie einander gemessen werden könnten, grundsätzlich nicht denkbar sind..."[545].

III. Minimierung des Ehrenschutzes

1) Allgemeines

Das Bundesverfassungsgericht hat, wie zurückliegend aufgezeigt, klare Abwägungsrichtlinien im zu diskutierenden Themenkomplex vorgegeben, so dass der Rechtsschutzsuchende auch erwarten darf, dass die höchstgerichtliche und nachgeordnete Rechtsprechung auch analog entscheidet. Hingegen ist das Bundesverfassungsgericht in diversen, bereits zitierten und später noch zu diskutierenden Gerichtsentscheidungen von jenen Wertentscheidungen abgewichen und hat seine eigens aufgestellten Richtlinien ins Gegenteil verkehrt. Es wird so der Eindruck vermittelt, dass offensichtlich nach stets neuen Wegen gesucht wird, die Meinungsfreiheit zu Lasten des allgemeinen Persönlichkeitsrechts zu stärken und jenes als „nachrangiges Grundrecht" zurücktreten zu lassen. Stellt sich doch die Frage, warum der Ehrenschutz nicht mehr den Stellenwert zu genießen scheint, den er einst innehatte? Stellt die höchstgerichtliche Entscheidungspraxis eine Sicherheit für die sich Äußernden dar, es werde schon nichts geschehen? Es ist wichtig, bedingt durch den Grundsatz der Einheit der Verfassung, alle Verfassungsnormen derart auszulegen, dass sie miteinander im Einklang stehen und sich in ihrer Wirkung nicht gegenseitig ausschließen[546]. Im Spannungsfalle darf dies nichts anderes bedeuten, als dass den kollidierenden Rechten in der Form Grenzen zu ziehen sind, dass sie jeweils optimale Wirksamkeit entfalten können. Dies wiederum beinhaltet, dass verfassungsrechtlich geschützte Rechtsgüter in der Problemlösung einander so zugeordnet werden müssen, dass jedes von ihnen Wirklichkeit gewinnt[547]. Es muss also der schonendste Ausgleich gefunden werden. Doch in welcher Form das geschehen kann und

545 BVerfGE 3, 225, 231.
546 OVG Münster, NVwZ-RR 2009, 923; BGH, NJW 2002, 3538; Hesse Rn 71; Jarass/Pieroth, GG, Art. 5 Rn 57; BVerfG, NJW 1986, 1533.

muss, ist die bedeutende Frage, die durch höchstgerichtliche Rechtsprechung schon mehr als ein Mal geklärt wurde. Dennoch stellt sich die Frage der Zeitgemäßheit dieser Rechtsprechung. Um dies zu analysieren, ist es sinnvoll, sich vor Augen zu führen, wie der Ehrenschutz einst gelebt und gerichtet wurde und was sich unter Umständen verändert hat.

2) Ehrangriffe in der Politik als „modernes Problem"?

Würden sich die Ehrangriffe als Problem der Moderne darstellen, so gäbe es wohl zu Recht Zweifel daran, ob die vom Bundesverfassungsgericht einst aufgestellten und von den Gerichten immer noch angewendeten Entscheidungen und Richtlinien noch unverändert Bestand haben dürfen oder ob man nicht auch gut vertretbar eine andere Meinung und Rechtsfindung haben kann, (die nicht von der nächsten Instanz korrigiert wird). Worauf einige Politiker heute stolz sind, hätte in preußischen Zeiten den Politiker wohl zum Suizid bewegt. Diffamierungen waren und sind vielschichtiger Art und werden -bedingt durch die rasante Fortentwicklung der Technik - immer neue Facetten haben. Allerdings würde eine Betrachtung dieser aufgeworfenen Frage wohl für sich alleine eine ganze Dissertation füllen, so dass hier nur in der gebotenen Kürze, mithin an der Oberfläche, agiert werden kann. Hatten zur Zeit der reichsgerichtlichen Rechtsfindung noch andere Werte, wie der Status des Angegriffenen, eine Bedeutung in der Rechtsfindung, ist eine solche Betrachtungsweise heute befremdlich und mit dem Wertesystem des Grundgesetzes unvereinbar. Zu dieser Zeit war auch ein Ehrangriff in der Regel eher durch das gesprochene Wort festzustellen, war doch die heute vorherrschende Schrift- und sonstige Medienkultur noch kaum entwickelt. Flüche waren Anlass von Streitigkeiten und prägten sich in den Köpfen des Volkes ein. Wenn in heutigen juristischen Auseinandersetzungen vom dem Wort „Ehre" die Rede ist, so lässt sich ein krasser Gegensatz zu damals erkennen. Man kann sich des Eindrucks nicht erwehren, dass das Wort „Ehre" nicht mehr „en vogue" ist, der Ehrbegriff der feudalen Gesellschaftsordnung entstamme und in der offenen, demokratischen Gesellschaft seine Funktion verloren habe[548]. Ist dies der Anlass für

547 Hesse Rn 72; BVerfGE 43, 130, 139; BVerfG, NJW 1977, 799.
548 Vgl. Findeisen, ZRP 1991, 245; Küpper, ZRP 1991, 249, 250.

höchstgerichtliche Entscheidungen, gerade im politischen Diskurs die Ehre zu negieren, sie als nicht schützenswertes Gut anzusehen?

In den zitierten und dieser Arbeit zugrunde liegenden Entscheidungen war stets zu erkennen, dass in dem vorgenommenen Abwägungsprozess der Ehrenschutz deswegen zurücktrat, weil es sich im Kern um eine die Öffentlichkeit wesentlich berührende Frage handelte und diese in einer oft, hier so empfundenen, extensiven Auslegung erfolgte. Gleichwohl ist das Problem des Ehrabschneidens in der politischen Diskussion nicht neu. Schon damals gaben markante Figuren wie Wallraff[549], Böll[550] oder Strauß[551] Anlass, für einen geordneten Meinungskampf Regeln aufzustellen. Hat in der politischen Diskussion einst Herbert Wehner[552] Aufsehen erregt und durch Sprüche und Zwischenrufe, wie „Geistiges Eintopfgericht"[553] oder „Übelkrähe"[554] in 34 Jahren als Bundestagsabgeordneter 78 Ordnungsrufe erhalten, so wird dieses „Amt" auch noch von heutigen Politikern traurigerweise „in Würden" gehalten. Jörg Tauss (SPD) scheint hierbei in Wehners Fußstapfen treten zu wollen, kann er doch auf die Anzahl von insgesamt 2736 Zwischenrufen in 185 Bundestagssitzungen zurückblicken.

Aber auch Wolfgang Clement[555] mußte sich von Hans Michelbach (CSU) als „Schwachmatiker" bezeichnen lassen. Peter Dreßen[556] diskreditierte die FDP als „Wurmfortsatz der CDU", Peter Ramsauer (CSU) die Koalitions-Abgeordneten als „Proleten" und Joschka Fischer, in Sachen Beleidigungen selbst kein Kind von Traurigkeit[557], durfte sich von Michael Glos[558] im November 2004 als „Zuhälter" titulieren lassen[559]. Die Erkenntnis der jahrzehntelangen Beleidigungen hat das Bundesverfassungsgericht nicht dazu bewegen können, dem Beleidigungseifer im politischen

549 BGH, VersR 1981, 379; Schmitt Glaeser, AfP 1981, 314, 319; Geerds, JR 1982, 183, 188.
550 BGH, NJW 1978, 1997; Achterberg, NJW 1978, 1993, 1997.
551 BVerfG, NJW 1987, 2661; Ebner, GewArch 1994, 393, 340; Würkner, JA 1988, 183, 193.
552 Geboren am 11. Juli 1906 in Dresden; Gestorben am 19. Januar 1990 in Bonn. Er war von 1966 bis 1969 Bundesminister für gesamtdeutsche Fragen, anschließend bis 1983 Vorsitzender der SPD-Bundestagsfraktion.
553 Im Jahre 1956 gegenüber einem Politiker der CDU.
554 Gegenüber dem CDU Parlamentarier Jürgen Wohlrabe.
555 Clement war von 1998 bis 2002 Ministerpräsident des Landes Nordrhein-Westfalen und von 2002 bis 2005 Bundesminister für Wirtschaft und Arbeit, SPD.
556 Dreßen war vom 10. November 1994 bis zum 17. Oktober 2005 Mitglied des Deutschen Bundestages.
557 Geradezu legendär war sein Ausspruch „Mit Verlaub, Herr Präsident, Sie sind ein Arschloch" gegenüber dem damaligen Bundestagsvizepräsidenten Richard Stücklen (CSU) 1984.
558 Bundesminister für Wirtschaft und Technologie.
559 Quelle: sueddeutsche.de vom 15.07.2005.

Diskurs durch eine klarere Gewichtung des Ehrenschutzes Einhalt zu gebieten. Dies wäre aber seine Aufgabe gewesen, kann man doch von den Politikern nicht erwarten, sich einer sachlichen Sprachkultur hinzugeben und damit Gefahr zu laufen, bei dem Wähler nicht gehört zu werden. So durfte es auch im hessischen Wahlkampf zur Landtagswahl 2009 nicht weiter verwundern, dass politische Gegner nicht nur per gesprochenem Wort, sondern auch visuell im Internet (natürlich zum kostenlosen Download) perfide diffamiert wurden. Kaum ein anderer als der frühere Ministerpräsident des Landes Hessen, Roland Koch, hat hierbei so sehr als Zielscheibe visueller Diffamierung fungiert, wie die unten stehenden Fotos belegen.

Quelle: http://www.gruene-hessen.de/cms/presse/rubrik/0/660.presse.htm

Die oben zu sehende Abbildung zeigt deutlich, wie weit die Nichtachtung des politischen Gegners vorangeschritten und die Verrohung des zwischenmenschlichen und zwischenparteilichen Umstands gediehen ist. Die bildliche Veränderung der Nase des Ministerpräsidenten Koch in Form der „Pinocchio-Nase" soll diesen ganz offenkundig zum Gespött machen und dazu dienen, ihn coram publico als Witzfigur zu präsentieren. Es handelt sich mithin um ein bewusst eingesetztes Werbemittel der gegnerischen Partei, das mithilfe von Ehrabschneidungen operiert. Neben der bildlichen Veränderung wird der gewollte Antieffekt dadurch verstärkt, dass das geschriebene Wort addiert wird. „Roland Koch, ein Mann, auf dessen Wort man sich nicht verlassen kann", titelt das Bildnis. In der Symbiose von Wort und Bild wird so ein Mensch in seiner Ehre beschnitten. Es dürfte mehr als fraglich sein, ob im Falle eines

Rechtsstreits die höchstgerichtliche Rechtsprechung zu Gunsten des Persönlichkeitsrechts entschieden hätte. Es ist davon auszugehen, dass alle Register der Meinungs- und Kunstfreiheit gezogen worden wären und unter Berücksichtigung der Besonderheiten eines Wahlkampfes das Persönlichkeitsrecht des Ministerpräsidenten reduziert worden wäre. Analog der bisherigen Rechtsprechung wäre entschieden worden, dass eine Schmähkritik in der Abbildung nicht zu erkennen ist und damit kein Grund besteht, dem Ehrenschutz Vorrang einzuräumen. Von dem Vorliegen einer Schmähkritik kann nach höchstrichterlicher Rechtsprechung nur dann ausgegangen werden, wenn bei der Äußerung nicht mehr die Auseinandersetzung in der Sache, sondern die Diffamierung des Betroffenen im Vordergrund steht, der jenseits polemischer und überspitzter Kritik herabgesetzt und gleichsam an den Pranger gestellt werden soll[560]. Bei der obigen Abbildung hätte das Bundesverfassungsgericht wohl fälschlicherweise die Sachaussage erkennen wollen, dass die Politik Kochs unredlich sei. Mit dieser rechtlich fragwürdigen Konstruktion hätte die Abbildung zur Bildung der öffentlichen Meinung fungiert in einer die Öffentlichkeit wesentlich berührenden Frage. Die Ehre hätte somit keinen höchstgerichtlichen Schutz erfahren.

Quelle: http://www.spd-hessen.de/db/docs/doc_16656_20071191723 22.pdf

Auch diese Abbildung zeigt ein Novum in der Schlacht um die öffentliche Meinung mithilfe des Ehrabschneidens des politischen Gegners. Auch hier wird das Konterfei des hessischen Ministerpräsidenten bewusst benutzt, um diesen in der öffentlichen Meinung herabzusetzen. Subtiler als bei der davor dargestellten Abbildung, aber dennoch gleich wirkungsvoll, wird die Ehre des von der Abbildung Betroffenen zu-

560 Vgl. z.B. BGH, NJW 2000, 1036; BGH, VersR 2000, 327, 330; BGH, NJW 2000, 3421; BGH, VersR 2000, 1136, jew. m.w. Nachw.; BGH, NJW 2009, 749; OLG München, NJW 1982, 1656;

gunsten der Meinungsfreiheit geopfert. Die Graphik nimmt Bezug auf ein Wahlkampfmittel Roland Kochs im zurückliegenden Landtagswahlkampf. Anlässlich des Wahlkampfes reiste Koch durch Hessen und kochte, begleitet von diversen CDU Verbänden, verschiedene Speisen. Es handelte sich mithin um eine „kulinarisch politische Roadshow". Die SPD Hessen wollte mit dieser im Internet verbreiteten und als Download bereitgestellten Graphik auf die Atompolitik Kochs aufmerksam machen, die ihrer Ansicht nach geschehenen Versäumnisse in der Koch-Regierung darstellen und so seine „Koch-Reise" in die Lächerlichkeit ziehen. Man mag nun zur Atompolitik Kochs stehen wie man will, gleichwohl dürfte bis auf ein gewisses „Geschmäckle" die Graphik nach den Grundzügen der höchstgerichtlichen Rechtsprechung durchaus rechtmäßig sein, kann sie sich doch auf die Grundrechte der Meinungs- sowie der Kunstfreiheit stützen. Die obersten Richter hätten wohl darauf rekurriert, dass es der Satire wesenseigen ist, dass sie mehr oder weniger stark übertreibt, d.h. dem Gedanken, den sie ausdrücken will, einen scheinbaren Inhalt gibt, der über den wirklich gemeinten hinausgeht und somit nicht nach ihrem Wortsinn genommen werden kann[561]. Diese Rechtsprechung fördert allerdings das Bestreben, Meinungsbildung nicht mehr durch bloßes Darstellen eigener Meinungen, sondern stärker durch negative Darstellung des politischen Widersachers zu betreiben.

Es drängt sich die Frage auf, wie weit Schmähungen des politischen Kontrahenten gehen dürfen und wann das Bundesverfassungsgericht adäquat reagiert. Der Ehrenschutz des Politikers wird unter höchstrichterlicher Billigung auf ein Minimum zurückgeschraubt, das Bundesverfassungsgericht reagiert nur in krassen Ausnahmesituationen. Dies wird in Kapitel 7 noch weiter erörtert.

Die obige Darstellung zeigt indes bereits jetzt einmal mehr, welche politischen Stilmittel in der politischen Diskussion und dem Werben um den Wähler eingesetzt werden. Es wird evident, dass der politische Diskurs immer öfter von Diffamierungen geprägt wird, die eine politische Überzeugungsmitteilung nicht mehr erkennen lassen. Dass nicht nur die höchstgerichtliche Rechtsprechung diese verrohende Sprachkultur

---

LG Karlsruhe, NJW-RR 2008, 63, 65; BVerfG, NJW 2009, 3016.

561 RGSt 62, 183; zu den Erscheinungsformen siehe auch von Becker, GRUR 2004, 908, 909; RGSt 62, 183, 184; BVerfGE 75, 396, 378; BVerfG, NJW 2005, 3271, 3272; BayObLG, NJW 1957, 1607, 1608; OLG Hamburg, MDR 1967, 146; OLG Hamm, NJW 1982, 659, 660; Brauneck, ZUM 2000, 137, 140; Würtenberger, NJW 1982, 610, 612.

billigt, sondern diese auch fördert, wie die obigen Ausführungen in ihrer Aktualität belegen, wird noch analysiert.
Ein verfassungsgerichtlicher Schutz der in der Ehre Betroffenen ist jedenfalls nur in extremen Ausnahmefällen zu erkennen.

3) Auswertung der Umfrage bei Politikern und politikinteressierten Bürgern

a) Zielsetzung der Befragung im rechtlichen Kontext

Interessant war bei der dieser Dissertation zu Grunde liegenden Frage auch, ob die Problemdarstellung lediglich singuläre Interessen diverser Juristen zu interessieren vermag oder ob das „Problem" der widerstreitenden Grundrechte und der juristischen Aufarbeitung auch bei den eigentlich „Betroffenen" in der Politik und den politikinteressierten Bürgern als solches erfasst wird. Entscheidend war die klare höchstgerichtliche Rechtsprechung des Bundesverfassungsgerichts, dass gerade in politischen Debatten der Ehrenschutz des betroffenen Politikers noch mehr als in nichtpolitischen Diskussionen verengt wird. Demnach soll bei Kollisionen des Ehrenschutzes mit Äußerungsdelikten der Begriff der Schmähkritik gerade in Wahlkampfzeiten noch mehr verengt und auch polemische Äußerungen als Ausprägung des Werbens um die Gunst der Wählerschaft vor Beschränkungen in Schutz genommen werden[562]. Dies bedeutet, dass ein Politiker, der sich, um seine Politik dem Souverän zu vermitteln, in der Öffentlichkeit betätigt und seine politischen Ansichten mitteilt, den Ehrenschutz in der öffentlichen Diskussion freigibt[563]. Folgt man dieser Auffassung, so bedeutet dies, dass der Ehrenschutz des Betroffenen auf ein Minimum zurückgeführt wird. Die Ausgestaltung der höchstgerichtliche Rechtsprechung, wie sie noch in Kapitel 7 ausführlich gewürdigt werden wird, führt allerdings noch weiter. Sie negiert den Ehrenschutz in politischen Debatten nahezu vollends. Die Vermutung, derjenige, der sich an der politischen Diskussion beteiligt, verwirkt seinen Schutz auf grundge-

562 BVerfGE 61, 1, 11 f.; Scholz/Konrad, AöR 123, 60, 106; BVerfG, AfP 1982, 215, 217.

setzlich geschützte Ehre, ist somit zutreffend. Evident ist auf der anderen Seite auch, dass Äußerungen im politischen Meinungskampf immer in besonderem Maße unter dem Vorzeichen stehen, für die eigene politische Überzeugung zu werben. Um nicht der Gefahr des Nichtgehörtwerdens zu unterliegen, bedeutet das bei der „Reizüberflutung", wie es die höchstgerichtliche Rechtsprechung annimmt, auch, dass eine nahezu uferlose Ausweitung der polemischen Sprachkultur erforderlich, aber zumindest förderlich ist, um sich vom politischen Widersacher medien- und öffentlichkeitswirksam abzuheben.

Es stellt sich somit die Frage, ob die höchstgerichtliche Rechtsprechung durch den gerichtlichen Schutz von Polemik Impulse setzt, die kausal für die verrohende Sprachkultur sind. Wenn dies so ist, gilt es zu überdenken, ob diese Rechtsprechung noch aufrechterhalten bleiben kann oder einer dringenden Überarbeitung und analogen Anpassung an die polemische Streitkultur bedarf. Da dies keine ausschließlich streng juristische Frage ist, sondern die höchstgerichtliche Rechtsprechung lediglich Impulse setzt und den rechtlichen Rahmen vorgibt, ist es erforderlich, zur Basis einer kritischen Erörterung „gestandene", aber auch „junge" Politiker und Bürger aus allen Schichten und politischen (bzw. unpolitischen) Lagern zur politischen Streitkultur und insbesondere zur Auswirkung höchstrichterlicher Rechtsprechung auf diese Streitkultur zu befragen. Zu den Befragten gehören auch Richterinnen und Richter sowie Anwältinnen und Anwälte. Rücksicht auf politische Couleur wurde nicht genommen. Die befragten Politiker sind Mitglieder in den Parteien CDU, SPD, FDP, Bündnis 90/Die Grünen und der FWG. Diese üben ihre Mandate zum Teil in der hessischen und rheinland-pfälzischen Kommunalpolitik aus, sind Mitglieder des hessischen Landtags oder arbeiten in bundesweiten Ministerien.

Ihnen wurden 10 Fragen zum Themenkomplex gestellt, die der Übersichtlichkeit wegen nunmehr einzeln aufgelistet und abschließend im Kontext des Dissertationsthemas diskutiert werden sollen. Nach der Darstellung des Auswertungsergebnisses zu jeder Frage wird ein Zitat eines Befragten wiedergegeben.

---

563 BGH, NJW 1962, 32; Seyfarth, NJW 1999, 1287, 1290; Benda, NJW 1994, 2266, 2267; BGH, NJW 1962, 152; OLG Hamburg, NJW 1967, 2314.

1. Wird der scheinbare Vorzug der Meinungsfreiheit gegenüber dem allgemeinen Persönlichkeitsrecht als Problem empfunden?

2. Hat sich der politische Umgang mit dem politischen Widersacher in den letzten Jahren verändert?

3. Wenn dies so ist, warum?

4. Kann die gerichtliche Entscheidungspraxis dazu geführt haben, dass der sich Äußernde „sicher sein kann", ihm werde nichts geschehen, so dass er „härtere Formulierungen" wählt?

5. Wirkt die Vermutungsformel zugunsten der freien Rede, die sich gerade im politischen Wahlkampf weiter verdichten soll und damit dem Ehrenschutz immer mehr begegnet, den Zielen politisch ambitionierter und dennoch sensibler „Nachwuchspolitiker" entgegen?

6. Hat sich die politische Fairness in den letzten Jahren verändert?

7. Wirkt sich der schärfere Ton auf die eigentlichen politischen Inhalte aus, so dass diese in den Hintergrund treten und nur noch derjenige Politiker obsiegt, der den politischen Gegner geschickt diskreditiert?

8. Wird der politische Schlagabtausch immer mehr zur Show?

9. Sollte Ihrer Meinung nach gegen Eingriffe in das allgemeine Persönlichkeitsrecht gerichtlich mehr eingeschritten werden?

10. Gehört eine Einschränkung des Ehrenschutzes innerhalb des politischen Schlagabtausches zu den Risiken, mit denen eine freiheitliche Demokratie leben muss?

Auffallend bei dem Lesen und Auswerten der Fragebögen war, dass ein Großteil der Befragten überrascht war ob der Fragestellung. Viele hatten nach eigenem Bekunden noch nicht überdacht, warum die politische Kultur so verroht ist und wer oder was hierfür kausal ist. Unterschiedlicher Natur waren entsprechend die Antworten. Während (meist Nichtjuristen) eher gefühlsmäßig argumentierten und so sehr anschaulich die Meinung des nichtjuristischen Rezipienten darstellen, gab es von Anwälten oder Richtern unterschiedliche juristische Auffassungen zum Befragungsthema. Gemein war allen ein nach Durchlesen der Fragen aufgeflammtes Problembewusstsein. Die Umfrage wurde in einer Größenordnung durchgeführt, die vergleichsweise repräsentativen Charakter hat. Es wurde hierbei darauf Wert gelegt, aus allen Schichten und politischen Lagern - soweit dies bekannt war - Ergebnisse und so eine umfassende und informative sowie qualifizierte Bestandsaufnahme zu erhalten. Diese kann aufgrund ihres Zufallsprinzips der Befragten Ergebnisse über das Bedürfnis der Veränderung höchstrichterlicher Rechtsprechung liefern. Im Folgenden soll eine kurze Zusammenfassung des wesentlichen Ergebnisses erfolgen. Diese wird jeweils mit einem Zitat einer befragten Person enden. Hieran anschließend wird die Befragung im rechtlichen Kontext gewürdigt.

b) Umfrageergebnisse

Zu Frage 1 *(Wird der scheinbare Vorzug der Meinungsfreiheit gegenüber dem allgemeinen Persönlichkeitsrecht als Problem empfunden?)* haben sich 62 % der Befragten dahingehend geäußert, dass der scheinbare Vorzug der Meinungsfreiheit gegenüber dem allgemeinen Persönlichkeitsrecht als Problem empfunden wird, wobei bei den individuellen Antworten klar wurde, dass es einige als „generelles Problem", manche als „Problem in der Landes- und Bundespolitik" und manche als „hausgemachtes Problem, das den Politikern selbst zuzuschreiben ist" sahen. 33 % der Befragten sahen es nicht als Problem an, äußerten sich dennoch zu den folgenden Fragestellungen. 5 % hatten hierzu keine Meinung und gaben an, sich noch keine Gedanken zur Fragestellung gemacht zu haben.

„Eine funktionierende Demokratie setzt Meinungsfreiheit und freie Rede zwingend voraus. Dennoch darf keines der beiden Rechte stärker als das andere sein. Wir erleben im täglichen Geschäft genau das Gegenteil. Die Kommunikation wird immer härter."

Zu Frage 2 *(Hat sich der politische Umgang mit dem politischen Widersacher in den letzten Jahren verändert?)* haben sich 78 % der Befragten dahingehend erklärt, dass sich der politische verbale und nonverbale Umgang mit dem politischen Widersacher in den vergangenen Jahrzehnten verändert habe. In den letzten, (wenigen) zurückliegenden Jahren wollen dabei die restlichen 22 % kaum eine Veränderung bemerkt haben. Auffallend bei der Auswertung der Ergebnisse war, dass gerade die jüngeren Politiker kaum Veränderungen angegeben, die etwas älteren Befragten indes einen auffallenden Unterschied zum politischen Stil der Vergangenheit festgestellt haben. Man mag hier nur mutmaßen, dass das Ergebnis dergestalt ist, weil die jüngeren Politiker nicht aus eigener Erfahrung heraus einen Unterschied darstellen können. Letztlich kann man hier zu dem Schluss kommen, dass der ehrangreifende Ton mittlerweile zum Tagesgeschäft gehört und lediglich diejenigen, die die „anständigeren Zeiten des politischen Diskurses" erleben durften, eine klare Diskrepanz feststellen konnten. Das macht allerdings die tatsächlichen Gegebenheiten im politischen Umgang nicht besser. Nicht alles, was geläufig und aktuell ist, muss deshalb auch richtig und rechtlich schützenswert sein.

„Früher wurde auch hart gekämpft. Aber die Beleidigungen waren nicht so persönlich. Selbst wenn man sich mal hart angegangen ist, war das nie unter der Gürtellinie und man konnte danach noch zusammen ein Bier trinken gehen."

Zu Frage 3 *(Wenn dies so ist, warum?) haben sich 65 % der Befragten erklärt, sie* hätten sich hierzu keine weiteren Gedanken gemacht oder könnten es nicht fundiert erklären. Der verbleibende Rest berief sich auf den Erfolgsdruck und den Kampf um „Marktanteile". Herauszulesen war, dass die Vielzahl der Medien, mit denen heutzutage der potentielle Wähler erreicht werden muss, „Fluch und Segen zugleich" sind. Zwar kann man anhand der neuen Medienvielfalt Wähler - anders als früher - jederzeit, beispielsweise online, erreichen, die Vielfalt trägt aber auch dazu bei, dass man sich noch prägnanter vom politischen Gegner abheben muss, um im „Sumpf der Medien“ überhaupt noch aufzufallen. Gerade das Internet wurde als herausragendes Medium dargestellt, mit dem der politische Werber den Wähler schnell erreichen kann, über das man aber auch schneller in die globale politische Diffamierung geraten kann. Folgerichtig gaben die Befragten, die den Erfolgsdruck und dem Kampf um Marktanteile als Grund für die Umgangsveränderung mit dem politischen Gegner ansahen, auch an, dass man aufgrund der Vielschichtigkeit der potentiellen (Selbst-) Darstellung auffallen müsste, notfalls eben ohne sachlichen Aspekt.

„Heutzutage muß man eben mit harten Bandagen kämpfen, um gehört zu werden. Der Markt ist überfüllt.“

„Mittlerweile muß schon auf diesem Niveau geworben werden, damit die Leute überhaupt noch hinhören.“

Zu Frage 4 *(Kann die gerichtliche Entscheidungspraxis dazu geführt haben, dass der sich Äußernde „sicher sein kann“, ihm werde nichts geschehen, so dass er „härtere Formulierungen“ wählt?)* hatten 78% der Befragten keine Meinung bzw. konnten keine Erklärung hierzu abgeben. Es darf davon ausgegangen werden, dass die Äußerungsfreiheit in ihrer aktuellen Form als Begleiterscheinung „mitgenommen“, aber kein wirklicher Bezug zur gerichtlichen Entscheidungspraxis hergestellt wird. Der Rest der Befragten gab an, dass sie sich sicher seien, es sei durchaus legitim, gerade im Politikgeschäft härter zu sprechen und dies dazugehöre bzw. von der Rechtsprechung gebilligt werde. Nur fünf Personen der Befragten gaben klar an, dass man schließlich sagen könne, was man wolle, solange es die eigene Meinung sei, denn offensichtlich dürfe jeder in Deutschland alles ungestraft sagen. Vor diesem Hintergrund scheue man sich auch nicht, härtere Worte, gerade in politischen Schlachten, zu wählen.

„Die Schwelle zu einer strafbewährten Beleidigung liegt zugegebenermaßen hoch. Eine andere Frage ist, ob die Bürger die Herabwürdigung des politischen Gegners bei Wahlen goutieren. Meine Einschätzung ist, dass harte Attacken auf den politischen Widerpart allenfalls vom Kern der eigenen Anhänger geschätzt werden,

Wechselwähler sich von einem solchen Stil aber eher abgestoßen fühlen. Gerade der Wahlkampf in Hessen hat gezeigt, dass Negativwerbung - dies gilt für die CDU wie für die SPD - nicht gutgeheißen wird. Beide große Parteien haben verhältnismäßig schlecht abgeschnitten. (Die SPD hat trotz Zugewinnen ihr zweitschlechtestes Ergebnis seit dem 2. Weltkrieg erzielt).

„Hier darf schließlich jeder sagen, was er will. Es passiert doch sowieso nichts."

Zu Frage 5 *(Wirkt die Vermutungsformel zugunsten der freien Rede, die sich gerade im politischen Wahlkampf weiter verdichten soll und damit den Ehrenschutz immer mehr einengt, den Zielen politisch ambitionierter und dennoch sensibler „Nachwuchspolitiker" entgegen?)* gaben 35 % der Befragten an, sie seien sich sicher, dass so mancher Sensibler verschreckt würde, da offensichtlich kein gerichtlicher Schutz gegen zu harten Äußerungen vorhanden sei bzw. sich viele der Betroffenen gar nicht erst um eine juristische Klärung bemühen würden, da sie entweder den Rechtsweg als zu lange und zu umständlich empfänden oder vor dem Hintergrund der eindeutigen höchstgerichtlichen Entscheidung diesen scheuten. 55 % der Befragten gaben an, keine „Gefahr" in der Vermutungsformel zu sehen. Gleichzeitig gaben sie im Wesentlichen an, dass das Kämpfen mit Verbalattacken nun einmal zur Politik gehöre und kein „Kuschelkurs" vom Wähler erwartet würde. Sie selbst griffen auch zu einprägsamen Termini. Der Rest der Befragten hatte zu dieser Frage keine Meinung.

„Die Vermutung für die freie Rede ist essentiell für das Funktionieren der Demokratie. Ich kann mir nicht vorstellen, dass engagierte Nachwuchspolitiker von einer Betätigung abgehalten werden. Vielmehr glaube ich, dass sich junge Politiker daran stören, wenn von ihnen erwartet wird, dass sie einen großen Teil ihrer Zeit an Abenden und an Wochenenden in Sitzungen und öffentlichen Veranstaltungen verbringen müssen und ihnen deshalb wenig Zeit für ein Privat- und Familienleben verbleibt. Außerdem lässt sich ein funktionierendes regionales politisches Netzwerk nur ohne größere örtliche Veränderungen aufbauen. Von jungen Leistungsträgern wird in allen Bereichen Mobilität erwartet – nur in der Politik kann dies ein Karrierekiller sein."

Zu Frage 6 (*Hat sich die politische Fairness in den letzten Jahren verändert?*) gaben 45 % der Befragten an, klare Veränderungen der politischen Fairness bzw. des politischen Umgangs zu sehen. Ein Großteil dieser Gruppierung sah hierin kein wirkliches Problem, sondern nahm die Veränderung lediglich wahr. 10% der Befragten sahen eine deutlich negative Veränderung der politischen Fairness und gaben an, ein „Hauen und Stechen" sei an der Tagesordnung. Einer der Befragten umschrieb es mit dem Terminus „Mobbing". Der Rest der Befragten konnte keine klare Veränderung der Fairness, wohl aber eine allgemeine Veränderung, erkennen.

„Aus meiner Sicht gehört zur politischen Fairness, dass sich die Wettbewerber an die gesetzlichen Bestimmungen halten und auch ihre Mitbewerber als Personen respektieren. Diesen Grundkonsens der politischen Klasse sehe ich nicht gefährdet."

Zu Frage 7 (*Wirkt sich der schärfere Ton auf die eigentlichen politischen Inhalte aus, so dass diese in den Hintergrund treten und nur noch derjenige Politiker obsiegt, der den politischen Gegner geschickt diskreditiert?*) gaben überraschend viele der Befragten, nämlich 64 %, an, dass sich der scharfe politische Ton auf die Kundgabe der politischen Inhalte auswirke. Es sei feststellbar, dass das Bemühen um das Vermitteln politischer Inhalte klar in den Hintergrund trete und anstelle dessen die politisch Ambitionierten mit anderen Inhalten beim Wähler punkten müssen. Dies könne vor allem dadurch geschehen, indem man den politischen Widersacher auf persönlicher Ebene angreife. Sich zu sehr mit politischen Inhalten bei dem Verbalangriff zu beschäftige, berge die „Gefahr", dass der Wähler nicht interessiert sei und geistig abschalte. 33 % der Befragten gaben an, dass sich gute Politik auf Dauer auch ohne verbale Anfeindungen durchsetze. Der Rest der Befragten hatte keine Meinung hierzu.

„Es ist in den letzten Jahren sicherlich in verschiedenen Fällen immer wieder gelungen, die Auseinandersetzung über politische Inhalte mit Emotionen beiseite zu drängen. Ein gutes Beispiel ist m.E. der Wahlkampf von Gerhard Schröder im Jahr 2002, in dem es ihm gelungen ist, mit den Themen „Oderflut" und „Irakkrieg" Themen zu setzen, die die schlechte Leistung seiner ersten vier Regierungsjahre für einige Wochen fast vollständig in Vergessenheit geraten ließen. Nach der Wahl haben sich viele Bürger verwundert die Augen gerieben und erkannt, dass sie sich täuschen ha-

ben lassen. Dieser Trick Schröders war allerdings nicht verwerflich, es war vielmehr eine Schwäche der damaligen Opposition, den „Schwindel" nicht besser aufzudecken. Außerdem entscheidet am Ende immer der Bürger, welche Themen ihm wichtig sind. Das politische Desinteresse vieler Wähler ist zwar bedauerlich, lässt sich aber nicht ändern. Letztlich gilt doch die Aussage, dass das Volk die Regierung bekommt, die es verdient."

Zu Frage 8 *(Wird der politische Schlagabtausch immer mehr zur Show?)* gaben 89% der Befragten an, Wahlkampf und politischer Schlagabtausch seien gleichzeitig immer auch ein Stück Show. Schließlich müsse man die breite Wählerschicht erreichen. Dies gelänge allerdings nur dann, wenn man auch einen guten medialen Auftritt habe. Einige der Befragten gaben an, „amerikanische Verhältnisse" erkennen zu wollen. Der Wahlkampf beginne früh, die Kandidaten seien in nahezu allen Medien präsent, würden sich und ihre Programme nicht nur in seriösen Funksendungen darstellen, sondern mittlerweile nahezu jedes Funkformat wählen, nur um sich präsentieren zu können. Andere wiederum gaben an, der Showcharakter sei kein Novum in der Politik, sondern habe sich einfach nur der Zeit entsprechend gewandelt. Seien früher noch die klassischen Wahlstände und das Verteilen von Rosen geeignete Werbemittel gewesen, so müsse man heute eben noch alle anderen Medien und Werbemittel nutzen; eine Werbung für sich könne eben auch darin bestehen, den politischen Widersacher ins schlechte Licht zu rücken. 6% der Befragten gaben an, keine Steigerung des Showcharakters erkennen zu wollen. Der Rest der Befragten hatte keine Meinung.

„Der politische Schlagabtausch ist stets auch eine „Show" und folgt den Regeln der Werbung. Dazu gehört es auch, komplexe Themen zu vereinfachen und auf eine Kernbotschaft zuzuspitzen, damit sie auch die eher unpolitischen Bürger erreicht. Es wäre illusorisch zu erwarten, dass sich alle Bürger, wie Politiker oder politische Journalisten, den ganzen Tag mit Politik beschäftigen. Es steht jedem Einzelnen frei, sich so gut und intensiv wie möglich zu informieren, damit er auf plumpe und/oder unwahre Parolen nicht hereinfällt. Eine politisch interessierte und kundige Öffentlichkeit ist

für Populismus weniger empfänglich als desinteressierte Bürger es manchmal sein können. In einer freien Gesellschaft muss man aber mit diesen Schwächen leben."

Zu Frage 9 *(Sollte Ihrer Meinung nach gegen Eingriffe in das allgemeine Persönlichkeitsrecht gerichtlich mehr eingeschritten werden?)* gab es höchst unterschiedliche Auffassungen. 41% der Befragten gaben an, sich zu wünschen, dass seitens der Justiz mehr eingeschritten werde und die ausufernde Diffamierung begrenzt würde. Sie hielten es größtenteils für unvertretbar, dass Beleidigungen und andere verbale Angriffe im deutschen Rechtssystem offensichtlich geduldet werden. Vierzehn der Befragten führten hierzu hauptsächlich aus, sie befürchteten, dass der „falsche Ton" durch die offensichtliche Billigung durch das Gericht noch schärfer würde und der politische Umgang damit weiter gefährdet würde. Diese vierzehn Befragten wünschten sich die Rückkehr zur Sachdebatte. Ein Großteil der Befragten dieses Lagers gab an, dass sie grundsätzlich damit einverstanden seien, dass im politischen Alltag nicht „alles auf die Goldwaage" gelegt würde, gleichzeitig fänden sie es richtig, wenn die gerichtliche Entscheidungspraxis nicht derart „lasch" sei hinsichtlich Eingriffen in das allgemeine Persönlichkeitsrecht. 53 % der Befragten gaben an, dass sie keine Veränderungen der gerichtlichen Entscheidungspraxis wünschen. Sie sind im Kern der Auffassung, der scharfe Ton gehöre zur Politik dazu und müsse toleriert werden. 6 % der Befragten wollten hierzu keine Angaben machen.

„Wer sich in die Öffentlichkeit begibt, muss damit leben, dass sein allgemeines Persönlichkeitsrecht und die Meinungsfreiheit in Konflikt geraten können."

„Die Rechtsprechung des Bundesverfassungsgerichts schränkt den Ehrenschutz unnötig ein. Es darf nicht zur Grundlage eines politischen Meinungskampfes gehören, dass Ehrabschneidungen gerichtlich toleriert werden. Dies fördert weder die politische Diskussion noch ist der gerichtliche Schutz von ausufernden Meinungskundgaben essentiell für die Demokratie."

Zu Frage 10 *(Gehört eine Einschränkung des Ehrenschutzes innerhalb des politischen Schlagabtausches zu den Risiken, mit denen eine freiheitliche Demokratie leben muss?)* gaben 76% der Befragten an, dass eine bedingungslose Einschränkung eines Grundrechts durch nichts zu rechtfertigen sei. Von diesen Befragten gaben 37% an, sie missbilligten jedwede Einschränkung des Ehrenschutzes und verachteten den politischen Umgang der Kontrahenten. Die restlichen 39% der 76% gaben an, eine gewisse Einschränkung des Ehrenschutzes in Kauf zu nehmen, um klare politische Ansagen zu gewährleisten. Die reine Sachdiskussion sei zwar wichtig und letztlich sei entscheidend, was der Politiker sachlich wolle, indes müsse im Sinne des prägnanten Absetzens und des leichteren Verstehens für alle auch einmal eine schärfere Wortwahl in Kauf genommen werden, auch wenn diese die Ehre des Einzelnen vielleicht verletzen mag. 22% der Befragten gaben an, überhaupt kein Problem in gewissen Ehrangriffen zu sehen. Es handele sich schließlich um Politik. Der Rest der Befragten hatte keine Meinung.

„Die Einschränkung des Ehrenschutzes muss in der freiheitlichen Demokratie bis zu einem gewissen Grad in Kauf genommen. Dies ist das persönliche Risiko, mit dem jeder Politiker - im Interesse des Pluralismus - leben muss."

c) Zwischenergebnis und kritische Erörterung im rechtlichen Kontext

Die Umfrage, die sich über mehrere Monate hinweg erstreckte und damit sowohl Wahlkampfzeiten als auch Nichtwahlkampfzeiten umfasste, hat Ergebnisse hervorgebracht, die frappierend und lehrreich zugleich sind. Ganz offensichtlich scheint es 2 Lager an Befragten zu geben, wobei diese Lager - soweit bekannt – nicht politisch bedingt sind. Auf der einen Seite sind Befragte zu sehen, die ganz offensichtlich ein tatsächliches Problem in der Art und Weise der politischen Debattierungsmethodik sehen. Diese sind es auch, die die Rechtsprechung im Kollisionsfeld Meinungsfreiheit und Ehrenschutz scharf kritisieren. Allgemeiner Tenor ist der Wunsch nach einem klaren und gleichwertigen Schutz beider Rechtsgüter. Sie bemängeln eine einseitige Verlagerung des gerichtlichen Schutzes zur Meinungsfreiheit. Dieses Lager bemängelt zudem die Mutation der politischen Diskussion zur Show und will sogar „amerikanische Verhältnisse" erblicken. Die meisten der Befragten dieses Lagers halten die Vermutungsformel im Grundsatz für die richtige rechtliche Lösung der Kollision, kritisieren aber eine weitere Verengung derselben, wenn es um die politische

Diskussion geht. Sie bemängelten insbesondere, dass der Erfolgsdruck und der Kampf um Marktanteile dazu zwingen, aufgrund der Vielschichtigkeit der potentiellen (Selbst-)Darstellung aufzufallen, notfalls eben ohne sachlichen Aspekt. Dies würde durch höchstgerichtliche Rechtsprechung bedauernswerterweise gebilligt. Damit bestätigt dieses Lager, das allerdings die Minderheit der Befragten ausmacht, die in dieser Arbeit vertretene Auffassung und postuliert einen stärkeren Schutz der Ehre. Dass bei den befragten Politikern das Thema der Abwägung Meinungsfreiheit gegen Ehrenschutz als Problem gesehen wird, spiegelt die Aktualität einer Überprüfung bzw. Bewertung höchstrichterlicher Rechtsprechung wider. Es ist ganz offensichtlich auch für diejenigen, die zur politischen Meinung des Souveräns beitragen wollen, nicht uninteressant, wie sie ihre Arbeit frei von Zwängen gestalten können. Allen gemein ist das Bewusstsein, dass eine Demokratie von der freien Rede lebt, aber Unsicherheiten ob der juristischen Weite der Äußerungsfreiheit bestehen.

Auch die Antwort, dass das Problem „hausgemacht“ sei, geht klar in die Richtung, die beispielsweise *Grimm*[564] vertritt[565]. Dem folgend wäre die Verantwortung der politischen Stillosigkeit gerade nicht bei der Rechtsprechung des Bundesverfassungsgerichts zu suchen, sondern dessen Rechtsfindung lediglich dem Recht entsprechende Reaktion auf die Aktion der sich äußernden Politiker. Das andere Lager, und damit die klare Mehrheit der Befragten, vertritt eine Auffassung konform mit der herrschenden Meinung. Die meisten Befragten dieses Lagers sehen keinerlei Problem in der Verengung des Ehrenschutzes, einige sehen sogar eine Notwendigkeit, um politische Inhalte besser an die breite Masse der politisch Nichtinteressierten transportieren zu können.

Teilt man diese Auffassung, die hier respektiert wird, so führt das aber dann doch auch denklogisch dazu, dass die gerichtliche Tolerierung eines Verbalangriffs -und damit die Schutzminimierung der Ehre - immer intensiver werden, je weniger interessiert der Souverän an der Politik ist. Dies führt dann aber in letzter Konsequenz dazu, dass der Ehrenschutz auf ein Minimum reduziert und geopfert wird für politisches Desinteresse. Aufgrund der Befragung ist es evident, dass die höchstgerichtliche Rechtsprechung zu dem diese Arbeit dominierenden Themenkomplex zumindest kritisch analysiert werden muss. Es sind nicht die Zweifel vereinzelter Juristen an der

---

564 *11. Mai 1937 in Kassel. Von 1987 bis 1999 war Dieter Grimm Richter am Bundesverfassungsgericht.

zur Erörterung stehenden Rechtsprechung, sondern es sind erhebliche Zweifel des Souveräns, wie sich die Sprachkultur entwickelt. Dieser sieht dringenden Nachbesserungsbedarf an der Rechtsprechung des Bundesverfassungsgerichts. Dies wurde insbesondere in der Beantwortung der Fragen 4 und 9 deutlich. Die klaren Aussagen *„hier darf schließlich jeder sagen, was er will. Es passiert doch sowieso nichts“* und *„Die Rechtsprechung des Bundesverfassungsgerichts schränkt den Ehrenschutz unnötig ein. Es darf nicht zur Grundlage eines politischen Meinungskampfes gehören, dass Ehrabschneidungen gerichtlich toleriert werden. Dies fördert weder die politische Diskussion noch ist der gerichtliche Schutz von ausufernden Meinungskundgaben essentiell für die Demokratie“* sind an Deutlichkeit nicht zu überbieten. Eine Kausalität zwischen ehrabschneidender Sprachkultur und weitem gerichtlichen Schutz derselben ist zu attestieren. Dass die Rechtsprechung des Bundesverfassungsgerichts zu diesem Themenkomplex ergo einer kritischen Beleuchtung und Reform bedarf, soll das nächste Kapitel zeigen.

565 Grimm, ZRP 1994, 276; vgl. zur Thematik auch Stapper, ZRP 1995, 72.

Kapitel 7: Erörterung, Schlussfolgerungen, Stellungnahme, Lösungsansätze und Ausblick

I. Reduktion des Ehrenschutzes durch höchstrichterliche Rechtsprechung

Das Bundesverfassungsgericht und die ihm folgende Rechtsprechung negieren den Ehrenschutz, obschon nach Art. 5 II GG das Recht der freien Meinungsäußerung seine verfassungsrechtliche Beschränkung unter anderem in dem Recht der persönlichen Ehre findet. Mit eindeutigen Entscheidungen hat das Bundesverfassungsgericht diese klare verfassungsrechtliche Regelung sukzessive außer Kraft gesetzt. Es nimmt so eine Korrektur des Verfassungstextes vor und begründet diese immer wieder neu mit teils realitätsfernen Auslegungen. Die durch das Bundesverfassungsgericht konstruierte sakrale Stellung der Meinungsfreiheit ist dabei weder von der Entstehung des Grundgesetzes gedeckt noch ist sie überzeugend. Eine Abstufung von Grundrechten ist weder sinnvoll noch vorgesehen. Die nachfolgende Erörterung soll dies belegen.

1. Erörterung der Negierung des Ehrenschutzes anhand von Rechtsprechungsbeispielen

a) Reduktion des Ehrenschutzes für Politiker

Besonders im Bereich der Politik minimiert die höchstgerichtliche Rechtsprechung den Schutz der persönlichen Ehre. Im Folgenden soll dies anhand einiger Beispiele analysiert werden.

aa) Strauß als Zwangsdemokrat

In seinem Beschluss vom 26.06.1990 hat das Bundesverfassungsgericht seine grundsätzlichen Abwägungskriterien in dem hier zur Diskussion stehenden Kollisionsfall zwischen Meinungsfreiheit und Ehrenschutz repetiert und so die Reduktion des Ehrenschutzes manifestiert. In einem Interview wurde der damalige bayerische Ministerpräsident Franz Josef Strauß von einem Journalisten als Zwangsdemokrat bezeichnet[566]. Strauß beschritt den Rechtsweg und konnte gegen die Beschwerdeführer den Erlass einer einstweiligen Verfügung erwirken, durch die ihnen verboten wurde, zu behaupten und zu verbreiten, Strauß sei die Personifizierung des Typs jener Leute, die sich nur unter Zwang oder aus opportunistischen Gründen zur Demokratie bekehren ließen und diese Staatsform allenfalls formal handhaben. In der sich an die einstweilige Verfügung anschließenden Klage zur Hauptsache vertrat er sodann die Ansicht, die Äußerung der Beschwerdeführer in dem Zeitungsinterview sei eine „Schmähkritik, die an Häme und Verleumdung nicht mehr zu überbieten“ sei. Die Verfassungsbeschwerde gegen die hierzu ergangene Entscheidung des OLG München, die die Äußerung verbot, hatte Erfolg und wollte eine Verletzung der Meinungsfreiheit erkennen. Die Richter des Bundesverfassungsgerichts urteilten, dass die grundrechtsbeschränkenden Gesetze ihrerseits im Lichte des beschränkten Grundrechts ausgelegt und angewandt werden müssen, damit dessen wertsetzende Bedeutung für das Privatrecht auch auf der Rechtsanwendungsebene zur umfassenden Geltung kommen kann.

Einmal mehr gaben die Richter damit der Meinungsfreiheit den Vorrang in der rechtlichen Abwägung, indem sie die Ansicht vertraten, dass der Einfluss des Grundrechts dann verkannt würde, wenn die Gerichte ihrer Beurteilung eine Äußerung zugrunde legen, die so nicht gefallen ist, wenn sie dieser einen Sinn geben, den sie nach dem festgestellten Wortlaut objektiv nicht hat, oder wenn sie sich unter mehreren objektiv möglichen Deutungen für die zur Verurteilung führende entscheiden, ohne die anderen unter Angabe überzeugender Gründe auszuschließen. Bedeutung und Tragweite der Meinungsfreiheit würden ferner verkannt, wenn die Gerichte eine Äußerung unzutreffend als Tatsachenbehauptung, Formalbeleidigung oder Schmähkritik einstufen

566 Vgl. hierzu BVerfG, NJW 1991, 95.

mit der Folge, dass sie dann nicht im selben Maß am Schutz des Grundrechts teilnimmt wie Äußerungen, die als Werturteil ohne beleidigenden oder schmähenden Charakter anzusehen sind. In bewusst exzessiver Auslegung des Begriffs der Schmähkritik hat also das Bundesverfassungsgericht geurteilt, dass eine herabsetzende Äußerung erst dann den Charakter der Schmähung annimmt, wenn in ihr nicht mehr die Auseinandersetzung in der Sache, sondern die Diffamierung der Person im Vordergrund steht. Damit knüpften die Richter an ihre bislang in diesem Kontext ergangenen Abgrenzungskriterien an[567] und stellten erneut die Ehre schutzlos. In der streitgegenständlichen Äußerung lediglich die Intention des sich Äußernden zu erkennen, auf eine etwaige Gefährdung der demokratischen Ordnung durch Personen hinzuweisen, die diese Staatsform nur äußerlich anerkennen, innerlich aber ablehnen, erscheint weder realitätsnah noch richtig.

Mit dieser Argumentation lässt sich in nahezu jeder politisch motivierten Aussage ein Sachzusammenhang konstruieren, der regelmäßig zur Negierung des Ehrenschutzes führen muss. Diese Rechtsprechung fördert die Radikalisierung der politischen Sprachkultur, die vom Souverän aber, wie nicht nur die Ergebnisse der Befragung in Kapitel 6 zeigen, klar abgelehnt wird. Im Übrigen ist diese Art der weiten Auslegung schlicht unzulässig. Bei der Bewertung von Äußerungen sind nur der objektive Sinngehalt, wie er sich aus der Äußerung ergibt und der Kontext derselben heranzuziehen[568]. Eine realitätsferne Umdeutung der Äußerung führt nicht nur zum Qualitätsverlust der Sprachkultur, sondern auch zur Negierung des Ehrenschutzes. Eine grundsätzliche Bereitschaft des Bundesverfassungsgerichts, eine tatsächliche (und nicht nur behauptete) Beachtung des Art. 5 II GG in Bezug auf die Ehre vorzunehmen, ist nicht zu erkennen. Im Gegenteil belegt diese Entscheidung erneut, dass der Ehrenschutz zum „Formalfaktor" generiert wird, der zwar in der Abwägung benannt, aber tatsächlich keine Beachtung findet.

---

567 Die Äußerung muss demnach auch jenseits polemischer und überspitzter Kritik in der Herabsetzung der Person bestehen, vgl. BGH, NJW 1974,1762; Schönke/Schröder, StGB, § 193 Rn. 16 m.w.N.; vgl. auch BVerfGE 54, 129; BVerfG, NJW 1980, 2096; BVerfG, NJW 1990, 2541; BVerfGE 75, 269; BVerfG, NStZ 1988, 21.

568 So auch das Bundesverfassungsgericht selbst, vgl. BVerfGE 33, 52, 71; BGHSt 3, 346, 347; BGHSt 16, 49, 52; BGHSt 19, 235, 237; OLG Köln, NStZ 1981, 183; BVerfG; NStZ 1991, 279.

bb) CSU ist die NPD Europas

Auf einer Wahlveranstaltung wurde unter anderem von einem Politiker, der für die Wahl zum Europäischen Parlament kandidierte, geäußert, die CSU sei „die NPD von Europa“. Hatte sich die CSU in den Vorinstanzen noch gerichtlich gegen die Äußerung wehren können, gaben die Richter des Bundesverfassungsgerichts der Meinungsfreiheit den Vorzug[569]. Sie wollten in der streitgegenständlichen Aussage keine Tatsachenbehauptung, sondern ein geschütztes Werturteil erkennen. Aus der Substanzarmut der Äußerung heraus lasse sich eine konkret greifbare Tatsache nicht ermitteln. Zu praktisch fragwürdigen Ergebnissen gelangt diese Auffassung, dass bei der untrennbaren Vermengung von Tatsachenbehauptungen und Werturteilen das tatsächliche Element nicht als ausschlaggebend anzusehen ist. Dies hätte bei konsequenter Anwendung zur Folge, dass jedes ehrenrührige Werturteil zulässig wäre und höchstgerichtlichen Schutz erführe, wenn und solange es mit einer falschen Tatsachenbehauptung verbunden ist. Dennoch urteilten die Richter unter konsequenter Anwendung dieser Überlegungen und unter Zuhilfenahme der Vermutungsformel zugunsten der Meinungsfreiheit und legten diese entsprechend weit aus, da es sich um eine hinnehmbare Äußerung in einem Wahlkampf handele. Der Schutz des betroffenen Rechtsguts könne und müsse um so mehr zurücktreten, je weniger es sich um eine unmittelbar gegen dieses Rechtsgut gerichtete Äußerung im privaten, namentlich im wirtschaftlichen Verkehr und in Verfolgung eigennütziger Ziele handele, sondern um einen Beitrag zum geistigen Meinungskampf in einer die Öffentlichkeit wesentlich berührenden Frage durch einen dazu Legitimierten. In besonderem Maße habe dies zu gelten, wenn es sich um Auseinandersetzungen in einem Wahlkampf handele, also einer Situation, in welcher der politische Meinungskampf auf das höchste intensiviert ist.

Das Bundesverfassungsgericht hat mit dieser Entscheidung dazu beigetragen, dass der Ehrenschutz gerade in politisch intensivierten Wahlkampfreden erheblich reduziert wird. Es ist bereits höchst fraglich, dass derartige Wahlkampfmethoden überhaupt noch in den Schutzbereich der Meinungsfreiheit fallen. Sie fördern weder eine politisch annehmbare Sprachkultur noch sind sie essentiell und konstitutiv für eine

569 BVerfG, NJW 1983, 1415; von der Decken, NJW 1983, 1400; vgl. hierzu auch BVerfG, GRUR 2010, 544; OLG München, NJW 2010, 2150; LG Köln, NJOZ 2010, 1233; BGH, NJW 2009, 3580; OLG Hamm, NStZ 2008, 631.

Demokratie. Das Bundesverfassungsgericht verkehrt aber zumindest mit dieser Ausdehnung des Meinungsäußerungsrechts seine von ihm selbst aufgestellten Grundsätze, nämlich dass das Grundrecht auf freie Meinungsäußerung als unmittelbarster Ausdruck der menschlichen Persönlichkeit in der Gesellschaft eines der vornehmsten Menschenrechte überhaupt ist. Für eine freiheitlich-demokratische Staatsordnung soll es schlechthin konstituierend sein, denn es ermöglicht erst die ständige geistige Auseinandersetzung, den Kampf der Meinungen, der ihr Lebenselement ist. Diese Grundsätze sind richtig, sie aber einer uferlosen Ausweitung dergestalt zuzuführen, dass die geistige Auseinandersetzung nicht mehr Ziel der politischen Sachdiskussion ist, sondern die gezielte politische Diffamierung mithilfe höchstrichterlicher Unterschutzstellung begünstigt wird, vermag nicht zu überzeugen. Doch selbst wenn man hier der höchstgerichtliche Rechtsprechung folgen wollte, so stellt die Aussage, die CSU sei rechtsradikal, neofaschistisch und verfassungsfeindlich eine Schmähkritik par excellence dar, die keinen grundgesetzlichen Schutz genießen darf. Es ist nicht weiter akzeptabel, dass der Schutz des betroffenen Rechtsguts Ehre um so mehr zurücktreten soll, je weniger es sich um eine unmittelbar gegen dieses Rechtsgut gerichtete Äußerung im privaten Bereich handelt, sondern um einen Beitrag zum geistigen Meinungskampf in einer die Öffentlichkeit wesentlich berührenden Frage durch einen dazu Legitimierten. Diese Abstufung des Ehrenschutzes und Negierung desselben im politischen Bereich, insbesondere wenn es sich um Auseinandersetzungen in einem Wahlkampf handelt, findet weder eine verfassungsrechtliche Stütze noch werden die gesellschaftlichen Auswirkungen hierbei bedacht. Gleichzeitig wird durch diese Rechtsprechung eine klare Abgrenzung, wann ein Politiker gerichtlichen Schutz erhalten solle und wann nicht, unmöglich, da sich private und politische Äußerungen nicht stets scharf trennen lassen.

cc) Puff-Politiker

In einer beachtenswerten jüngeren Entscheidung hat das KG Berlin an die zuvor skizzierten Kriterien zur Schmähkritik des Bundesverfassungsgerichts angeknüpft und so diese Fehlleistung perpetuiert[570]. Der betroffene Politiker, Gert Winkelmeier, seines Zeichens rheinland-pfälzischer Bundestagsabgeordneter, wurde von der Bild-Zeitung als „Puff-Parlamentarier“ und „Puff-Politiker“ bezeichnet und so vor Millionen potentieller Wähler diskreditiert. Hintergrund war die Vermietung von Wohnungen (auch) an Prostituierte durch den Politiker. Ob dieser aber in seinem privaten Lebensbereich Wohnungen vermietet und zwar unabhängig an wen, hat nichts mit seinen politischen Überzeugungen und Wertvorstellungen zu tun. Die Äußerung „Puff-Politiker“ bezieht sich aber klar auf den außerpolitischen Lebensbereich und darf in einer Abwägung zwischen Meinungsfreiheit und Ehrenschutz nicht den gleichen gerichtlichen Schutz genießen, der fälschlicherweise bei Angriffen auf den Politikbereich zugebilligt wird. In der inkriminierten Äußerung ist nämlich klar die Herabsetzung der Person zu erkennen, was zwangsläufig zur Annahme einer von der Meinungsfreiheit nicht mehr geschützten Schmähkritik führen muss. Gleichwohl folgte das KG Berlin treu den Richtlinien der weiten Auslegung und vermochte den Terminus „Puff-Politiker“ nicht als Schmähkritik anzusehen, da eine überspitzte Kritik auch mit harten Worten formuliert sein könne, zumal dann, wenn es sich um eine die Öffentlichkeit wesentlich berührende Angelegenheit handele und die Äußerung im Rahmen des politischen Diskurses gefallen sei.

Die Entscheidung des KG Berlin zeigt deutlich auf, in welcher analogen Anwendung die falsche Weichenstellung des Bundesverfassungsgerichts den Ehrenschutz negiert und selbst härteste Formulierungen unter Schutz stellt. Dies ist zumal dann zu kritisieren, wenn die Äußerung erkennbar nicht auf den politischen Bereich rekurriert, sondern ein außerpolitisches Geschehen betrifft.

Folgt man dieser Auslegung, so bedeutet das im Umkehrschluss, dass der in der Öffentlichkeit stehende Politiker jede seiner Persönlichkeitssphären dem Angriff von Außen preisgibt. Zwar gelangt das KG Berlin letztlich in der weiteren Abwägung zum Schutz des allgemeinen Persönlichkeitsrechts, gleichwohl zeigt die extensive Ausweitung des Begriffs der Schmähkritik, dass nahezu jeder verbale Angriff auf die Ehre zunächst am Abwägungsprozess teilnimmt und damit die Gefahr besteht, dass in der Abwägungsphase der Ehrenschutz negiert wird. Der Begriff der Schmähkritik scheint in politischen Diskussionen schlichtweg nicht mehr zu existieren.

---

570 KG Berlin, ZUM-RD 2008, 466; vgl. ebenso BVerfG, NJW 2006, 2769; BVerfG, NJW 1993, 2925; BGH, NJW 1996, 985, 986; BGH, NJW 1994, 1952; OLG Saarbrücken, MDR 2010, 628;

dd) Dummschwätzer

In einer jüngeren Entscheidung des Bundesverfassungsgerichts[571] erneuerte dieses seine bekannte Rechtsprechung zum Begriff der Schmähkritik und engte den Ehrenschutz wiederum auf ein Minimum ein. Damit knüpft es an die falsche extensive Auslegungsmethodik an und perpetuiert diese. Hintergrund der Entscheidung war, dass ein Stadtratsmitglied während einer Ratssitzung von einem anderen Mitglied als „Dummschwätzer" tituliert wurde. Dieses Stadtratsmitglied hatte die Rede des anderen Ratsmitglieds zuvor durch einen Zwischenruf unterbrochen. In Erwiderung hierauf bezeichnete der in seiner Rede unterbrochene Politiker den anderen als „Dummschwätzer". Der Zwischenruf hatte sinngemäß den folgenden Inhalt: „Der B war auf einer Schule? – Das kann ich gar nicht glauben!" In Verkennung der Realität hat das Bundesverfassungsgericht das amtsgerichtliche Urteil aufgehoben, das richtigerweise eine Schmähkritik in dem Terminus „Dummschwätzer" erkannte. Bei der Titulierung eines anderen als „Dummschwätzer" handelt es sich objektiv um ein herabsetzendes Werturteil, das im konkreten Fall auch subjektiv zum Zweck der Herabsetzung verwendet worden ist.

In seinem Urteil repetierte das Bundesverfassungsgericht nahezu gebetsmühlenartig seine Grundsätze, dass erst dann, wenn nicht mehr die Auseinandersetzung in der Sache, sondern – jenseits auch polemischer und überspitzter Kritik – die Diffamierung der Person im Vordergrund stehe, eine solche Äußerung als Schmähung regelmäßig hinter dem Persönlichkeitsrecht des Betroffenen zurückstehen müsse. Mit der Rechtsprechung, die Qualifikation einer ehrenrührigen Aussage als Schmähkritik und der damit begründete Verzicht auf eine Abwägung zwischen Meinungsfreiheit und Ehre dem Erfordernis der Berücksichtigung von Anlass und Kontext der Äußerung zu unterstellen und hiervon erst „ausnahmsweise" dann abzusehen, wenn es sich um eine Äußerung handelt, deren diffamierender Gehalt so erheblich ist, dass sie in jedem denkbaren Sachzusammenhang als bloße Herabsetzung des Betroffenen erscheint und daher unabhängig von ihrem konkreten Kontext stets als persönlich diffamierende Schmähung aufgefasst werden muss[572], verengt das Bundesverfassungsgericht die Schutzmöglichkeiten der in der Ehre Betroffenen. Die Betroffe-

LG Köln, MMR 2010, 118; OLG München, ZUM-RD 2009, 419, 421.

571 BVerfG, NJW 2009, 749 f.

nen müssen sich demnach in nahezu allen Fällen dem Risiko aussetzen, dass die ehrbeschneidende Äußerung am Abwägungsprozess teilnimmt und dieser regelmäßig zu Gunsten der Meinungsfreiheit entschieden wird.

ee) Zwischenergebnis

Es ist nicht richtig und demnach abzulehnen, dass Kritik am politischen Gegner nach höchstrichterlicher Rechtsprechung gerade im Wahlkampf grundsätzlich hinzunehmen ist, auch auf die Gefahr hin, dass der Wähler den Stellenwert der Polemik falsch einschätzt[573]. Die Vermutungsformel der freien Rede[574] soll sich gerade in Wahlversammlungen zu einer „Supervermutungsformel“[575] verdichten, wonach gegen Äußerungen nur noch in äußersten Fällen eingeschritten werden darf[576]. Die Intention und Rechtsprechung des Bundesverfassungsgerichts führt demnach nicht nur zur gänzlichen Reduktion des Ehrenschutzes, sondern ist im Übrigen auch methodisch falsch, da die Ehre kein Unterpunkt der allgemeinen Gesetze ist. Der Ehrenschutz wird bezeichnenderweise teilweise falsch im Rahmen der allgemeinen Gesetze geprüft und so per se als weniger wertiges Grundrecht beachtet[577]. Der Begriff der Schmähkritik wird in Wahlkampfzeiten darüber hinaus durch das Bundesverfassungsgericht noch mehr verengt und auch polemische Äußerungen als Ausprägung des Werbens um die Gunst der Wählerschaft vor Beschränkungen in Schutz genommen[578]. Wenn die höchstgerichtliche Rechtsprechung angibt, dass sich eine Person, die sich bewusst in der Öffentlichkeit betätigt und damit die allgemeine Aufmerksamkeit auf sich zieht, diesen Teil ihres Lebens grundsätzlich auch der öffentlichen polemischen Diskussion freigibt[579], so schraubt sie nicht nur den Ehrenschutz des Betroffenen auf ein Minimum zurück, sondern sie negiert diesen gänzlich. Die Vermutung, derjenige, der sich an der politischen Diskussion beteiligt, verwirkt seinen Schutz auf grundgesetzlich

572 Vgl. auch BVerfGE 93, 266, 303; BVerfG, NJW 2005, 3274 f.
573 BGH, VersR 1984, 88; BVerfG, NJW 1980, 2069; OLG Köln, NJOZ 2009, 1449; LG Kleve, NJW 2006, 623; BGH, GRUR 1995, 270; BVerfG, NJW 1977, 2205; LG Saarbrücken, NJW-RR 1993, 730; BVerwG, NJW 1984, 2591.
574 BVerfGE 7, 198 ff.; Toru Mori, Der Staat 47, 258 ff.; Ritter, NJW 2010, 1110 f.
575 Scholz/Konrad, AöR 123, 60, 106; Otto, NJW 2006, 575; Kriele, NJW 1994, 1897.
576 BVerfGE 61, 1, 12, Schmitt Glaeser, JZ 1983, 96 f; BVerfG, NJW 2006, 3052, 3053.
577 BVerfGE 12, 113, 124; BVerfG, NJW 1961, 1156, 1157; Schmidt Leichner, NJW 1961, 819.
578 BVerfGE 61, 1, 11 f.; Scholz/Konrad, AöR 123, 60, 106; LG Kleve, NJW-RR 2005, 1632.
579 BGH, NJW 1962, 32; Seyfarth, NJW 1999, 1287, 1290; Benda, NJW 1994, 2266, 2267; BGH, NJW 1962, 152; OLG Hamburg, NJW 1967, 2314.

geschützte Ehre, ist somit zutreffend. Nicht verkannt wird dabei, dass Äußerungen im politischen Meinungskampf freilich immer in besonderem Maße unter dem Vorzeichen stehen, für die eigene politische Überzeugung zu werben. Um nicht der Gefahr des Nichtgehörtwerdens zu unterliegen, bedeutet das auch, dass man seine Überzeugung möglichst wirkungsvoll zur Geltung bringen muss.

Doch wenn das politische Balzen um den Wähler darin endet, dass eine politische Show, redaktionell von guten Werbefachkräften begleitet, das Ziel ist, darf wohl mit Recht nach dem eigentlichen Sinn der politischen Parteien und dessen zweifelhafter Erfüllung gefragt werden. Wenn sich der Äußernde dann sicher sein darf, dass auch hiervon diktierte polemische Überzeichnungen und vereinfachende Verkürzungen in der Kritik am „anderen Lager" um der Gewährleistung willen, die Art. 5 I GG für die wirksame Darstellung der eigenen Meinung auch und gerade im politischen Meinungskampf zuerkennt, von dem Kritisierten grundsätzlich auch auf die Gefahr hinzunehmen sind, dass Zuhörer den Stellenwert solcher Polemik falsch einschätzen[580], müsste man schon von Feinsinnigkeit und reputierlichem Schamgefühl gezeichnet sein, um diese „Chancen der höchstgerichtlichen Sicherheit" nicht auch auszunutzen und in der breiten Wählerschar zu punkten. Dies wird in seiner Notwendigkeit dann aber dazu führen, dass der Rücksichtslose an Medienpräsenz gewinnt und die Ehre, zumindest im politischen Meinungskampf, zur Farce mutiert. Ob dies tatsächlich bei den zitierten Entscheidungen zu Genüge bedacht war? Eine unabdingbare Rechtssicherheit ist in dem sensiblen Bereich des politischen Diskurses unverzichtbar.

Der Bürger muss wissen, was er darf und was er nicht darf. Bis jedoch, nicht zuletzt bedingt durch die nahezu uferlose Überprüfungsmöglichkeit des Bundesverfassungsgerichts, eine letzte gerichtliche Entscheidung ergeht oder veröffentlich wird, vergehen i.d.R. Jahre, in denen der Ruf ruiniert sein kann. „Die Gefahr, ins Unrecht gesetzt zu werden oder ohne Rechtsschutz geschädigt zu werden, ist so groß, dass die Klugheit den meisten Menschen rät, sich aus der politischen Debatte herauszuhalten. Vernunft hat das freilich nicht. Der politische Diskurs ist mangels hinreichenden Rechtsschutzes eine Frage der Macht, nicht eine Frage der Argumente"[581]. In

---

580 LG Kleve, NJW-RR 2005, 1632, 1634; zur Zulässigkeit von Meinungsäußerungen in der politischen Diskussion auch BayObLG, NStZ-RR 2002, 210; AG Chemnitz, NJW-RR 2004, 44; LG Frankenthal, NJW 2006, 623; LG Kleve, NJW 2006, 623; LG Köln, NJW-RR 2006, 123; BGH, VersR 1984, 88.

581 Schachtschneider, Medienmacht versus Persönlichkeitsschutz, 14.

einem Rechtsgespräch mit dem (damaligen) Richter am Bundesverfassungsgericht *Grimm* verteidigt dieser die streitgegenständliche Rechtsprechung und bezieht sich darauf, dass das Gericht stets auf der Linie geblieben ist, die das Lüth-Urteil 1958 eingeschlagen hat[582]. Dem ist in der Sache grundsätzlich nichts entgegenzuhalten. Auch in dieser Dissertation wurde und wird vehement die Bedeutung der Meinungsfreiheit verteidigt als eines der Grundrechte schlechthin, die den demokratischen Staat bereichern und eine freiheitliche demokratische Grundordnung sicherstellen. Indes stellt sich schon anhand der Aussage, man sei auf der Linie eines Urteils von 1958 geblieben, die Frage, ob die damals aufgestellte Grundrichtung nicht der Zeit entsprechend hätte modifiziert werden müssen.

Grimm erklärt in dem Rechtsgespräch weiter richtig, dass zu den individuellen Interessen (Meinungsfreiheit auf der einen, Ehrenschutz auf der anderen Seite) als „dritte Dimension ein überindividueller Gesichtspunkt" hinzutrete, nämlich der demokratische. Dies gelte zumindest dann, wenn es um Auseinandersetzungen in Fragen gehe, die die Öffentlichkeit wesentlich berühren[583]. Hierbei stellt Grimm zu Recht die Verknüpfung der Meinungsfreiheit mit dem demokratischen Grundgedanken dar und wirft diese ebenso in die Abwägungsschale mit ein. Dem ist bedenkenlos zuzustimmen, wurde doch auch hier versucht, die Bedeutung der Meinungsfreiheit für eine funktionsfähige Demokratie - in der gebotenen Kürze - darzustellen[584]. Gleichzeitig darf nicht außer Acht bleiben, dass nicht nur die Meinungsfreiheit, sondern auch der Ehrenschutz fundamentale Werte der Demokratie darstellen. Ein demokratisches Gemeinwesen braucht neben dem Recht freier Meinungsäußerung auch den Schutz der Ehre des Bürgers. Dies vergisst Grimm offenbar.

Gleichzeitig muss klargestellt werden, dass die in dieser Arbeit aufgeworfenen Kritikpunkte auch nicht den Kern der exemplarisch genannten Urteile in Frage stellen sollen, sondern deren Bewertung am „Randbereich", in der Abwägung, zum Gegenstand haben. Wenn Grimm also auf die Frage, wie sich die Fürsorgepflicht für den Ehrenschutz des Bürgers im privaten Bereich von der im öffentlichen Meinungskampf unterscheide, antwortet, dass die Auflösung des Konflikts zwischen Meinungsfreiheit und Ehrenschutz nicht derart beschaffen sein dürfte, dass die Offenheit der Auseinandersetzung und die Möglichkeit, auch „kritische und irritierende Positionen zu ver-

582 Grimm, ZRP 1994, 276.
583 Grimm, ZRP 1994, 276.

treten oder Missstände aufzudecken, leidet", dafür seien dann auch „gewisse Härten und Schärfen in Kauf zu nehmen", bedeutet dies doch letztlich nichts anderes, als dass der Ehrenschutz in einer die Öffentlichkeit wesentlich berührenden Frage, bewusst reduziert wird. Alleine die Tatsache, dass von „irritierenden Positionen" und gewissen „Härten und Schärfen" gesprochen wird, zeigt deutlich auf, dass hier Tatsächlichkeiten verharmlost werden und die Sensibilität für das Recht der persönlichen Ehre verlustigt wird. Es darf nicht von „irritierenden Positionen" gesprochen werden, wenn Menschen und deren (amtliche, rechtmäßige Handlungen) als „Zwangsdemokraten"[585], „Gestapo Methoden"[586] oder „geborene Mörder"[587] tituliert und an den Pranger gestellt werden. Wenn dies als lediglich irritierend gewertet wird, so muss die Frage aufgeworfen werden, wann eine Grenze erreicht ist, die entsprechende Äußerungen unterbindet und in der Abwägung dem Ehrenschutz den Vorzug gewährt.

Es ist in der höchstgerichtlichen Rechtsprechung aber keine klare Grenze erkennbar; es entsteht eher der Anschein, es würde alles getan, um die Meinungsfreiheit unter bedingungslosen Schutz zu stellen. Wenn sich Grimm hierzu darauf beruft, das Gericht bestimme schließlich nicht den Auseinandersetzungsstil und das Meinungsklima, diese entwickelten sich in der Gesellschaft, bevor die Justiz eingeschaltet würde[588], so mutet das eher als ein Augenverschließen vor der Verantwortung an, die das erkennende Gericht innehaben muss. Selbstredend ist es die Gesellschaft, die entsprechende Äußerungen hervorbringt, und selbstverständlich ist es erst dann Aufgabe der Justiz, hierüber zu befinden, aber Grimm scheint in seiner Aussage nicht zu bedenken, dass der Mensch oftmals genau so weit in seiner Polemik gehen wird, wie seine (juristische) Grenze gezogen wird. Zieht das Gericht also keine Grenze bzw. entwickelt sich innerhalb der Gesellschaft das Gefühl, einer Verrohung der Sitten würde von Seiten der Justiz nicht adäquat begegnet, sondern im Gegenteil der Eindruck entsteht, man dürfe alles in jedwedem Ton sagen, dann muss das Gericht sich selbst in die Pflicht nehmen und hierüber befinden, ob es nicht vielleicht doch - zumindest in Teilen - kausal für das Meinungsklima ist. Ernsthaft darauf zu rekurrie-

584 Siehe hierzu unter Kapitel 4.
585 BVerfG, NJW 1991, 95, 97; BVerfGE 82, 272, 285.
586 BVerfG, NJW 1992, 2815.
587 BVerfGE 86, 1 ff.
588 Grimm, ZRP 1994, 276.

ren, dass, ehe dem Bundesverfassungsgericht vorgeworfen werden könne, es trage zur Verrohung der Sitten bei, müssten folglich die Sitten verroht sein (die Wurzel allen Übels liege also in der Gesellschaft und nicht in der Rechtsprechung[589]), erscheint daher eher wie die bekannte Diskussion um das Huhn und das Ei. Gelöst ist das Problem bei weitem nicht, lediglich die Verantwortung höchstgerichtlich verschoben. Freilich hat Grimm in diesem Gespräch auch klargestellt, dass die Art und Weise, in der das Gericht auf Änderungen des Meinungsklimas reagiere, selbst wieder zum Stil der öffentlichen Auseinandersetzung beitrage, es müsse eben „ein vernünftiger Ausgleich" gefunden werden, schränkt dies aber sofort wieder ein, indem er darauf abstellt, dass selbstredend der Umstand, dass die offene Auseinandersetzung für eine Demokratie lebenswichtig ist und in einer Demokratie auch „robust" sein darf, berücksichtigt werden müsse. Hierdurch stellt er klar, dass auf der Seite der Waagschale mit dem Ehrenschutz eben nur derselbige, auf der anderen Seite der Waagschale mit der Meinungsfreiheit aber ein „Mehr" ist, also von vornherein in der Abwägung das eine deutlich stärker als das andere wiegt.

b) Reduktion des Ehrenschutzes für Staatsdiener

Das Bundesverfassungsgericht setzt auch bei der Reduktion des Ehrenschutzes von Staatsdienern klare Richtlinien und falsche Impulse, denen die nachgeordnete Rechtsprechung folgt. Diese sind im Folgenden zu erörtern.

aa) Durchgeknallter Staatsanwalt

So hat das Bundesverfassungsgericht jüngst am 12.05.2009 einstimmig beschlossen, das Urteil des Amtsgerichts Berlin-Tiergarten vom 28. Januar 2004[590] und den Beschluss des Kammergerichts Berlin vom 3. September 2004[591] aufzuheben mit dem Argument, die Entscheidungen verletzten den Beschwerdeführer in seinem Grundrecht aus Art. 5 I GG. Juristischer Ausgangspunkt war die Fernsehsendung

---

589 Grimm, ZRP 1994, 276.

590 Az: 263a Cs 1097/03; vgl. auch Wohlers, JR 2009, 523, 526; Adam, NStZ 2010, 321; BVerfG, NJW 2009, 3503; KG Berlin, NJOZ 2009, 4435; BVerfG, AfP 2009, 361.

591 Az: 1 Ss 226/04.

„Talk in Berlin", die vom Nachrichtensender „n-tv" ausgestrahlt wird. In jener war unter dem Thema „Friedmann - die Öffentlichkeit und die Moral" über den damaligen Vizepräsidenten des Zentralrats der Juden, Dr. Friedmann, wegen des Verdachts des Kokainkonsums und damit einhergehend den Ermittlungen der Staatsanwaltschaft diskutiert worden. Anlässlich der Diskussionsrunde äußerte sich der Beschwerdeführer Naumann, Mitherausgeber der Zeitschrift „Die Zeit", kritisch zu der Vorgehensweise der Staatsanwaltschaft und beschimpfte den handelnden Staatsanwalt als „durchgeknallt". Naumann sagte: *„Ja, natürlich ist er durchgeknallt, weil er ganz offenkundig in der Lage ist, ein Ermittlungsverfahren zu beginnen und gleichzeitig die Presse zu informieren"*[592]. Das Amtsgericht Berlin-Tiergarten und auch das Kammergericht Berlin sahen hierin richtigerweise die Äußerung einer unzulässigen Schmähkritik. Das Amtsgericht verurteilte den Beschwerdeführer folgerichtig wegen Beleidigung zu einer Geldstrafe von 30 Tagessätzen zu je 300,00 €. Unter anderem wurde ausgeführt, das Wort „durchgeknallt" bedeute umgangssprachlich „verrückt" oder „durchgedreht" und werde gemeinhin auch genauso verstanden. Vom Standpunkt eines verständigen Dritten aus sei diese Bezeichnung als herabwürdigend und ehrverletzend anzusehen. Das Amtsgericht hat hier also völlig richtig eine Schmähkritik erkannt und ist damit den vom Bundesverfassungsgericht selbst aufgestellten Regeln in richtiger Auslegung gefolgt, eine Schmähkritik dann anzunehmen, wenn das Wort nur noch als Waffe dient und die Äußerung als Herabsetzung der Person verstanden werden darf[593].

In der Entscheidung des Bundesverfassungsgerichts, in welcher es allerdings der Meinungsfreiheit den Vorzug gab, führte es erneut aus, wegen der fundamentalen Bedeutung der Meinungsfreiheit für die demokratische Ordnung spreche eine Vermutung für die freie Rede, wenn es um Beiträge zum geistigen Meinungskampf in einer die Öffentlichkeit wesentlich berührenden Frage gehe und verwies auf ältere Entscheidungen zu dem bekannten Spannungsfeld[594]. Einmal mehr führt hier die Recht-

592 BVerfG, NJW 2009, 3016.

593 Unter anderem in BVerfGE 82, 272, 282; BVerfG, NJW 2005, 3274; BVerfG, NJW 1994, 2413; BGH, NJW 2000, 1036, 1038; BVerfG, NJW 1999, 204; BGH, NJW 1991, 95; OLG München, NJW 1992, 1323; BVerfG, ZUM 2004, 917, 918; BVerfG, AfP 1993, 476; BGH, ZUM-RD 2005, 123, 127; BVerfG, NJW 2003, 3760.

594 BVerfGE 7, 198, 212; 93, 266, 294; vgl. hierzu auch BVerfG, NStZ 1996, 26; BVerfG 12, 113, 129; OLG Düsseldorf, NStZ-RR 1996, 164, 166; OLG Hamm 1982, 659, 661; OLG Koblenz, NJW 1978, 1816; BVerfGE 82, 272, 284; BayObLG, NJW 2000, 3079, 3080; OLG Branden-

sprechung der obersten Richter zu einer nicht hinnehmbaren Entfremdung der Realität. Die Verfassungsrichter vermochten zwar noch erkennen, dass die Deutung des Amtsgerichts hinsichtlich des Wortlauts und des Sprachgebrauchs des Begriffes „durchgeknallt" korrekt erfolgte und hiermit zum Ausdruck gebracht werde, eine als solche bezeichnete Person sei „verrückt" oder „durchgedreht", „im modernen Sprachgebrauch wird das Adjektiv „durchgeknallt" umgangssprachlich in dem Sinne von „absonderlich, bizarr, extravagant, skurril, schrill, überspannt, wunderlich, exzentrisch, schrullig, überdreht", aber auch für „verrückt" verwendet"[595]. Gleichwohl ist die Entscheidung insoweit zu kritisieren als die Richter in der Äußerung keine Schmähkritik sahen. Zwar beinhalte sie eine „gewisse Schärfe" und auch einen ehrverletzenden Charakter, dennoch setzten die Richter den juristischen Hebel der freien Diskussion an, um der Meinungsfreiheit größtmögliche Entfaltungsmöglichkeit zu verschaffen und folgten ihrer bisherigen Rechtsprechung, indem sie weiter forderten, es müsse vielmehr noch hinzukommen, dass die persönliche Kränkung das sachliche Anliegen völlig in den Hintergrund dränge. Die Beurteilung dieser Frage erfordere regelmäßig, den Anlass und den Kontext der Äußerung zu beachten[596]. Der Kontext der Äußerung spreche nach Ansicht der Richter gegen die Annahme, dass der Beschwerdeführer dem Betroffenen pauschal die geistige Gesundheit habe absprechen und ihn damit ungeachtet seines Sachanliegens habe diffamieren wollen. Es liege aus Sicht des unvoreingenommenen Publikums eher nahe, dass er auch durch diese Begriffswahl Kritik an dem Umgang des als verantwortlich betrachteten Generalstaatsanwalts mit den Persönlichkeitsrechten eines Beschuldigten üben wollte. Die Äußerung habe also - wenn auch in polemischer und in herabsetzender Form - durchaus die Sachaussage transportieren können, dass ein als verantwortlich angesehener Staatsanwalt im Zuge der Strafverfolgungstätigkeit die gebotene Zurückhaltung und Rücksichtnahme auf das Persönlichkeitsrecht eines Beschuldigten in unsachgemäßer und übertriebener Weise habe vermissen lassen. Die rechtliche Beurteilung des Bundesverfassungsgerichts vermag nicht zu überzeugen.

---

burg, NJW 1999, 3339, 3442; OLG Düsseldorf, NStZ-RR 2006, 206; OLG Frankfurt am Main, NJW 1977, 1353, 1354; BVerfG, NJW 2003, 3760; Arzt, JuS 1982, 717, 722.

595 BVerfG, NJW 2009, 943.

596 So auch schon u.a. BVerfGE 93, 266,303; BVerfG, NJW 2005, 3274 f.; OLG Köln, MMR 2009, 265; OLG Koblenz, MMR 2008, 781; OVG Saarlouis, NVwZ-RR 2007, 544; OLG Düsseldorf, MMR 2006, 553; LG Frankfurt am Main, NJW-RR 2006, 1200.

Das Amtsgericht hatte die beanstandete Äußerung zutreffend als Schmähung angesehen und deshalb dem Ehrenschutz den Vorrang gegenüber dem Recht zur freien Meinungsäußerung aus Art. 5 I GG eingeräumt. Mit den Worten „durchgeknallter Staatsanwalt“ wird keine Sachaussage transportiert, es ist keine dem Beweis zugängliche Tatsache existent. Die Aussage ist zudem nicht geeignet, am öffentlichen Meinungsbildungsprozess teilzunehmen. Vielmehr dient die Äußerung lediglich dazu, den in der Ehre Betroffenen in der öffentlichen Meinung herabzuwürdigen, ihn also zu diffamieren.

Dies hätte aber die rechtliche Annahme einer Schmähkritik gerechtfertigt. Auch ein Recht zum adäquaten Gegenschlag, zur Retorsion, wie von Bundesverfassungsgericht und Bundesgerichtshof stets als Argumentation angeführt[597], besteht nicht etwa, weil vorab keinerlei Aktion des betroffenen Staatsanwalts zu verzeichnen war, die einen adäquaten Gegenschlag rechtfertigen könnte. Vielmehr hat das Bundesverfassungsgericht in Verkennung der tatsächlichen Intention der in Frage stehenden Äußerung die Ehre des Betroffenen reduziert, indem es der Argumentation des Beschwerdeführers folgte, der sich mit der Begründung verteidigte, „es handele sich um eine in der Umgangssprache durchaus übliche Metapher aus dem Bereich der Elektrizität für eine durchgebrannte Sicherung. Aus dem Kontext der Äußerung, der bei der Ermittlung ihres Sinngehalts hätte berücksichtigt werden müssen, ergebe sich, dass der Beschwerdeführer durch Verwendung eben dieser Metapher habe zum Ausdruck bringen wollen, dass die dem ersten Beamten der Staatsanwaltschaft obliegende Sicherung der Persönlichkeitsrechte von Beschuldigten in einem Ermittlungsverfahren versagt habe“[598].

Das Bundesverfassungsgericht hat mit dieser Entscheidung also einmal mehr der Meinungsfreiheit den Vorzug gegeben mit der Begründung, die Begriffswahl „könne durchaus“ auch eine Sachaussage transportieren. Wenn man dieser Argumentationskette folgt, wird bei eben dieser Betrachtungsweise nahezu jede diffamierende und polemisch herabsetzende Aussage in das Licht einer „möglicherweise transportierten Sachaussage“ gestellt werden können, da jede Äußerung letztlich in einem

---

597 Unter anderem in BVerfGE 12, 113, 129; BGH, NJW 1965, 1476, 1477; BGH, NJW 1964, 1471; BGHSt 12, 294; BGH, GRUR-RR 2008, 257; OLG Frankfurt am Main, GRUR 1992, 711; BayObLG, NStZ 1983, 126; BGH, GRUR 1957, 208; BayObLG, NStZ 1983, 265; BGH, GRUR 1966, 693, 694.

598 BVerfG, NJW 2009, 3016; BVerfG, WRP 2009, 943.

Kontext fällt, in dem man sprachlich geschickt eine vielleicht anmutende Sachdiskussion mit viel Phantasie erkennen könnte. Folgt man dieser Argumentation, so wird der Ehrenschutz in nicht hinnehmbaren Maße deutlich minimiert.

bb) Wegelagerer

In einem weiteren zu entscheidenden Fall im zu diskutierenden Spannungsfeld war Hintergrund eine Äußerung während einer Polizeikontrolle. In jener bezeichnete ein kontrollierter Autofahrer die Polizeibeamten als „Wegelagerer". In der Revisionsinstanz[599] wurde diese Äußerung als unter dem Schutz der Meinungsfreiheit gedeckt angesehen. Damit griffen die Richter die Grundsätze des Bundesverfassungsgerichts auf und attestierten der amts- und landgerichtlichen Entscheidung eine nur unzulängliche Prüfung des Erklärungsinhalts. Die Grundsätze höchstrichterlicher Rechtsprechung wurden herangezogen, nämlich dass bei der Auslegung der festgestellten Äußerung von deren objektivem Sinngehalt (Erklärungsinhalt) auszugehen ist, wie ihn ein unbefangener verständiger Dritter versteht[600]. Unter Zuhilfenahme dieser Grundsätze wurden die Polizeibeamten hier schutzlos gestellt, da die Richter der Revisionsinstanz mehrere, realitätsferne, Deutungsmöglichkeiten sahen. Dass ein objektiver Betrachter, auf dessen Urteil abzustellen ist, der Äußerung den Vorwurf entnehmen könnte, der Polizeibeamte sei ein Straßenräuber, sahen die Richter als fern liegend an. Im Übrigen bestehe das Recht des Bürgers, Maßnahmen der öffentlichen Gewalt ohne Furcht vor staatlichen Sanktionen zu kritisieren.

Damit rechnen sie eine derartige Äußerung dem Kernbereich des Grundrechts auf freie Meinungsäußerung zu und unterstellen wiederum scharfe und übersteigerte Äußerungen dem Schutzbereich des Art. 5 I GG. Mit dieser Auffassung wird der Meinungsfreiheit auch in völlig überzogenen Äußerungen eine derart überschießende Präponderanz eingeräumt, die weder durch die verfassungsrechtliche Stellung dieses Grundrechts noch durch den Schutz einer freiheitlichen demokratischen Grund-

599 BayObLG, NJW 2005, 1291.

600 BVerfG, NZV 1994, 486; BVerfGE 93, 266; BVerfG, NJW 1995, 3303, 3305; BVerfG, NStZ 1996, 127; BGHSt 3, 346, 347; BGHSt 16, 49, 52; BGH, NJW 1961, 1364; BGHSt 19, 235; BayObLGSt 2002, 24, 26; BayObLG, NStZ-RR 2002, 210.

ordnung, zu der gewiss das freie Äußern von Meinungen, nicht aber das Ehrabschneiden gehört, gerechtfertigt ist.[601]

cc) Gestapo-Methoden

Auch in einem weiteren „Paradebeispiel ungezügelter Meinungsfreiheit" hat das Bundesverfassungsgericht die Ehre von Polizeibeamten geopfert.[602] In einem Leserbrief in der „Badischen Zeitung" wurden rechtmäßig handelnden Polizeibeamten „Gestapo-Methoden" vorgeworfen. Die Beamten hatten eine jugoslawische Familie zur Abschiebung an den Flughafen Frankfurt am Main verbracht. Bei der rechtlichen Würdigung gelangte das Bundesverfassungsgericht zu der Auffassung, bei einer vorzunehmenden Gesamtabwägung wesentlich zu berücksichtigen, ob die verantwortlichen Beamten persönlich angegriffen wurden oder ob sich die scharfe Kritik gegen die Maßnahme richtete und die Ehrverletzung sich erst mittelbar daraus ergab, dass die Kritik an der Maßnahme auch einen unausgesprochenen Vorwurf an die Verantwortlichen enthielt. Letztlich befanden die Richter unverständlich und rechtlich ohne nachvollziehbare Rechtfertigung, dass hier eine mittelbare Ehrbeeinträchtigung anzunehmen ist, die im öffentlichen Meinungskampf regelmäßig geringes Gewicht beanspruche. Das Bundesverfassungsgericht hat mit der Entscheidung erneut verkannt, dass nach dem objektiven Erklärungswert des Leserbriefes die durchgeführte Abschiebung mit „Gestapo-Methoden" verglichen wurde und damit die zuständigen Beamten der Zentralen Abschiebebehörde in die Nähe des verbrecherischen Naziregimes gerückt worden sind, deren Ehre also auf das Schärfste in der Öffentlichkeit in Abrede gestellt wurde. Es kann nicht einleuchten, dass sich der verbale Angriff auf die Ehre der Beamten durch § 193 StGB i.V.m. Art. 5 I GG rechtfertigen lässt. Die Abwägung der Rechtgüter Ehre und Meinungsfreiheit hätten hier klar zu Lasten der Meinungsfreiheit ausgehen müssen, da die Art und Weise der verbalen Attacke in keinerlei Verhältnis zum Ehrangriff im konkreten Fall stehen. Auch kann die großzügige Auslegung der Meinungsfreiheit, wie sie in hitzigen Debatten praktiziert wird, nicht durchgreifen, da die Äußerung schriftlich und im Nachgang zu

---

601 Vgl. hierzu auch BGHSt 36, 145, BGH, NJW 1989, 3092; BGH, NStZ 1989, 528; BVerfGE 93, 266; BVerfG, NJW 1995, 3303; BVerfG, NStZ 1996, 127; Gounalakis, NJW 1996, 481; Schmitt-Glaeser, NJW 1996, 873.

Presseartikeln erfolgt ist. Insofern kann auch eine sachliche Aussage, die durchaus Kritik beinhalten kann, verlangt werden. Äußerungen der gegenständlichen Art treffen indes die Ehre der Beamten in ihrem Kernbereich, zumal diese objektiv keinerlei Veranlassung für den Konflikt gegeben haben. Dass das Bundesverfassungsgericht hier nur eine mittelbare Ehrkränkung angenommen hat, bleibt unverständlich. Die Äußerung war klar auf die eingesetzten Beamten gerichtet, diese, und zwar nur diese, wurden in ihre Ehre getroffen. Durch das weite realitätsferne Konstrukt des mittelbaren Eingriffs wurde die Meinungsfreiheit derart ungerechtfertigt privilegiert, dass von dem Ehrenschutz der Beamten nichts übrig blieb; er wurde in seinem Kern entkleidet. Bei konsequenter Anwendung der Grundsätze eines „mittelbaren Ehrangriffs" lässt sich durch diese Argumentationskette nahezu jedwede ehrabschneidende Äußerung juristisch rechtfertigen, weil hinter jedem Handeln eines Beamten letztlich das dahinter stehende Organ gemeint sein kann. Offensichtlich wurden vom Bundesverfassungsgericht die tatsächlichen Auswirkungen dieser Entscheidungspraxis verkannt. Dies führt zur klaren und signifikanten Reduktion des Ehrenschutzes und ist so nicht weiter vertretbar.

c) Reduktion des Ehrenschutzes für in der Öffentlichkeit stehende Personen

Auch fernab der Kritik an Politikern und Staatsdienern reduzieren das Bundesverfassungsgericht und die ihm nachfolgende Rechtsprechung oberer Instanzen den Ehrenschutz für in der Öffentlichkeit stehende Personen. Damit weitet das Bundesverfassungsgericht die Angriffsmöglichkeiten auf eine Personengruppe aus, die schlicht durch ihre Öffentlichkeitspräsenz ihre Ehre nach Ansicht der obersten Richter preisgibt.

aa) Gerichtsstand

Das Landgericht Köln z.B. entschied[603] unter Berufung auf die höchstgerichtliche Rechtsprechung, dass die Bezeichnung als „Arschloch" und „Hanswurschtschwuch-

---

602 BVerfG, NJW 1992, 2815.
603 LG Köln, NJW-RR 2002, 688.

tel“ von dem Grundrecht der Meinungsfreiheit gedeckt sei. Hintergrund war ein Zivilrechtsstreit zwischen den widerstreitenden Parteien. Der Kläger verklagte den Beklagten vor dem Amtsgericht Hamburg, was aufgrund der Gerichtsstandwahl nach § 32 ZPO möglich war. Aufgrund der für den Beklagten standortfernen Gerichtsstandortwahl sah sich dieser zu den gegenständlichen Äußerungen veranlasst. Eine rechtliche nicht zu beanstandende Wahl des Gerichtsstandes war somit Grund für eine derart diffamierende Wortwahl. Dies ist an Nichtigkeit kaum zu überbieten. Gleichwohl entschieden die Richter, es handele sich lediglich um eine pointierte Äußerung. Das Gericht folgte damit den vom Bundesverfassungsgericht aufgestellten Richtlinien und attestierte dem Recht der persönlichen Ehre völlige Wertlosigkeit. Ähnliche Ehrenreduktionen sind den nachfolgenden Beispielen zu attestieren, die vor dem gegenständlichen, rechtlichen Kontext zu erörtern sind.

bb) René Weller

Das Landgericht Potsdam wies am 14.09.2006 die Klage von René Weller gegen Günther Jauch wegen dessen Äußerung über ihn in der Sendung „Wer wird Millionär?“ vom 23. Dezember 2005 ab. Jauch hatte in der Sendung geäußert, Weller sitze „dauernd im Knast“. Das Landgericht stellte darauf ab, die Äußerung erreiche nicht die Grenzen der Schmähkritik. Die Richter wollten in der Äußerung keine Tatsachenbehauptung erkennen. Aus der gebotenen Auslegung der Äußerung ergebe sich, dass die Verwendung des Wortes „dauernd“ schon nach allgemeinem Sprachgebrauch auf den eher wertenden Charakter der Bemerkung hinweise. Dies ist unverständlich und m.E. auch falsch. Bei der streitgegenständlichen Äußerung „der sitzt ja dauernd im Knast“ handelt es sich gerade nicht um ein Werturteil. Die „Meinung“ ist nämlich geprägt durch eine subjektive Stellungnahme, sie enthält Elemente des Meinens, Glaubens, Dafürhaltens[604]. Sie dient der Darlegung der subjektiven Sicht des Sprechenden, ohne Anspruch auf allgemeine Verbindlichkeit zu erheben[605]. Tatsachenbehauptungen sind einem Beweis zugänglich. Und gerade die Beweisbarkeit selbst macht den tatsächlichen Unterschied auch aus: Ein Werturteil ist eine Aussa-

---

604 Badura Rn 62; BVerfG, NJW 1992, 1439, 1440; OVG Münster, NJW 1995, 1629, 1630.
605 OVG Münster, NVwZ 1985, 123; VGH Mannheim, NJW 1986, 340.

ge, die eine Stellungnahme enthält[606], womit sie der Darlegung der subjektiven Sicht des Sprechenden dient, ohne Anspruch auf allgemeine Verbindlichkeit zu erheben[607]. Werturteile lassen sich daher nicht als wahr oder unwahr qualifizieren[608]. Sie können nur darauf überprüft werden, ob sie sachlich sind und eine vertretbare Würdigung von Tatsachen enthalten[609], wobei Tatsachen zumindest theoretisch mit Mitteln des Beweises auf ihre Richtigkeit hin überprüft werden können[610]. Ob jemand dauernd „im Knast sitzt", ist dem Beweis zugänglich. Die Aussage suggeriert, der Betroffene sitze fortwährend wegen immer wieder neu begangener Delikte oder wegen eines mit lebenslanger Freiheitsstrafe bedrohten Deliktes in der Justizvollzugsanstalt. Dass René Weller dies gerade nicht vorgeworfen werden kann, könnte mit einfachen Mitteln im Prozess belegt werden.

Die Entscheidung des Landgerichts kann daher nur dergestalt verstanden werden, dass sie „blind" der scheinbaren Intention der höchstgerichtlichen Rechtsprechung folgt, freimütige, unsachgemäße Aussagen um jeden Preis zu schützen. Dabei scheint die Begründung für den Schutz Nebensache, entscheidend ist offenbar das Ergebnis, nämlich die Negierung des Schutzes der persönlichen Ehre. Dass Aussagen in Fernsehsendungen auch journalistisch sauber aufgearbeitet werden könnten, bevor eine Person öffentlich an den Pranger gestellt wird, scheint irrelevant zu sein. Protegiert wird durch diese Rechtsprechung somit das unüberlegte, ehrabschneidende Äußern, das Negieren des Ehrenschutzes, ohne jegliche rationale, verfassungsrechtliche Verankerung sowie das Reduzieren von elementaren Menschenwerten. Ethische und soziale Werte des Betroffenen werden diesem ganz oder teilweise abgesprochen. Die Folge der sozialen Isolation und Anprangerung des Betroffenen wird unter höchstrichterlicher Billigung hingenommen.

---

606 BVerfG, NJW 1992, 1439, 1440; OVG Münster, NJW 1995, 1629, 1630.

607 OVG Münster, NVwZ 1985, 123; VGH Mannheim, NJW 1986, 340.

608 BVerwG, NJW 1984, 2591; OVG Münster, NJW 1995, 1629, 1630; VGH Mannheim, NJW 1986, 340.

609 BVerfGE 40, 287, 293; BVerfGE 57, 1, 8; BVerfG, NJW 1989, 3269; Di Fabio, JuS 1997, 1, 7.

610 BVerfGE 90, 241, 247; BVerfG, NJW 1994, 1779; BVerfG, NJW 1999, 483, 484; BGHZ 132, 13; BGH, NJW 1996, 1131; BGH, NJW 1994, 2614, 2615; BGH, NJW 1993, 930, 931; BGH, NJW RR 1999, 1251; Seitz/Schmidt/Schoener Rn 336.

cc) Käse Vergleich

Der Bundesgerichtshof negierte kürzlich den Ehrenschutz für Mitarbeiter eines Buchverlages[611]. Ein Autor einer Zeitschrift veröffentlichte die Aussage, die Verlagsmitarbeiter verhielten sich „gegenüber den bei ihr publizierenden Autoren wie ein Lebensmittelhändler, bei dem man ein Pfund Käse verlange, es bezahle, dann aber zu Hause feststelle, dass man nur 100 Gramm bekommen habe und dies sei ja Betrug“[612]. Die Richter des Bundesgerichtshofs vertraten die Auffassung, durch die Veröffentlichung der Äußerungen seien keine geschützten Rechtspositionen des Verlages unzulässig verletzt. Es ist allerdings bei präziser Betrachtung des streitgegenständlichen Wortlautes nicht richtig, dass die Richter hier eine Schmähkritik nicht hätten erkennen können. Sie knüpften lediglich an die bisherige höchstgerichtliche Rechtsprechung an, von dem Vorliegen einer Schmähkritik nur dann „ausnahmsweise“ auszugehen, wenn bei der Äußerung nicht mehr die Auseinandersetzung in der Sache, sondern die Diffamierung des Betroffenen im Vordergrund steht, der jenseits polemischer und überspitzter Kritik herabgesetzt und gleichsam an den Pranger gestellt werden soll[613] Trotz der Folgerichtigkeit der Entscheidung des Bundesgerichtshofs in der Sache ist die Entscheidung gleichwohl nicht überzeugend, da bereits die Anknüpfungsgrundlagen falsch gewählt sind und die restriktive Auslegung des Begriffs der Schmähkritik unangebracht ist. Wenn einem jeden ohne jeglichen Nachweis und ohne rechtliche Konsequenz vorgeworfen werden kann, er betrüge seine Kunden, so stellt dies klar eine höchstgerichtliche Billigung des Ehrabschneidens dar. Auf eine Reizüberflutung zu rekurrieren und somit starke und ehrabträgliche Formulierungen, die scharfe und abwertende Kritik zum Inhalt haben und mit übersteigerter Polemik vorgetragen werden, unter Schutz zu stellen, hindert eine friedliche und auf gedeihliches Zusammenleben ausgeprägte Gesellschaft. Meinungen verdienen nur dann gerichtlichen Schutz, wenn sie nicht in die Ehre eines anderen unverhältnismäßig eingreifen. Die höchstgerichtliche Rechtsprechung handelt allerdings konträr.

---

611 BGH, NJW 2002, 1192.

612 BGH, VersR 2002, 445.

613 Vgl. z.B. BGH, NJW 2000, 1036; BGH, VersR 2000, 327, 330; BGH, NJW 2000, 3421; BGH, VersR 2000,1136, jew. m.w.N.; BGH, NJW 2009, 749; OLG München, NJW 1982, 1656; LG Karlsruhe NJW-RR 2008, 63, 65; BVerfG, NJW 2009, 3016.

dd) Rassistische Autorität

Dass nicht nur die höchstgerichtliche Rechtsprechung offensichtlich den Ehrenschutz reduziert, sondern sich auch im amtsgerichtlichen Verfahren auf die Grundsätze dieser Rechtsprechung bezogen wird, soll das Urteil des Amtsgerichts Oldenburg vom 06.07.2009 verdeutlichen[614]. Einem Leiter einer Aufnahme- und Ausländerbehörde wurde vorgeworfen, er sei eine „rassistische Autorität". Das Amtsgericht hat sich in seinem Urteil, in welchem es den Angeklagten von dem Vorwurf der Beleidigung freisprach, minutiös an die Vorgaben des Bundesverfassungsgerichts gehalten und dieses in allen Überlegungen und Erörterungen zitiert. Der Amtsrichter operierte mit der Vermutungsformel und gab in nicht nachvollziehbarer rechtlicher Würdigung, aber folgerichtig unter Berufung auf die Grundsätze des Bundesverfassungsgerichts an, der Persönlichkeitsschutz gehe regelmäßig der Meinungsfreiheit erst dann vor, wenn sich die Äußerungen als Angriff auf die Menschenwürde als Schmähkritik oder Formalbeleidigung darstelle. Dies ist nicht richtig und wirft die Frage nach einem fast blinden Gehorsam der höchstgerichtlichen Rechtsprechung auf. Abgesehen von der Fragwürdigkeit der Vermutungsformel sowie der engen Auslegung des Schmähbegriffs, nimmt der Schutz der Ehre gegenüber der Meinungsfreiheit zumindest an einer Abwägung beider Grundrechte teil, deren Ende offen und einzelfallbezogen sein muss. Dass der Amtsrichter hier in seiner weiteren Prüfung keine Schmähkritik in der Betitelung als „rassistische Autorität" sehen wollte, vermag durch nichts zu überzeugen. In seiner Prüfung geht er darauf ein, dass es sich um eine die Öffentlichkeit wesentlich berührende Frage handelt und folgt damit den Grundsätzen des Bundesverfassungsgerichts. Es kann aber schlichtweg dahinstehen, ob das streitgegenständliche Thema die Öffentlichkeit wesentlich berührt oder nicht, da dies bei der rechtlichen Überprüfung im konkreten Fall unerheblich ist. Die Betitelung als rassistische Autorität verfolgt für einen verständigen Dritten das Ziel, die bezeichnete Person als solche in der öffentlichen Meinung herabzuwürdigen. Sie ist darauf gerichtet, den Betroffenen an den Pranger zu stellen. Klarer kann eine Schmähung nicht gefasst werden. Dass das amtsgerichtliche Urteil sich schließlich noch mit den Worten an den Betroffenen wendet, „wer die Hitze nicht erträgt, sollte nicht in der Küche arbei-

614 AG Oldenburg, Az.: 46 Ds 600 Js 17518/08.

ten", zeigt nicht nur die Selbstverständlichkeit des Ehrabschneidens und seine gerichtliche Billigung, sondern auch, dass die höchstgerichtliche Rechtsprechung mit ihren hier kritisierten Grundsätzen bereits Ausmaße angenommen hat, die jedwedes Verständnis für den gerichtlichen Schutz auch auf unteren gerichtlichen Ebenen vermissen lässt.

2. Freie Rede und Ehre sind konstitutiv für die Demokratie

Wenn man sich die kritischen Erörterungen der letzten Kapitel verinnerlicht und vor dem geschichtlichen sowie sozialpolitischen Hintergrund analysiert, so ist evident, dass das Schutzgut der Meinungsfreiheit an eben jene hohe Stelle zu stellen ist, an der es zu Recht steht, denn politische Freiheit ist ganz wesentlich öffentlich wirksame freie Rede[615]. Grundsätzlich muss somit den meisten hier diskutierten Gerichtsentscheidungen im Kern Recht gegeben werden. Sinn und Zweck einer jeden Meinungsäußerungen ist es schließlich auch, den anderen von seinen Ansichten zu überzeugen. So darf es auch in der Politik, die in Bezug auf die dargestellten Grundrechte im Fokus der Diskussion stand, nicht dem engagierten Politiker verwehrt bleiben, sich derart über seinen politischen Widerpart zu äußern, dass dies auch ein jeder - unabhängig von Bildungsgrad und Feinsinnigkeit - zu verstehen vermag. Ergo wird man daher auch im Kern der Auffassung folgen müssen, dass eine Meinungskundgabe, gerade im politischen Wahlkampf, auch einmal „sportlich", „frisch von der Seele weg", geäußert werden darf, ohne dass sie direkt ihre enge juristische Grenze im allgemeinen Persönlichkeitsrecht findet und gerichtlichen Restriktionen unterliegt. Bei Äußerungen im politischen Meinungskampf über Fragen, die wesentliche Belange der Öffentlichkeit berühren, ist auch Kritik hinzunehmen, die in überspitzter Form geäußert wird. Nach Ansicht des Bundesverfassungsgerichts soll allerdings die Grenze der Zulässigkeit erst dann überschritten sein, wenn nicht mehr die Auseinandersetzung in der Sache sondern die Diffamierung der Person im Vordergrund steht[616]. Das Bundesverfassungsgericht verfolgt mit dieser Auffassung zwar den im

615 Kant, Metaphysik der Sitten, 345 f.

616 BGH, MDR 1995, 710; LG Kleve, NJW-RR 2005, 1632-1634; zur Zulässigkeit der freien Rede in der politischen Diskussion siehe auch AG Chemnitz, NJW-RR 2004, 44; BayObLG, NStZ-RR 2002, 210; LG Köln, NJW-RR 2006, 123; BVerfG 2008, 358; OLG Bamberg, NJW-RR 1999,

Grundsatz richtigen Weg, nämlich ein für die Demokratie wesentliches Grundrecht zu schützen und sicherzustellen, dass - auch in der Politik - der Kampf der Meinungen mit geistigen Mitteln ausgetragen werden kann. Letztlich wird so gewährleistet, dass eine demokratische Überprüfung der Staatsorgane stattfinden kann ohne Furcht vor Repressionen. Deswegen ist es richtig, die Meinungsfreiheit als konstitutiv für eine funktionierende Demokratie darzustellen. Doch auch wenn diesen Überlegungen im Kern vollends zuzustimmen ist, so ist eine kritische Analyse gleichwohl erforderlich, wo die Grenzen der freimütigen Äußerung - gerade im politischen Umfeld - sind. Die wohl herrschende Meinung sieht diese Grenzen freizügig und begründet dies mit dem Ziel einer Meinungsäußerung in der Öffentlichkeit. Es wird argumentiert, dass es der Sinn jeder zur Meinungsbildung beitragenden öffentlichen Äußerung ist, Aufmerksamkeit zu erregen, sind angesichts der heutigen Reizüberflutung aller Art im politischen Meinungskampf einprägsame, ja selbst überzeichnete Formulierungen hinzunehmen, und zwar selbst dann, wenn sie mit übersteigerter Polemik vorgetragen werden[617]. Wenn man dieser Argumentation aber folgen würde, so muss man sich auch die Frage stellen, was von dem Grundrecht des allgemeinen Persönlichkeitsrechts bei dieser restriktiven Auslegung übrig bleibt. Es kann schließlich nicht Sinn der Ausübung bzw. des Schutzes eines Grundrechts sein, dass das jeweils andere in seinem Kern entkleidet wird, von ihm also so gut wie nichts mehr bleibt. Doch genau das erfolgt unter höchstrichterlicher Billigung.

Die dargestellte Rechtsprechung verlagert den Grundrechtsschutz zu einseitig, wohl mit dem erkennbar reputierlichen Ziel, der Meinungsfreiheit vollumfängliche Entfaltungsmöglichkeiten zu gewähren. Hierbei wird aber gleichzeitig oftmals das Schutzgut des allgemeinen Persönlichkeitsrechts in der Abwägung nach hinten geschoben und von seinem eigentlichen Verfassungsrang verdrängt bzw. der Ausübung der Meinungsfreiheit erst dort eine juristische Grenze gezogen, wo eine sittliche Grenze - und nach hiesigem Rechtsempfinden - auch eine juristische Grenze längst überschritten ist. Dies geschieht in der offensichtlichen Verkennung, dass das allgemeine Persönlichkeitsrecht, insbesondere die Ehre, nicht nur ein Rechtsgut der Individual-

---

322; OLG Düsseldorf, NStZ 1992, 283; OLG Köln, NJOZ 2009, 1449; OVG Saarlouis, NVwZ-RR 2007, 544; OLG Frankfurt am Main, NJW-RR 2009, 457.

617 LG Kleve, NJW-RR 2005, 1632-1634; OVG Saarlouis, NVwZ-RR 2007, 544, 545; AG Pforzheim, NStZ-RR 2003, 202; OLG Karlsruhe, OLGZ 1977, 231, 23; Bölke, NJW 2004, 2352; OLG Köln, MMR 2008, 672, 674; OLG Hamm, NStZ 2008, 631; OLG Brandenburg, NJOZ 2008, 644.

person ist, sondern gleichzeitig ein Rechtsgut der Sozialperson darstellt, welches die Beziehung des betroffenen Menschen zu anderen Menschen schützt[618]. Die innere Ehre ist also zwangsläufig mit der (nicht nur für Politiker) notwendigen Anerkennung innerhalb der Gesellschaft verknüpft und bildet die sittliche und juristische Basis eines friedlichen Zusammenlebens. Eine Schmälerung führt somit immer auch zur Schmälerung der Person als Ganzes.

Gerichtlicher Schutz muss aber für eine gelebte freiheitliche Demokratie, zu der auch die friedliche Koexistenz des Souveräns gehört, alle Grundrechte wahren. Dies darf nicht einseitig geschehen und, wohl zum Zwecke eines reputierlichen Zieles - dem Schutz der Meinungsfreiheit -, das Recht der persönlichen Ehre verlagern, denn auch dieses ist wesentlicher Bestandteil der Menschenwürde und des demokratischen Gemeinwohls. Das Recht der persönlichen Ehre, eines Rechts, das verfassungsrechtlich positiviert ist, zu verlagern, es unter einen geringeren Schutz als die Meinungsfreiheit zu stellen, birgt die Gefahr der Isolation des Betroffenen und pervertiert mithin das Ziel der friedlichen Koexistenz. Dies gilt erst recht, weil das Recht der persönlichen Ehre eine eindeutige Verfassungsbeschränkung der Meinungsfreiheit darstellt. Diese eindeutige Beschränkung hat auch eine gerichtlich zu schützende Intention: Ein Defizit an Ehre bringt das prekäre Gleichgewicht einer ehrenhaften Gesellschaft aus der Balance und führt dazu, dass der Betroffene nicht mehr an der Gleichheit der Ehrenhaften partizipiert.

Letztlich wird darüber hinaus die Duldung von Angriffen auf den Ehrenschutz auch dazu führen, dass derjenige, der einen Teil seiner Person nicht schutzlos preisgeben will, sich gerade nicht mehr an dem Prozess der öffentlichen Meinungsbildung, einem unverzichtbaren Teil des demokratischen Lebens, beteiligen wird. Damit führt das Bundesverfassungsgericht das von ihm erklärte Ziel, den öffentlichen Meinungsbildungsprozess pluralistisch und offen für jeden zu halten, aber selbst ad absurdum. Der Schutz der persönlichen Ehre ist mithin genauso konstitutiv für die Demokratie wie der Schutz der Meinungsfreiheit. Der sakrale Schutz der Meinungsfreiheit gegenüber dem allgemeinen Persönlichkeitsrecht ist demnach nicht gerechtfertigt. Beide Rechte sind grundgesetzliche Freiheits- und Schutzrechte, sie sind dem Verfassungssystem einer freiheitlichen demokratischen Staatsordnung geradezu immanent

---

618 Vgl. auch Wolff, ZStW 1981, 901; BVerfG, NJW 2006, 3406, 3408; BGH, NJW 2005, 594.

und bedingen sich somit gegenseitig. Sie sind daher unter gleichen und gleichwirksamen gerichtlichen Schutz zu stellen.

3. Mediale Prangerwirkung, Öffentlichkeitsinteresse und kein ausreichender gerichtlicher Schutz

Die hier diskutierte Rechtsprechung negiert nicht nur im Kollisionsfall zwischen Meinungsfreiheit und Ehrenschutz das allgemeine Persönlichkeitsrecht und gibt es gerichtlich preis, sondern stellt ebenso die Pressefreiheit unter deutlich höheren Schutz als das allgemeine Persönlichkeitsrecht. Im thematischen Spannungsfeld dieser Arbeit sind vielfach auch die Normen des Kunsturhebergesetzes heranzuziehen und bei den Regeln der Bildberichterstattung zu würdigen. Grundsätzlich besteht für jede Person ein Recht am eigenen Bild. Dies wird als besondere Ausprägung des Persönlichkeitsrechts angesehen. Aus den Vorschriften der §§ 22, 23 KunstUrhG ergibt sich ein abgestuftes Schutzkonzept. Nach § 22 KunstUrhG dürfen daher Bildnisse grundsätzlich nur mit Einwilligung des Abgebildeten verbreitet werden. Eine Ausnahme diesbezüglich macht § 23 I KunstUrhG in Bezug auf Bildnisse aus dem Bereich des Zeitgeschehens. Jedoch auch bei solchen Personen, die unter dem Blickwinkel des zeitgeschichtlichen Ereignisses im Sinne des § 23 I Nr. 1 KunstUrhG ohne ihre Einwilligung die Verbreitung ihres Bildnisses dulden müssten, ist nach § 23 II KunstUrhG eine Verbreitung der Abbildung dann nicht zulässig, wenn hierdurch berechtigte Interessen des Abgebildeten verletzt werden. Problematisch ist an dieser Vorschrift zum Einen, wer genau eine Person der Zeitgeschichte ist, wie die Zeitgeschichte temporal und juristisch abzustufen ist und zum Anderen wie letztlich die Abwägung der berechtigten Interessen erfolgt. Als „relative" Person der Zeitgeschichte ist eine Person anzusehen, die durch ein bestimmtes zeitgeschichtliches Ereignis das Interesse auf sich gezogen hat. Über eine relative Person der Zeitgeschichte darf im Gegensatz zur absoluten Person der Zeitgeschichte nur im Zusammenhang mit diesem (singulären) Ereignis frei berichtet werden[619]. Eine darüber hinausgehende Berichterstattung ist nicht zulässig.

---

619 BGH, NJW 1965, 2148, 2149; BGH, NJW 1996, 878; BVerfG, AfP 2001, 212, 214; OLG Frankfurt am Main, GRUR 1991, 49, 50; OLG Hamburg, ZUM 1986, 400.

Die vollumfängliche Reduktion seines Persönlichkeitsrechts erfährt nach höchstrichterlicher Rechtsprechung demnach die „absolute" Person der Zeitgeschichte. Als eine solche Person gilt, wer aufgrund des Status und der Bedeutung allgemein öffentliche Aufmerksamkeit erregt, sodass die Person selbst Gegenstand der Zeitgeschichte ist und deshalb auch unabhängig von einem besonderen Ereignis abgebildet werden darf[620]. Dies führt zu einer nahezu uferlosen Ausschlachtung dieses „Status", der häufig unfreiwillig, beispielsweise durch Geburt in eine (Adels- oder Königs-)Klasse herbeigeführt worden ist. Um eben nicht einer uneingeschränkten Medienausschlachtung Tür und Tür zu öffnen, galt es auch hier, nach Sphären des Eingriffs zu unterscheiden. Nach der gängigen Rechtsprechung hatten auch solche Personen ein Recht auf Achtung ihrer Privatsphäre. Spektakulär in diesem Zusammenhang war die Klage der Prinzessin Carolin von Monaco und das anschließende Urteil des Bundesgerichtshofs vom 19.12.1995[621]. Caroline von Monaco hatte sich hierbei gegen die Veröffentlichung von Fotos mit ihrer Klage gerichtet, die in unterschiedlichen Situationen ohne ihre Einwilligung aufgenommen worden waren. Diese Situationen waren gemischten Charakters, jedoch im Wesentlichen privater Natur. Der Bundesgerichtshof kam zu dem richtigen Ergebnis, dass es auch für eine absolute Person der Zeitgeschichte eine geschützte Privatsphäre geben müsse. Dieses Recht gelte nicht nur innerhalb der eigenen vier Wände, sondern auch außerhalb des eigenen Hauses und zwar dann, wenn sich die Person objektiv erkennbar in eine räumliche Abgeschiedenheit zurückgezogen habe. Eine andere Auslegung und rechtliche Würdigung hätte indes auch fragwürdig angemutet, wäre es doch ansonsten Personen der absoluten Zeitgeschichte nicht mehr möglich, sich frei in der Öffentlichkeit zu bewegen und zwar unbehelligt vom kommerziell getriebenen Ablichtungswunsch der Fotografen. Im Übrigen müssten solche Personen aber nach der Rechtsprechung des Bundesgerichtshofs die Veröffentlichung von Bildaufnahmen hinnehmen, auch wenn diese sie nicht bei der Wahrnehmung einer öffentlichen Funktion zeigten, sondern ihr Privatleben im weiteren Sinn beträfen. Der Bundesgerichtshof hat sich also für das Kriterium erkennbarer räumlicher Abgeschiedenheit entschieden. Diese

---

620 BGH, GRUR 2007, 899, 900; BVerfG, NJW 1992, 3288, 3289; BVerfG, ZUM 1994, 636, 639; KG Berlin, AfP 2006, 369, 370; OLG Karlsruhe, NJW 2006, 617, 618.

621 BGHZ 131, 332; BGH, MDR 1996, 913, 915; OLG Hamburg, NJW-RR 1995, 790, 793; OLG Karlsruhe, NJW 2006, 617, 619; Gerlach, AfP 2001, 1, 8; Nixdorf, GRUR 1996, 842, 846; Kupfer, Jura 2001, 169, 176; Forkel, JZ 1997, 43, 45; Seidel, Recht und Politik 2005, 169, 174; Fahrenhorst, ZEuP 1998, 84, 102.

Rechtsprechung hat letztlich auch das Bundesverfassungsgericht gebilligt[622]. Diskutabel bei dieser bundesverfassungsrechtlichen Entscheidung ist allerdings, dass das Bundesverfassungsgericht zusätzlich ausgeführt hat, dass das öffentliche Interesse an solch herausgehobenen Personen eben nicht nur der Ausübung ihrer Funktionen gelte, sondern sich auch darauf erstrecken könne, wie sie sich generell in der Öffentlichkeit bewegten. Grundsätzlich ist zwar die dahinter stehende gerichtliche Intention erkennbar, rechtlich einen möglicherweise im Ansatz verständlichen Wunsch zu schützen, nämlich zu erfahren, ob solche Personen ihrer öffentlichen Funktion auch im privaten Bereich gerecht würden.

Dürften solche Personen nur bei ihren Funktionen abgebildet werden, so würde das öffentliche Interesse unzureichend berücksichtigt und zudem eine selektive Darstellung begünstigt, die dem Publikum Beurteilungsmöglichkeiten vorenthielte, die es jedoch für Personen des gesellschaftlichpolitischen Lebens wegen ihrer Leitbildfunktion und ihres Einflusses benötigt[623].

Diese Auffassung ist in ihren Grundzügen verständlich und auch rechtlich vertretbar, gleichzeitig stellt sich bei strenger Beachtung dieser Grundsätze aber die Frage, wo der Rest des Persönlichkeitsrechts und der Abbildungsfreiheit von Personen der absoluten Zeitgeschichte verbleibt? Hierbei soll nicht nur an solche Personen angeknüpft werden, die freiwillig die Öffentlichkeit gesucht haben, sondern auch solche Personen berücksichtigt werden, die unfreiwillig, sei es durch Heirat oder Geburt zur absoluten Personen der Zeitgeschichte „mutiert" sind. Darf bei diesen tatsächlich diese weite Rechtsprechung dazu führen, dass das Abbilden derselben in derart weiten Grenzen erlaubt wird?

Die Antwort liegt klar auf der Hand, wenn man sich die Folgen vergegenwärtigt. Folgte man dieser Auffassung nämlich, so würde der private Rückzugbereich dieser Personen auf ein Minimum reduziert. Aber auch bei Politikern, und gerade bei solchen der absoluten Zeitgeschichte, gilt es doch zu differenzieren und die oben genannten Abwägungskriterien der Rechtsprechung in Zweifel zu ziehen. Es mag richtig sein, dass der Souverän ein berechtigtes Interesse daran hat, zu erfahren, wie der ent-

---

622 BVerfG, VersR 2000, 773; vgl. hierzu auch BGH, NJW 2000, 1021, 1026; BVerfG, AfP 2010, 365, 369; LG Hamburg, ZUM-RD 2009, 676, 678; KG Berlin, ZUM-RD 2007, 53, 57; LG München, ZUM-RD 2000, 549, 553; Starck, JZ 2006, 76, 81; Ladeur, ZUM 2000, 879, 890; Peifer, GRUR 2010, 175, 176.

623 Müller, VersR 2008, 1141 ff.

sprechende Politiker sich privat verhält und insbesondere ob er die von ihm selbst aufgestellten politischen Richtlinien auch einhält. Gleichwohl ist es doch höchst fraglich, ob eine generelle Erlaubnis der Ablichtung in der Öffentlichkeit nicht zu weit geht. Folgerichtig und begrüßenswert war deshalb auch sodann das Urteil des Europäischen Gerichtshofs für Menschenrechte vom 24.06.2004[624]. Dieser hat hierbei insbesondere den Begriff der „absoluten Person der Zeitgeschichte" nicht akzeptiert, sondern die Klägerin in der Sache, Caroline von Monaco, als Privatperson eingestuft, die keine öffentlichen Funktionen ausübe und daher nicht dulden müsse, ohne ihre Erlaubnis fotografiert zu werden. Damit wurde letztlich auch den oben genannten Personen, die aufgrund persönlicher bzw. familiärer Umstände das Interesse der Öffentlichkeit auf sich gezogen haben, Rechnung getragen. Diese müssen richtigerweise anderen juristischen Abwägungskriterien unterliegen als solche, die bewusst die Medien und die Öffentlichkeit für sich genutzt haben. Nach dem Richterspruch des Europäischen Gerichtshofs für Menschenrechte reiche darüber hinaus das Kriterium der „örtlichen Abgeschiedenheit" nicht aus, um einen angemessenen Schutz der Privatsphäre zu gewährleisten. Trotz verständlicher Interessen sei es im Fall der Klägerin zumindest so, dass die Veröffentlichung der Fotos nur der Befriedigung der Neugier eines bestimmten Publikums diene. Diese „rechtliche Ohrfeige" für die Sensationsgier und den kommerziellen Wunsch der yellow press stieß in Deutschland auf heftige Kritik und wurde unter dem Aspekt der Freiheit der Berichterstattung diskutiert. Nachvollziehbar an der Kritik ist, dass durch das Aufgeben des rechtlichen Konstrukts der „Person der Zeitgeschichte" die Rechtslage nicht zwingend einfacher geworden ist. Nach dem Urteil kommt es jetzt neben dem Bekanntheitsgrad der Person vor allem auf den Informationswert der Berichterstattung an. Damit sind Streitigkeiten und einzelfallbezogene (unsichere) Abwägungen vorhersehbar. Der Bundesgerichtshof entscheidet nunmehr rechtlich fragwürdig[625], da kaum sicher vorhersehbar und somit stochastisch, dahingehend, dass er die Person der Zeitgeschichte relativiert hat. Hierbei kommt es nach dieser Rechtsprechung nicht mehr vordergründig auf die Person an, sondern es ist entscheidend, ob die Berichterstattung ein Ereignis der Zeitgeschichte betrifft. Somit steht der Kontext der Berichterstattung im Vordergrund.

---

624 EGMR, NJW 2004, 2647; EGMR, JuS 2005, 160.

625 BGHZ 171, 275; BGH, ZUM 2007, 651; BGH, GRUR 2009, 1091; OLG Hamburg, ZUM-RD 2009, 601; BGH, NJW 2009, 756; OLG Hamburg, NJW 2009, 784; BVerfG, GRUR 2008, 539; BGH, NJW 2008, 749; BGH, VersR 2007, 607, 681.

Seiner bisherigen Rechtsprechung folgend, hat der Bundesgerichtshof genauso deutlich gemacht, dass im Interesse der Informationsfreiheit der Begriff der Zeitgeschichte weit verstanden werden müsse. Dieser Begriff soll demnach nicht nur politische Vorgänge umfassen, sondern alle Geschehnisse von gesellschaftlicher Relevanz. Nach wie vor ist also eine Güter- und Interessenabwägung erforderlich und der Informations- oder Nachrichtenwert einer Berichterstattung entscheidungserheblich. Dies entspricht letztlich auch der bisherigen Entscheidungspraxis des Bundesgerichtshofs und der übrigen Rechtsprechung[626].

Das Bundesverfassungsgericht billigt diese Abwägungskriterien und verhilft wieder den Rechten aus Art. 5 GG zu vollumfänglicher rechtlicher Blüte mit der bekannten Folge der Reduktion des allgemeinen Persönlichkeitsrechts. Nach seiner Auffassung ist bei der Abwägung der von Art. 10 I EMRK verbürgten Äußerungsfreiheit besonderes Gewicht beizumessen, wenn die Berichterstattung einen Beitrag zu Fragen von allgemeinem Interesse leistet. Insoweit könne es nach Ansicht der obersten Richter sinnvoll sein, die jeweils Betroffenen zu typisieren. Hierbei hob das Bundesverfassungsgericht hervor, dass es auch der Europäische Gerichtshof für Menschenrechte selbst sei, der zwischen Politikern, Personen, die im öffentlichen Leben oder im Blickpunkt der Öffentlichkeit stünden und bloßen Privatpersonen unterscheide. Das vom Bundesgerichtshof entwickelte Schutzkonzept sei nicht zu beanstanden. Dieser habe es folgerichtig auch modifizieren und unter gleichzeitigem Verzicht auf die vormals angewandte Rechtsfigur der „Person der Zeitgeschichte" ausschließlich im Rahmen einer gebotenen Interessenabwägung überprüfen dürfen, ob die beanstandeten Bilder dem Bereich der Zeitgeschichte zuzuordnen seien. Weiter sei es gerade nicht zu beanstanden, dass der Bundesgerichtshof für den Informationswert darauf abstelle, ob ein Beitrag zu einer Diskussion von allgemeinem Interesse erbracht werde und hiervon auch eine Darstellung des Privat- und Alltagslebens prominenter Personen nicht ausnehme, soweit es von allgemeinem Interesse sei. Das Bundesverfassungsgericht leistet mit dieser Rechtsprechung einen erheblichen Beitrag dazu, dass klare Richtlinien des Europäischen Gerichtshofs für Menschenrechte aufge-

---

626 So z.B. BGH, VersR 2004, 522; BVerfG, VersR 2000, 773; BGH, NJW 2010, 2728; BGH, GRUR 2010, 549; LG Köln, NJOZ 2010, 1933; BGH, GRUR 2010, 266, BGH, GRUR 2009, 1089; BVerfG, NJW 2006, 2836, 2838; OLG Frankfurt am Main, GRUR 2006, 521; LG Berlin, NJW-RR 2005, 1565, 1567; KG Berlin, NJW 2005, 603.

weicht werden und somit (unbewusst) der tendenziös unlauteren Presseberichterstattung unverdient höchstrichterlicher Schutz zugebilligt wird.
Diese höchstgerichtliche Schutzlosstellung hat gerade eine prominente Politikerin in ihrem juristischen Kampf um ihr Persönlichkeitsrecht erfahren müssen. Dies hat zur Folge, dass Heide Simonis eine Klage vor dem Bundesgerichtshof verloren hat[627]. Diese durfte nach Ansicht der obersten Richter nach unmittelbarem Ende ihrer Amtszeit beim Einkaufen im Supermarkt, zu Hause im Garten, auf dem Weg zu Freunden und andernorts abgelichtet werden und zwar gegen ihren eindeutig artikulierten Wunsch. Völlig unklar und falsch negiert die höchstgerichtliche Rechtsprechung hier das allgemeine Persönlichkeitsrecht von Prominenten und Politikern auch nach Ende der politischen Tätigkeit fernab des ohnehin fraglich konstruierten abgestuften Schutzes eines Politikers, sein Persönlichkeitsrecht betreffend. Auch wenn es, wie dargestellt, zumindest diskutabel ist, einem Politiker mehr zuzumuten als einer Privatperson, was das Tangieren seines Persönlichkeitsrechts betrifft, so kann es mit den vordergründigen Motiven des gesteigerten Informationsinteresses im Lichte einer zur Demokratie gehörenden Meinungsbildung aber doch spätestens dann nicht weit her sein, wenn sich der Politiker auch nach Ausscheiden aus der aktiven Politik immer noch dem gleichen juristischen Reglement unterworfen sieht, das galt, als er noch aktiv war. Wenn die höchstgerichtliche Rechtsprechung auch dann noch ein „gesteigertes Informationsinteresse“ erkennen will, kann dies nur als bewusste Reduktion des allgemeinen Persönlichkeitsrechts verstanden werden. Der Begriff des Zeitgeschehens ist im Sinne dieser Vorschrift zugunsten der Pressefreiheit einerseits in einem weiten Sinn zu verstehen, andererseits ist das Informationsinteresse nicht schrankenlos. Vielmehr wird der Einbruch in die persönliche Sphäre des Abgebildeten durch den Grundsatz der Verhältnismäßigkeit begrenzt, so dass eine Berichterstattung nicht immer zulässig ist[628]. Wenn die höchstgerichtliche Rechtsprechung allerdings einen Bezug zur politischen Debatte in Fotos beim Einkauf einer ehemaligen Ministerpräsidentin im Supermarkt sehen will, so muss sich der geneigte Leser (sowie der jeweils Betroffene) doch klar fragen, was dann keinen Bezug zur politischen Debatte haben kann. Wenn Fotos, die Simonis auch in einem Geschäft neben einem Kleiderständer zeigen, der politischen Debatte zugeordnet werden, so bleibt

---

627 BGH, NJW 2008, 3134; BGH, GRUR 2010, 549; Seelmann-Eggebert, NJW 2008, 2551.
628 Czychowski, NJW 2008, 1571; KG Berlin, AfP 2007, 573-576; KG Berlin, NJOZ 2008, 168.

von einer freien Entfaltung der Persönlichkeit kaum noch etwas übrig. Einmal mehr muss sich den Betroffenen bei kritischer Analyse der höchstgerichtlichen Rechtsprechung das Gefühl aufdrängen, von dieser Rechtsprechung in ihrer Schutzsuche allein gelassen zu werden. Somit wird man sich wohl auch die Frage stellen müssen, ob dieser dann nicht zum Menschen mit Grundrechtsanspruch auf Persönlichkeitsrecht zweiter Klasse wird und diese zweite Klasse selbst nach Ausscheiden aus der aktiven Politik nie mehr verlassen kann. Ein „Upgrade zum Persönlichkeitsrecht erster Klasse" ist bei solchen Personen dann schlichtweg nach höchstgerichtlichen Gesichtspunkten nicht mehr möglich.

Es ist mit dem Schutz und der Achtung der Privatsphäre nicht vereinbar, trotz Protestes der Betroffenen ihre ständige Beschattung durch Fotografen fortzusetzen, ohne dass ein Ende absehbar ist. Bei anderer Betrachtung hieße dies sonst: Werde besser nicht politisch erfolgreich, sonst verlierst Du Deinen Ehrenschutz! Wohl kaum darf es sein, dass der Ehrenschutz zum Risikofaktor mutiert. Menschen dürfen nicht „Opfer der journalistischen Hexenjagd" werden unter Billigung höchstrichterlicher Rechtsprechung. Die „mediale Entblößungsmaschinerie" muss ihre Grenzen in dem jeweiligen Richterspruch finden. Dies gilt auch für Berichterstattung im vorgerichtlichen Verfahren. Die bloße Einleitung eines Ermittlungsverfahrens wird immer öfter als Freibrief für die öffentlich-exzessive Darlegung von Details selbst aus der Intimsphäre missbraucht und höchstgerichtlich gebilligt. „Der Schaden kann schlimmer sein, weit schlimmer als die spätere Verurteilung durch das Gericht (so es überhaupt eine Verurteilung gibt)", so *Prantl*, Chef des Ressorts Innenpolitik der Süddeutschen Zeitung und selbst vormals Richter[629]. Der Auffassung Prantls ist zuzustimmen. Die Privilegierung der Medienberichterstattung zu Lasten des betroffenen Bürgers missachtet offenkundig die soziale Auswirkung. Die Verbreitung von ehrabschneidenden Äußerungen ist für den Betroffenen ungleich schlimmer als eine Schmähung im privaten Bereich. Eine solche zerstört das soziale Beziehungsnetz und isoliert ungerechtfertigt global.

629 Prantl, DAV 6/09, 421.

4. Eingriff in die Kompetenz der Fachgerichte

Insbesondere im Bereich der tatrichterlichen Entscheidungsfindung maßt sich das Bundesverfassungsgericht eine Nachprüfung der originären tatrichterlichen Prüfung an, es installiert so eine höchstgerichtliche Naturalisation auf tatrichterlicher Instanz. Es mutiert zur Supertatsacheninstanz und überschreitet seine ihm zugedachte Kompetenz. Zwar beteuert es ständig, dass es nicht Aufgabe des Bundesverfassungsgerichts sein könne, „in jedem Einzelfall nach Art einer Superinstanz seine Vorstellung zu der zutreffenden Entscheidung an die Stelle derjenigen der ordentlichen Gerichte zu setzen“[630]. Gleichwohl greift es dann konträr zu dieser Aussage in das Urteil des Tatrichters ein, wenn ein Fall höchster Eingriffsintensität in Grundrechtssphären vorliegt. Voraussetzung einer Verfassungsbeschwerde durch „jedermann“ ist gemäß Art. 93 I Nr. 4a GG aber gerade - und allein - die Geltendmachung der Grundrechtsverletzung. Die Verfassungsbeschwerde ist mithin nicht Teil des Rechtswegs, sondern ein außerordentlicher Rechtsbehelf[631].

Auslegung des Gesetzestextes ist also Aufgabe des Tatrichters, dessen Entscheidung nur insoweit einer höchstgerichtlichen Kontrolle unterliegt, wie er spezifisches Verfassungsrecht verletzt hat. Dies ist auch vor dem Hintergrund sinnvoll, dass den Richtern des Bundesverfassungsgerichts geringere Erkenntnisquellen zur Verfügung stehen als dem sachnäheren Fachgericht. Ungeachtet dieser theoretisch richtigen Aufteilung, prüft das Bundesverfassungsgericht bei der Sinnermittlung von Äußerungen sogar, ob der Tatrichter alle alternativen, nicht so ehrenrührigen Deutungsweisen bedacht hat. Durch diese Nachprüfung im vollen Umfang ersetzt es die Wertung der Fachgerichte durch seine eigene Wertung. Dabei gerät es teils zu derart fern liegenden Deutungsmöglichkeiten, an die weder der sich Äußernde, noch der Betroffene noch irgendein Rezipient je gedacht haben könnten. Die höchstgerichtliche Rechtsprechung stellt mithin eine Äußerung unter einen Schutz, den sie nie ohne wirklichkeitsfremde höchstrichterliche Umdeutung hätte erfahren können. Die Schmähung wird so, wie beispielsweise in der bekannten „Soldaten sind Mörder“ Entscheidung, unter ungerechtfertigten Schutz gestellt. In dieser Entscheidung hatte

630 BVerfGE 18, 85, 92; BVerfG, NJW 1964, 1715; BVerfGE 19, 290, 303; BVerfGE 42, 143, 148; BVerfGE 43, 130, 135; BVerfGE 42, 64, 74; BVerfG, NJW 1970, 505; BVerfG, NJW 1977, 799; BVerfG 1976, 1391.

631 BVerfGE 18, 315, 325; BVerfGE 49, 252, 257; BVerfGE 93, 381, 385.

der mit der Sache betraute Senat erkennen wollen, dass die in Frage stehende Äußerung vielleicht auch das Bewusstsein persönlicher Verantwortlichkeit für das insgesamt verurteilte Geschehen der Wehrdienstleistenden schärfen und unter Umständen lediglich die Bereitschaft zur Kriegsdienstverweigerung fördern wollte. Einen so fern liegenden Äußerungsgehalt als mögliche Intention der streitgegenständlichen Kundgabe anzusehen, ist nicht nur widersinnig sondern auch realitätsfern. Sie privilegiert wiederum die ehrabschneidende Äußerung und minimiert den Ehrenschutz. Eine verfassungsrechtliche Überprüfung stellt keine Kompetenz des Bundesverfassungsgerichts dar, den eigentlichen Prüfungsgegenstand zu verändern, umzuinterpretieren oder im Sinne eines vollumfänglichen Meinungsfreiheitsschutzes diesen einer fernliegenden Deutung zuzuführen. Das Bundesverfassungsgericht überschreitet so klar seine Prüfungskompetenz und seinen vom Grundgesetz eingeräumten Kognitionsbereich. Es beansprucht systemwidrig die tatrichterliche Deutungskompetenz für sich und greift ungerechtfertigt in Entscheidungsspielräume ein, die der sachnäheren Fachgerichtsbarkeit mit ihren Aufklärungs- und Erkenntnismöglichkeiten in der mündlichen Verhandlung vorbehalten sind. Es schmälert das Ansehen der Fachgerichte und verschiebt die Grenzen der tatrichterlichen und revisionsrichterlichen Kompetenzen. Die Fachgerichte mutieren so zur höchstgerichtlichen Staffage. Die Anmaßung des Bundesverfassungsgerichts einer „Superrevisionsinstanz" muss als Fehlentwicklung beurteilt werden. Es greift schwer und aufgrund fehlender Sachnähe oft falsch in die originären Deutungskompetenzen der Fachgerichte ein und ignoriert gleichzeitig die verfassungsrechtlich manifestierte Funktionsteilung zwischen den Fachgerichten und dem Bundesverfassungsgericht selbst.

5. Keine Besserstellung des Ehrenschutzes durch den „Stolpe-Beschluss" des Bundesverfassungsgerichts

Mit seinem Beschluss vom 25.10.2005 hat das Bundesverfassungsgericht erneut eine wichtige Entscheidung im Kontext Meinungsfreiheit und Ehrenschutz getroffen[632]. Das Bundesverfassungsgericht hat hier überraschend entschieden, dem Persönlichkeitsrecht im zu untersuchenden Themenkomplex den Vorrang einzuräumen.

632 BVerfG, AfP 2005, 544.

Dies mag indes keine zu große Hoffnung auf einen besseren höchstgerichtlichen Ehrenschutz in Zukunft bergen. Im Gegenteil führt die Entscheidung lediglich das Prinzip des Unvorhersehbaren, der „höchstgerichtlichen Stochastik", fort. Streitgegenständlich war bei der Entscheidung die Aussage, der frühere Ministerpräsident und Bundesminister Manfred Stolpe sei „über 20 Jahre im Dienste des Staatssicherheitsdienstes tätig gewesen". Während noch das OLG Brandenburg realitätsnah in der Aussage die Behauptung erkannte, Stolpe habe aufgrund einer ausdrücklich oder konkludent abgegebenen Verpflichtungserklärung im Auftrag des Staatssicherheitsdienstes Informationen über Dritte gesammelt oder beschafft und an diesen Dienst als seinen Dienstherrn zu dessen Nutzen weitergeben[633], hob der Bundesgerichtshof im treuen Folgen der bundesverfassungsgerichtlichen Grundsätze über mehrdeutige Äußerungen das Urteil auf und wies die Klage ab. Dies war nach jahrzehntelanger gängiger Praxis des Bundesverfassungsgerichts auch folgerichtig, wenn gleich - wie erörtert – nicht richtig.

Überraschend änderte allerdings das Bundesverfassungsgericht, wohl weder für Kritiker noch für Befürworter der bundesverfassungsgerichtlichen Praxis vorhersehbar, seine eigenen Entscheidungsgrundlagen gänzlich ab. Es ließ den Bundesgerichtshof wissen, dieser habe die bundesverfassungsgerichtlichen Grundsätze zum Mehrdeutigkeitsgrundsatz zwar zugrundegelegt, jedoch ohne zu berücksichtigen, dass sie auf Ansprüche auf Unterlassung zukünftiger Äußerungen nicht in gleicher Weise anwendbar sind.[634] Das Bundesverfassungsgericht differenziert also nunmehr mithilfe der Begründung, der Äußernde habe die Möglichkeit, sich zukünftig eindeutig auszudrücken und damit klarzustellen, welcher Äußerungsgehalt gemeint ist. Es bestehe nach Ansicht der Verfassungsrichter kein verfassungsrechtlicher Grund, von einer Verurteilung zur Unterlassung abzusehen, weil die Äußerung mehrere Deutungsvarianten zulasse.

Wenn das Bundesverfassungsgericht weiter ausführt, anders als bei straf- oder zivilrechtlichen Sanktionen, die nachträglich an schon gefallene Äußerungen anknüpfen, sei ein Einschüchterungseffekt bei der entschiedenen Konstellation nicht zu erwarten, vermag es zum einen nicht zu überzeugen und zum anderen sowohl den Äu-

---

633 OLG Brandenburg, 1 U 33/96.

634 BVerfG, NJW 2006, 207, 208; vgl. zur Diskussion auch Mann, AfP 2008, 6 f.; Teubel, AfP 2006, 20, 22; Hochhuth, NJW 2007, 192; Seelmann-Eggebert, NJW 2008, 2551; Hochhuth, NJW 2006, 189.

ßernden als auch den Betroffenen in weitere Unklarheit zu stürzen. In der Rechtsprechung des Bundesverfassungsgerichts ist diese Erkenntnis der differenzierten Einschüchterung bislang nicht ersichtlich. Im Gegenteil hat das Bundesverfassungsgericht (und ihm folgend die nachgeordnete Rechtsprechung) den Mehrdeutigkeitsgrundsatz stets auch auf Unterlassungsklagen angewandt.[635] Es setzt sich so zu sich selbst in Widerspruch und maximiert das Prozessrisiko um ein Vielfaches. Weiterhin entschied das Bundesverfassungsgericht in der „Stolpe-Entscheidung", es akzeptiere die Rechtsprechung der Zivilgerichte, was die Sorgfaltspflichten hinsichtlich der Wahrheit der Aussage betreffe. Gleichwohl erstreckt es diese auf die korrekte Wiedergabe, was bei zweifelhaftem Wahrheitsgehalt bedeutet, dass auf Zweifel hinzuweisen ist und die Tatsache als nicht feststehend dargestellt werden darf. Die Bundesverfassungsrichter lassen damit neue Unklarheiten und damit auch Rechtsunsicherheit entstehen. Es dürfte in vielen Fällen völlig unklar sein, wann ein Wahrheitsgehalt zweifelhaft ist. Zudem ist ungewiss, wie der sich Äußernde erkennen soll, dass seine Äußerung „mehrdeutig" ist.

Auch die weiterführenden Hinweise des Bundesverfassungsgerichts, der Äußernde könne sein Äußerungsanliegen in freier Selbstbestimmung in einer das Persönlichkeitsrecht nicht verletzenden Art und Weise weiterverfolgen, lässt den sich Äußernden im Ungewissen darüber, was er künftig darf und was nicht. Auch dem Rezipienten wird hierdurch nur noch unklarer, ob es ökonomisch vor dem Hintergrund des Prozessrisikos sinnvoll ist, eine Unterlassungsklage anzustreben oder diese besser zu vermeiden. Die vom Bundesverfassungsgericht intendierte Verdrängung oder Minimierung eines Einschüchterungseffekts hat mithin konträre Züge angenommen. Sie hat das Gegenteil erreicht und zwar für beide Seiten. Hatte man bereits vor der „Stolpe-Entscheidung" kaum Chancen, seine Ehre vor Gericht geschützt zu sehen, so wusste man das allerdings wenigstens im Voraus. Nunmehr scheint das Bundesverfassungsgericht in einer Fallkonstellation eine Ausnahme zu machen, ohne jedoch nachvollziehbare und für die Zukunft beachtenswerte Regeln hierfür aufzustellen. Eine Wende der höchstrichterlichen Rechtsprechung kann nicht attestiert werden, lediglich eine weitere Leistung und Fortführung höchstrichterlicher Unklarheit.

635 BVerfGE 94, 1; BVerfGE 82, 43; BVerfGE 33, 52, 71; BGHSt 3, 346, 347; BGHSt 16, 49, 52; BGHSt 19, 235, 237; OLG Köln, NStZ 1981, 183; BVerfG, NStZ 1991, 279.

II. Zwischenergebnis

Politische Beleidigungen und Beleidigungen im öffentlichen Meinungskampf verfolgen in der Regel das Ziel, die Ehre des Betroffenen und die von ihm vertretene politische Anschauung in der öffentlichen Meinung herabzusetzen. Dadurch werden die politische Betätigung des Betroffenen und die Vermittlung von Sachinhalten wesentlich erschwert. Gerichtlicher Schutz ist unerlässlich, um dem entgegenzuwirken, da Beleidigungen im politischen Kampf geeignet sind, eine ernste Gefahr für die freiheitliche demokratische Grundordnung darzustellen. Das Bundesverfassungsgericht, der Bundesgerichtshof und auch die nachfolgende Rechtsprechung scheinen dies in grober Weise zu verkennen. Wie geschildert, verschiebt das Bundesverfassungsgericht Grundrechte einseitig und stellt so eine ungerechtfertigte Gewichtung und abgestufte Wertordnung her, die weder von dem eindeutigen Verfassungstext gedeckt noch in einer freiheitlichen demokratischen Grundordnung gewollt sein kann. Schon die klare Regelung in Art. 5 II GG beweist, dass dem Ehrenschutz eine besondere Bedeutung beigemessen werden sollte. Mit teils hanebüchenen Überlegungen, die an Realitätsferne kaum zu überbieten sind, konstruiert das Bundesverfassungsgericht eine Sonderstellung der Meinungsfreiheit und stilisiert dieses Recht hoch zu einem die Ehre überlagernden Grundrecht. Alleine die zurecht getroffene Ansicht, dass die Meinungsfreiheit eines der „vornehmsten Menschenrechte überhaupt“ sei, darf nicht dazu führen, dass der klare Verfassungstext negiert und durch extensive Auslegungen der Ehrenschutz ad absurdum geführt wird. Falsch wäre es sicherlich, die Wurzel allen Übels in der Rechtsprechung des Bundesverfassungsgerichts zu dieser Frage zu suchen. Im Gegenteil ist es auch die Gesellschaft selbst, die die Sitten verroht. Eine friedliche Gesellschaft kann aber eben nur dann überleben, wenn ein gewisses Wertesystem und ein sich gegenseitiges Achten jener immanent ist und von jedem Bürger beachtet wird. Dennoch ist die Frage nach einer adäquaten Reaktion der höchstgerichtlichen Rechtsprechung zu stellen. Verkannt wird dabei nicht, dass das Bundesverfassungsgericht nicht in der Sache des Rechtsstreits selbst entscheidet, sondern - zumindest vordergründig und theoretisch - „lediglich“ die Beachtung der Grundrechte durch die Fachgerichte sicherstellt. Dass die Realität durch klare Eingriffe in die Fachgerichte ein anderes Bild darstellt und sich das Bundesverfassungsgericht entgegen der permanent wiederholten Zitierung, es sei keine Superrevisionsinstanz, aufschwingt, die fachgerichtliche Tatsachenfeststellung durch eigene Feststellungen zu ersetzen, haben die vorliegenden Erörterungen belegt.

Die Aussage des Bundesverfassungsgerichts, die Fachgerichte genössen nach der grundrechtlichen Würdigung schließlich die Freiheit, die Sache „bei offenem Ausgang“[636] selbst zu entscheiden, darf in ihrer tatsächlichen Umsetzung bezweifelt werden. Formal trifft das zu, jedoch wird kaum von einer wirklichen Freiheit in der Abwägung gesprochen werden können vor dem Hintergrund der eindeutigen Entscheidungs- und Wertungspraxis des Bundesverfassungsgerichts. Das Bundesverfassungsgericht hält die Ehre offenbar nicht (mehr) für ein schützenswertes Gut und geißelt somit auch die Entscheidungspraxis der nachfolgenden Gerichte aufgrund der Allgemeinverbindlichkeit seiner Entscheidungen gemäß § 31 I BverfGG. Aufgrund dieser exponierten Stellung des Bundesverfassungsgerichts hätte es nicht nur das Recht, sondern auch die Pflicht gehabt, einen gerechten verfassungsrechtlichen Ausgleich zwischen Ehrenschutz und Meinungsfreiheit herbeizuführen. Dass es allerdings den Ehrenschutz zum Risikofaktor pervertiert, ist dem Souverän nicht verständlich.

Es ist klar, dass die zurückliegenden Kapitel, Zeilen und Thesen oftmals unter dem erhobenen, moralischen Zeigefinger diskutiert worden sind. Freilich wurde Rechtsprechung zitiert, die juristisch konform mit der Auffassung der meisten Juristen ist, gleichwohl wurde versucht, aufzuzeigen und zu sensibilisieren, dass man mit guten Argumenten und vor allem der Betrachtung der praktischen Auswirkung juristischer Entscheidungen auch eine andere Auffassung vertreten kann. Man wird, wie in vielen Entscheidungen, immer anderer Meinung sein können und viele Juristen werden die vorbenannten Gedankengänge auch nicht ihrer zueigen machen. Festzuhalten bleibt jedenfalls, dass das Bundesverfassungsgericht in den zitierten (und anderen) Entscheidungen den Ehrenschutz erheblich relativiert, der aber nach dem klaren Wortlaut des Grundgesetzes Schranke der in Art. 5 I GG geschützten Kommunikationsfreiheiten ist. Zurück bleibt ein in seinem Kern zum Teil vorhandener, aber in der gerichtlichen Praxis eher fragwürdig ausgestalteter Ehrenschutz. Insbesondere die Frage, wann eine Aussage als Schmähkritik gewertet wird mit der Folge, dass eine Abwägung der widerstreitenden Grundrechte nicht mehr stattfinden muss, ist einseitig durch das Bundesverfassungsgericht verlagert. Unhaltbar ist die Auffassung, den

Begriff der Schmähkritik in Wahlkampfzeiten noch mehr zu verengen und auch polemische Äußerungen als Ausprägung des Werbens um die Gunst der Wählerschaft vor Beschränkungen in Schutz zu nehmen[637]. Der klare gerichtliche Vorzug der Meinungsfreiheit vor dem Ehrenschutz ist nach der zurückliegenden Analyse zu attestieren.

Es wird dem Schutz der Meinungsfreiheit, der im Grundsatz berechtigt und notwendig erfolgt, eine maximale gerichtliche Sonderstellung eingeräumt, dass jegliche Verdrängungsmöglichkeit ihrerseits bereits im Vorfeld verdichtet wird. Es ist klar, dass ein mit Sanktionen bewehrter Ehrenschutz die Offenheit und Spontaneität der demokratischen Auseinandersetzung beeinträchtigen kann. Klagen von sich beleidigt fühlenden Politikern gegen Bürger oder die Presse sind nicht selten der Einstieg in ein autoritäres politisches System[638]. Gleichwohl ist die stetige Rechtsprechung des Bundesverfassungsgerichts nicht weiter hinnehmbar und führt zum Verlust schützenswerter und das demokratische Gemeinwesen prägender Werte. Die vorbenannten Überlegungen finden schließlich Stütze in der zu dieser Dissertation durchgeführten Umfrage. Während einige Politiker und Bürger ganz offensichtlich keine rechtlichen oder sittlichen Bedenken bei politischen Diffamierungen und Ehrangriffen haben, ja dies sogar für förderlich erachten, so hat doch ein Großteil grundsätzlich Anstoß an politischen Beleidigungen und der Art und Weise des politischen Umgangs mit dem Gegner gefunden. Die Umfrage wurde in einer Größenordnung durchgeführt, die vergleichsweise repräsentativen Charakter für alle Bundesbürger hat. Sie zeigt auf, dass die hier vertretene Ansicht nicht singulärer Natur ist. Es ist schlichtweg sinnlos und nicht einleuchtend, dass eine Reizüberflutung in der politischen Diskussion dazu führen soll, ihre weitere Speisung durch immer schärfere und rücksichtslosere Sprachkulturen zu erlauben. Diese Argumentation führt ansonsten zu einer Endlosschleife, einem Teufelskreis, und damit letztlich zur völligen Aufgabe eines gewissen, unverzichtbaren Standards der gegenseitigen Achtung. Ziel eines politischen Wahlkampfes darf es nicht sein, einen möglichst unterhaltsamen Wahlkampf zu führen, sondern mit politischen Inhalten zu überzeugen. Bei einer politi-

---

636 Grimm, ZRP 1994, 278.

637 BVerfGE 61, 1, 11 f.; Scholz/Konrad, AöR 123, 60, 106; Schmitt Glaeser, JZ 1983, 95, 100; OLG Jena, NJW-RR 2002, 258; BVerfG, NJW 1983, 1415; KG Berlin, ZUM-RD 2008, 466; OLG Bremen, NJW-RR 1993, 726; LG Köln, NJW 1999, 1970; OLG München, NJW 1996, 2515; OLG Hamm, NJW 1982, 1656; LG Karlsruhe, NJW-RR 2008, 63.

638 Möllers, Christoph, „Beleidigen leichtgemacht. Der Dummschwatzschutz“ in FAZ, 14.01.2009.

schen Sachdiskussion bedarf es schlichtweg aber gerade nicht der Diffamierung des politischen Gegners. Der Souverän ist intelligent genug, sich seine eigene politische Meinung aufgrund der politischen Inhalte zu bilden. Ein politisches Diskreditieren des politischen Gegners, mit dem Ziel, einen Wahlkampf interessant zu gestalten und sich auch ohne politische Inhalte vom politischen Widerpart prägnant abzusetzen, erinnert lediglich an „Brot und Spiele".

III. Einleitung zu Lösungsansätzen

Die zurückliegende Analyse hat die systematische Reduktion des Ehrenschutzes durch höchstrichterliche Rechtsprechung belegt und kritisiert. Es soll im Folgenden der Versuch unternommen werden, Lösungen zu finden, um den Ehrenschutz stärkerer höchstrichterlicher Unterschutzstellung zuzuführen. Doch wo ist der Königsweg zu finden? Wo genau ist der Mittelweg, der die Ehre hinreichend schützt und gleichzeitig nicht der Gefahr unterliegt, eine staatliche „Qualitätskontrolle" hinsichtlich Äußerungsinhalten einzurichten (und so eventuell unliebsame Meinungen per se aus dem Schutzbereich herausnimmt)? Der Weg des Bundesverfassungsgerichts ist es nicht. Nicht alles, was juristisch formal korrekt ist, kann auch Recht oder gerecht sein. Viele Normen, auch die Vorliegenden, eröffnen dem Richter bei seiner Rechtsfindung einen Ermessensspielraum und somit die Möglichkeit, auf den Einzelfall bezogen besonnen und gerecht reagieren zu können. Eine demokratische Gesellschaft, eine funktionierende, gelebte Demokratie, braucht nicht nur Gesetze, sondern auch Moral und Ehre. Beides sind keine Gegensätze, sondern sie können sich in der Rechtsfindung vereinen und dienen in ihrer Vereinigung dem inneren Frieden der Rechtsgemeinschaft. Nur durch gegenseitigen Respekt und homogene Integration des Volkes in den Verfassungsstaat unter gegenseitiger, gleichbedeutender Achtung der gegenseitigen Rechte, kann Demokratie gelebt werden. Eine pauschale Schlussaussage, eine verbindliche, alles umfassende Rechtsansicht, die sich lediglich in „schwarz oder weiß" erstreckt und sich darauf beschränkt, die Richtigkeit der Rechtsprechung zum allgemeinen Persönlichkeitsrecht zu bestätigen oder aber zu verneinen, kann auch in dieser Arbeit nicht gefasst werden. Eine pauschale Aussage dieser Art würde nicht dem Einzelfall gerecht und nicht die heterogenen Interessen aller Grundrechtsträger beachten. Es können schließlich nur Überlegungen angestellt werden, wie die Entscheidungspraxis optimiert werden könnte. Hierfür ist entscheidend, ob die höchstgerichtliche Rechtsprechung noch zeitgemäß ist oder eben den Tatsächlichkeiten entsprechend modifiziert werden müsste. Nach den vorliegenden Kapiteln ist evident, dass eine Modifikation erforderlich und angemessen ist sowie den Vorteil bringt, dass die Rechtsprechung sich nicht gebetsmühlenartig auf ehemals richtige (aber heute antiquiert wirkende) Aussagen und Richtlinien stützen muss. Recht wächst mit der Gesellschaft. Wenn diese sich entwickelt, müssen sich das Recht und die Rechtsprechung ebenfalls weiter entwickeln, um noch die Aussage, „im Namen des Volkes" zu entscheiden, für sich selbst in Anspruch nehmen zu können. Ansonsten würden die Kritiker, die sich vor Gericht in Gottes Hand wähnen, Recht bekommen.

IV. Modifizierung der Vermutungsformel und des Begriffs der Schmähkritik

Als denkbarer Lösungsansatz käme in Betracht, die Rechtsprechung des Bundesverfassungsgerichts, die Vermutungsformel der freien Rede[639] gerade in Wahlversammlungen zu einer „Supervermutungsformel"[640] zu verdichten, wonach gegen Äußerungen nur noch in äußersten Fällen eingeschritten werden darf[641], aufzugeben bzw. den heutigen gesellschaftlichen Gegebenheiten anzupassen. Die Vermutungsformel hatte ihre Berechtigung und hat sie wohl in ihren Grundzügen immer noch. Gleichwohl zeigen der Umgang und die Rücksichtslosigkeit der Menschen in Bezug auf die Ehre des Anderen, dass zu exzessiv Gebrauch von der Freizügigkeit der ehrabschneidenden Rede gemacht wird. Die Ehre zu schützen und sie nicht auf minimalistischen gerichtlichen Schutz zu beschränken, muss auch im Sinne einer friedlichen Koexistenz eines der obersten Ziele dieses Staates und eines der obersten Güter, die es durch die Justiz zu schützen gilt, sein. Den Begriff der Schmähkritik in Wahlversammlungen noch mehr zu verengen, führt zum Gegenteil. Diese Rechtsprechung hat zwar eine ehrbare Intention, aber sie ist aufgrund ihres Alters bzw. der

639 BVerfGE 7, 198 ff.; BVerfG, MDR 1958, 146; BVerfG, NJW 1958, 257; BVerfG, NJW 2003, 1787, BVerfG, NJW-RR 2004, 1710.
640 Scholz/Konrad, AöR 123, 60, 106; Otto, NJW 2006, 575; Kriele, NJW 1994, 1897.

sich negativ und rücksichtslos entwickelnden Sprachkultur, gerade in der politischen Diskussion und der Werbung um den Wähler, heute nicht mehr zeitgemäß und führt zum bedingungslosen Ehrabschneiden und zur Reduzierung des Ehrenschutzes. Gleichzeitig setzt sie falsche Impulse und Anreize, die politische Diffamierung zu perfektionieren und zu maximieren. Gibt man die Rechtsprechung auf, die Grenzen der Schmähkritik in Wahlversammlungen noch enger zu ziehen und belässt es bei der üblichen Abwägung, der praktischen Konkordanz, so wird man gerechtere Ergebnisse erzielen und degradiert den Ehrenschutz nicht zum Recht „zweiter Klasse". Eine solche Vorgehensweise hätte im Übrigen den entscheidenden Vorteil, dass der Ehrenschutz verfassungsgemäß nicht per se von gerichtlichem Schutz ausgeschlossen wird, sondern eine einzelfallgerechte Abwägung erfolgen kann. Es gibt nämlich keinen zeitgemäßen vernünftigen Grund (mehr), dass bei Auseinandersetzungen zwischen politischen Parteien in einem Wahlkampf Art. 21 I 1 GG für die Zuordnung von Meinungsfreiheit und beschränkenden Gesetzen von wesentlicher Bedeutung ist und die Vermutung für die Zulässigkeit freier Rede mit der Folge verstärkt, dass gegen das Äußern einer Meinung nur in äußersten Fällen eingeschritten werden darf[642]. Diese Ansätze sind zwar grundsätzlich richtig, sie sind aber einerseits antiquiert, andererseits werden sie der Verrohung der Sprachkultur heute nicht mehr gerecht. Die Welt hat sich verändert, die Menschen haben sich verändert, die Politik hat sich verändert, die Sprachkultur hat sich verändert, nur die höchstgerichtliche Rechtsprechung hat sich nicht verändert, sie zitiert unbeirrt die Grundsätze aus dem Jahr 1958. Diese Grundsätze können dann aber schlechterdings nicht mehr den heutigen Gegebenheiten entsprechen. Das stete Anwenden der Vermutungsformel seit dem Lüth-Urteil in Verbindung mit der Wechselwirkungstheorie führt zur evidenten Reduktion des Ehrenschutzes. Wenn das Bundesverfassungsgericht postuliert, gegen das Äußern einer Meinung dürfe in Wahlkämpfen nur in äußersten Fällen eingeschritten werden, führt dies zur Ermunterung der Schmähung.

Die extensive Auslegung der Meinungsfreiheit und die staatliche Preisgabe des Ehrenschutzes sind einer friedlichen Koexistenz nicht förderlich sondern führen diese

---

641 BVerfGE 61, 1, 12; BGH, NJW 1984, 1102; OLG Jena, NJW-RR 2002, 258; OLG München, NJW 1963, 493; OLG Brandenburg, NJW-RR 2002, 1269.

642 OLG Karlsruhe, NJW 19972, 1810; BVerfGE 61, 1, 12; BayObLG, NJW 1983, 1746; LG Frankfurt am Main, NJW 1974, 2244; LG Kleve, NJW-RR 2005, 1632; LG Hamburg, NJW-RR 2005, 187.

ad absurdum. Im Übrigen findet diese Überlegung auch keine Rechtfertigung, wenn man beachtet, dass das Bundesverfassungsgericht durch diese Methodik Meinungsäußerungen im politischen oder geschäftlichen Kontext privilegiert gegenüber privaten Meinungsäußerungen. Auch für diese Abstufung des Schutzbereiches besteht kein rationaler Grund. Völlig unklar und damit einer Rechtsunsicherheit dienlich ist auch die Voraussetzung der „die Öffentlichkeit wesentlich berührenden Frage“. Da diese Voraussetzung nicht klar abgrenzbar ist, der Souverän ohnehin keine klare Definition kennt und auch das Bundesverfassungsgericht in jeder Fallkonstellation neu und partiell obskur entscheidet, führt dies zur Einzelfallungerechtigkeit und Rechtsunsicherheit. Es entspricht also schlechterdings nicht der Ratio, nur noch in äußersten Fällen gerichtlich gegen Angriffe auf die Ehre einzuschreiten, sähe man bei dieser Betrachtung doch tatsächlich den Ehrenschutz des Betroffenen als weniger wichtiges Rechtsgut an und würde bewusst den Ehrenschutz reduzieren.

V. Grundrechtsherleitung

Auch die oben dargestellte Symbiose zwischen der Würde des Menschen und der allgemeinen Handlungsfreiheit lassen ein anderes Ergebnis als das der höchstgerichtlichen Rechtsprechung zu. Wenn bei der Rechtsfindung der Fokus der Herleitung des allgemeinen Persönlichkeitsrechts eher auf Art. 1 I GG als auf Art. 2 I GG gerichtet wird und somit unmittelbar als Grundvoraussetzung der Ehre die Menschenwürde angesehen wird, so muss dem Schutz des allgemeinen Persönlichkeitsrecht größeres Gewicht zukommen als es bisher in der Abwägung der Fall ist. Die Menschenwürde ist einer der Grundpfeiler dieses Staates, sie bildet die Grundlage des demokratischen Systems. Sie zu schützen ist Aufgabe des Staates, denn nur wem Ehre und Würde verbleibt und wer diesen Schutz durch staatliche Organe und Rechtsprechung erfährt, vermag in friedlicher Koexistenz zu leben. Es besteht also eine enge Verzahnung zwischen Menschenwürde und Persönlichkeitsrecht sowie friedlicher Koexistenz. Es ist gerade der Schutz der Menschenwürde, der die rechtliche Gewährleistung der freien Persönlichkeitsentwicklung und den Schutz der Ehre gebietet. Dem Bürger muss die Möglichkeit offeriert werden, seinen Eigenwert zu entwickeln und auch geschützt zu wissen. Art. 1 I GG ist somit Basis und Richtschnur des Persönlichkeitsschutzes. Die Würde des Menschen ist es, die die rechtliche Gewährleistung einer freien Persönlichkeitsentfaltung, zu der auch das Recht der Ehre gehört, gebietet. Das Persönlichkeitsrecht enthält nicht nur ein Abwehrrecht gegenüber staatlichen Maßnahmen und in nicht staatlichen Konflikten, sondern macht dieses unantastbar und fordert darüber hinaus gerade den Schutz durch den Staat. Dem Persönlichkeitsrecht gebührt Schutz von Seiten aller staatlichen Gewalt[643]. Das Grundrecht kann daher auch dadurch beeinträchtigt werden, dass der Staat diesen Schutz nicht gewährt. Eine Nichtgewährleistung - oder besser - Mindergewährleistung wurde durch die oben zitierte Rechtsprechung aber offenkundig und dürfte damit dringend überdenkenswert erscheinen. Eine klarere Verankerung in Art. 1 I GG in den Vorüberlegungen der rechtlichen Abwägung sowie die Sensibilisierung der erkennenden Richter für die Bedeutung der persönlichen Ehre innerhalb des gesamtstaatlichen Wertesystems würde somit das Gesamtbild und die Wertigkeit des Grundrechts stärken.

VI. Kein Schutz vor unsachlicher Polemik

Ebenso verhält es sich mit der Rechtsauffassung, unsachliche Polemik zu schützen. Nach Auffassung des Bundesverfassungsgerichts sollen auch polemische Äußerungen als Ausprägung des Werbens um die Gunst der Wählerschaft vor Beschränkungen in Schutz genommen werden[644]. Warum dies (heute noch) der Fall sein soll, wird m.E. keine sinnvolle, rechtliche Stütze finden können. Warum soll von Seiten der Justiz unsachliche Polemik geschützt werden? Mit welcher Rechtsgrundlage soll nachvollziehbar für den von der Polemik Betroffenen erklärt werden, dass sein Recht auf Ehre weniger wiege als das Recht des sich Äußernden? Wenn das Bundesverfassungsgericht ausführt, es handele sich hierbei um „Grundformen jedes Wahlkampfes, die prinzipiell in den Bereich des Meinungsmäßigen und damit in den Schutzbereich des Art. 5 Abs. 1 Satz 1 GG gehören“[645], so vermag diese Auffassung

643 BVerfGE 34, 269; BVerfGE 65, 167; v. Mangoldt/Klein/Strack, GG, Art. 2 Rn. 116 ff.; BVerfG, WM 1984, 152, 154; LG Kleve, NJW 2006, 623; BGH, NJW 1984, 1102; BVerfG, NJW 2003, 3760; LG Kleve, NJW-RR 2005, 1632; BGH, NJW 1974, 1762; KG Berlin, ZUM-RD 2008, 466.

644 BVerfGE 61, 1, 11 f.; Scholz/Konrad, AöR 123, 60, 106.

645 BVerfGE 61, 1, 18; OLG Jena, NJW-RR 2002, 258; OLG München, NJW 1963, 493; OLG Brandenburg, NJW-RR 1974, 2244; LG Frankfurt am Main, NJW 1974, 2244, LG Kleve, NJW-RR 2005, 1632.

schlichtweg nicht zu überzeugen. Nur weil etwas zum gewöhnlichen Verhalten mutiert ist und mithin nach Ansicht des Bundesverfassungsgerichts zur „Grundformel jedes Wahlkampfes“ gehört, wird es nicht aus sich heraus rechtmäßig und schützenswert. Nur weil Menschen stehlen, wird der Diebstahl nicht schützenswert oder gar straffrei. Den höchstgerichtlichen Schutz damit zu begründen, das (falsche) Verhalten gehöre zur Grundformel eines jeden Wahlkampfes, kann nicht überzeugen und führt weiterhin zur Verrohung der Sprachkultur und ist als Freibrief für alle Beleidiger und unsachlichen Polemiker im Wahlkampf anzusehen. Warum sich die Äußerungsfreiheit auf ein unendliches Maß erweitern soll, warum ein grober Ton aufgrund der „Reizüberflutung“ verfassungsgerichtlich gebilligt wird, verschließt sich vollends. Erst die verfassungsgerichtliche Billigung ist es, die die Verrohung der Sprachkultur fördert.

Die Rechtsprechung geht schließlich dann unverständlicher Weise so weit, dass dieser (falsche) Grundsatz auf Fälle ausgedehnt wird, in denen der Beleidiger überhaupt nicht persönlich angegriffen worden ist, sondern lediglich am politischen Diskurs teilnimmt. Allein diese Teilnahme rechtfertige ein „Recht zum Gegenschlag“, er habe sich durch dieses Verhalten eines Teils seiner schützenswerten Privatsphäre begeben. Das bedeutet, dass diese Rechtsprechung mithin ohne jedweden nachvollziehbaren Anlass abträgliche, aggressive und polemische Äußerungen fördert. Wenn bei alledem schließlich der ehemalige Richter am Bundesverfassungsgericht Grimm noch behauptet, das Bundesverfassungsgericht bestimme nicht das Meinungsklima, kann dem diesseits nur mit Unverständnis begegnet werden. Ergo ist unsachliche Polemik aus dem weiten Schutzkonzept des Bundesverfassungsgerichts zu entfernen.

VII. Rechtssicherheit durch Gesetz?

Die fachgerichtliche Rechtsprechung hatte bereits Rechtssicherheit geschaffen, als das Bundesverfassungsgericht mit der Wechselwirkungslehre und seinen Überlegungen zu einer Vermutungsformel und - weit schlimmer - seiner Modifizierung der Vermutungsformel zur Supervermutungsformel nicht nur für mehr Rechtsunsicherheit sorgte, sondern vor allem auch die Einzelfallentscheidungen an sich gezogen hat. Nach der Wechselwirkungslehre des Gerichts können die Gesetze, welche die Persönlichkeit schützen, wie die allgemeinen Gesetze des Art. 5 II GG, zur Verwirklichung des Wertgehalts der eingeschränkten Grundrechte ihrerseits eingeschränkt werden, es sei denn, dass sie diesen Wertgehalt schon bestmöglich verwirklichen. Die Wechselwirkungstheorie und die Vermutungsformeln haben letztlich in der Praxis des Bundesverfassungsgerichts zur Einzelfalljudikatur ohne sichere Vergleichbarkeit geführt. Ein Ausgang eines Ehrenschutzprozesses ist schlichtweg unklar, das Prozessrisiko zu groß, der Rechtsweg zu lang. Ist der Ruf einer Person erst ruiniert, dauert es Jahre durch alle Instanzen bis das Bundesverfassungsgericht die fachgerichtliche Rechtsprechung ersetzt und geltende Grundsätze einer Demokratie ad absurdum zu führen scheint. Man kann sich des Eindrucks nicht erwehren, dass es für die Entscheidung des Bundesverfassungsgerichts bedeutend ist, ob die geäußerte Meinung gesellschaftlich schick und konform ist oder nicht. Zur Gerechtigkeit gehört aber auch die Rechtssicherheit[646]. Ein Prinzip der Einzelfallentscheidung, welches die richtige Entscheidung durch Abwägung aller Umstände des jeweiligen Einzelfalles sucht und keine hinreichende Bindung an die Gesetze mehr erkennen lässt, verfehlt im Grundsatz Rechtsstaatlichkeit. Die Gesetzlichkeit ist elementares Prinzip der Rechtsstaatlichkeit. Eine Lösung dergestalt zu finden, dass in der vorliegenden Diskussion die Ehre positiv rechtlich ausgeprägt wird, also quasi ein abschließender Katalog an Ehrenschutzgesichtspunkten geschaffen wird, der klar vorgibt, was zur geschützten Ehre gehört und Vorrang vor der Meinungsfreiheit genießt, erscheint allerdings nicht nur unmöglich, sondern sogar kontraproduktiv, weil so den aktuellen Gegebenheiten und der sich stetig im Wandel befindlichen Gesellschaft, mithin den Anforderungen an wachsende, auch technische Ehrenangriffe, nicht hinreichend Rechnung getragen wird. Das Recht der persönlichen Ehre gewinnt aufgrund der gesellschaftlichen und rechtlichen Dynamik und Komplexität sowie aufgrund ständig neuer Technologien, wissenschaftlicher Forschungsmöglichkeiten und einer zunehmend entstehenden Mediengesellschaft immer mehr an Bedeutung für verschiedene rechtliche, gesellschaftliche und politische Bereiche. Eine abschließende tatbestandliche Normierung würde sich daher nicht als hilfreich erweisen, sondern zu einer ungewollten Beschränkung des gerichtlichen Schutzes führen. Die Gesellschaft verändert sich, Ehrangriffe gewinnen anderes, auch technisches Niveau. Es kann mithin nicht

646 BVerfGE 2, 380, 403; BVerfGE 3, 225, 237; BVerfGE 49, 304, 308; BVerfGE 82, 6, 12.

der Weg sein, Rechtssicherheit dadurch zu schaffen, indem vom jetzigen status quo abschließend ein Gesetz entwickelt wird, das diverse Ehrangriffe in einem Katalog vor Meinungsäußerungen schützt.

VIII. Klarere höchstgerichtliche Richtlinien

Durch die Eingriffe des Bundesverfassungsgerichts in die fachgerichtliche Rechtsprechung ist eine Rechtsunsicherheit entstanden, welche das demokratische Rechtsempfinden des Souveräns auf ein Minimum reduziert. Aber gerade in dem dargestellten Bereich des politischen Diskurses ist Rechtssicherheit ein elementares, auch prozessökonomisches Gut, wenn auch besonders schwierig zu realisieren. Wenn die höchstrichterliche Rechtsprechung nicht mehr verstanden wird und, so ergaben es im Wesentlichen die Umfrageergebnisse in Kapitel 6 dieser Arbeit, als Einzelfallungerechtigkeit und Verunsicherung über rechtmäßiges oder rechtswidriges Äußern von Meinungen führt, so bedarf es dringender Nachbesserung. Das Bundesverfassungsgericht muss klarere Richtlinien aufstellen und nicht durch unnötige „Abwägungen von weiteren Abwägungen“ zu einem nahezu undurchsichtigen Ausmaß an Rechtsunsicherheit und Konfusion beitragen. Der politische Diskurs mutiert sonst mangels hinreichenden Rechtsschutzes zur Frage der Macht, nicht zur Frage der Argumente. Wenn schließlich Grimm das Dilemma der Wechselwirkungslehre dargelegt und zugesteht, nichts anderes als die Einzelfalljudikatur bleibe übrig[647], so spricht das klare Worte und erfordert eine geschlossene und übersichtliche Rechtsprechung. Letztlich ist es also Sache des Bundesverfassungsgerichts, dafür Sorge zu tragen, dass die Gesetze dem Recht entsprechen, nicht aber, die Aufgabe der Fachgerichte zu übernehmen, die Gesetze im Einzelfall anzuwenden, mithin für unübersichtliche Einzelfallgerechtigkeit zu sorgen.

---

647 Grimm, NJW 1995, 1697, 1701.

IX. Das Grundgesetz als Basis

Das Grundgesetz bietet bereits eine hervorragende Regelung in dem Konflikt zwischen Meinungsfreiheit und Ehrenschutz, indem es die Kommunikationsfreiheiten in die Schranken nicht nur der allgemeinen Gesetze, sondern eben auch in die des Rechts der persönlichen Ehre gewiesen hat. Es ist also bereits eine hinreichende Klarheit geschaffen, wenn der Richter schlichtweg den Sachverhalt und die Ehre subsumiert. Nach der eindeutigen Verfassungssystematik soll also die gerichtliche Gewährung von Ehrangriffen gerade nur die Ausnahme sein. Das Bundesverfassungsgericht hat diese Sicherheit mit der Wechselwirkungslehre und seinen Vermutungsformeln nahezu aufgelöst. Das Recht der persönlichen Ehre hat im Zivilrecht und im Strafrecht seine Ausgestaltung und seinen Schutz gefunden. Das Bundesverfassungsgericht aber relativiert den Ehrenschutz, der nach dem Wortlaut des Grundgesetzes Schranke der in Art. 5 I GG geschützten Kommunikationsfreiheiten ist, im Interesse der Wirksamkeit dieser Freiheiten und hat mit seiner Einzelfalljudikatur einen verkümmerten Rest an Ehrenschutz dem Souverän belassen. Auch wenn der Erste Senat des Bundesverfassungsgerichts den Verfassungsrang des Ehrenschutzes grundsätzlich anerkennt, operiert er in diversen Entscheidungen immer wieder mit dem falschen Bild, der Ehrenschutz sei nur im Rahmen der allgemeinen Gesetze gewährleistet.

Ein einfaches Rekurrieren auf die klaren Vorgaben des Grundgesetzes reicht. Die Meinungsfreiheit findet demnach expressis verbis ihre Grenze unter anderem im Recht der persönlichen Ehre. Die Ehre soll also gerade kein Beispielfall der allgemeinen Gesetze sein, was sowohl mit dem Wortlaut des Art. 5 GG also auch mit dessen Entstehungsgeschichte belegt wird. Das Anliegen des Verfassungsgebers war es, mit der im Grundgesetz verankerten Meinungsfreiheit nachdrücklich einer grenzenlosen Ausuferung des politischen Meinungskampfes in den persönlichen Bereich entgegenzuwirken, weshalb der Schutz der persönlichen Ehre auch explizit neben den allgemeinen Gesetzen benannt wurde. Vor dem Hintergrund der Weimarer Republik wurde der bis dahin geltende Ehrenschutz als ungenügend angesehen und deshalb der Ehrenschutz als ausdrückliche Schranke eingefügt. Dies ist bei den Beratungen des Parlamentarischen Rates unbestritten gewesen und muss auch heute vom Bundesverfassungsgericht beachtet werden. Es besteht schlicht kein Bedarf, die „Norm aller Normen“ dergestalt durch ominöse Kasuistik aufzuweichen, dass sie in ihrem Sinn entkleidet wird. Dabei wird offensichtlich verkannt, dass die Ehre in der Menschenwürde verankert und ihr somit ein ebenso hoher Rang wie der Meinungsäußerungsfreiheit zugedacht ist. Die klar tendenziöse Rechtsprechung des Bundesverfassungsgerichts negiert dies. Eine Aufgabe der Rechtsprechung zu undurchsichtigen Vermutungsformeln und ein schlichtes Heranziehen der grundgesetzlichen Vorgaben würden zu mehr Rechtssicherheit und im Übrigen auch zur Respektierung des Grundgesetzes führen.

X. Keine Einschränkung des Ehrenschutzes in Wahlversammlungen

Es ist sinnlos, den Ehrenschutz von Politikern weiter zu beschränken als den eines „normalen“ Bürgers. Die Fehlentscheidungen der vergangenen Jahrzehnte seit dem Lüth-Urteil werden stetig durch das Bundesverfassungsgericht tradiert. Auf das Grundgesetz kann sich diese Rechtsprechung dabei nicht stützen. Zwar ist dem hinter der Rechtsprechung des Bundesverfassungsgerichts stehenden Gedanken im Grundsatz zu folgen, nämlich dass der Politiker, der sich der öffentlichen Kritik stellt, es ertragen muss, gründlicher als Privatpersonen zum Gegenstand öffentlicher Erörterungen gemacht zu werden[648]. Der Beachtung, die ein öffentliches Amt verleiht, entspricht das Recht auf kritische Beobachtung, ob die Persönlichkeit dem Anspruch des Amtes gerecht wird[649]. Gleichwohl darf der Politiker keinen geringeren Anspruch auf Schutz seiner Ehre haben, was faktisch von Bundesverfassungsgericht und Bundesgerichtshof entsprechend gehandhabt wird. Die Rechtsprechung dabei zu belassen, dass abzuwägen ist, ob und mit welchen Stilmitteln der von der herabsetzenden Äußerung Betroffene seinerseits an dem von Art. 5 I GG geschützten Prozess öffentlicher Meinungsbildung teilgenommen und sich somit aus eigenem Entschluss heraus den Bedingungen des Wahlkampfes unterworfen hat, wäre vollends ausreichend, um Rechtssicherheit zu schaffen. Jede Aktion sorgt für eine adäquate Reakti-

648 BGH, NJW 1962, 32; Seyfarth, NJW 1999, 1287, 1290; Benda, NJW 1994, 2266, 2267; BGH, NJW 1962, 152; OLG Hamburg, NJW 1967, 2314.
649 Benda, NJW 1994, 2266, 2267; vgl. auch Kübler, NJW 1999, 1281.

on. Warum aber nach höchstrichterlicher Rechtsprechung grundsätzlich Kritik am politischen Gegner gerade im Wahlkampf grundsätzlich hinzunehmen ist und zwar auch auf die Gefahr hin, dass der Wähler den Stellenwert der Polemik falsch einschätzt[650], ist genauso unverständlich wie sinnlos. Die Rechtsprechung macht so deutlich, dass der Politiker zum Ehrenschutzträger nach abgestuftem Rechtskonzept wird. Dies ist mit dem Grundgesetz und den Grundpfeilern einer Demokratie nicht vereinbar. Es darf kein Recht zum generalpräventiven Gegenschlag ohne Actio geben. Eine grenzenlose Unterwerfung unter die Bedingungen des öffentlichen Meinungskampfes ist somit grundsätzlich zu verneinen.

Eine andere Rechtsansicht führt sonst zwangsläufig zur Unterstellung, der Politiker erteile alleine durch seine Teilnahme an der Politik einen konkludenten Freibrief zur Beleidigung seiner Person. Dies ist klar abzulehnen. Eine Aufgabe dieser Rechtsprechung ist somit zu postulieren, liefe man bei kontinuierlicher Weiterentwicklung derselben doch Gefahr, dass wesentliche Mindeststandards eines Kommunikationsprozesses gesenkt und höchstgerichtlich bestätigt werden.

XI. Aufgabe der „Im-Zweifel-Entscheidung"

Wie in der Arbeit dargestellt, waren Mischäußerungen in der juristischen Beurteilung besonders schwierig, also solche, die sowohl Wertungen als auch Tatsachenbehauptungen beinhalten und somit bei der Beurteilung von etwaigen Ansprüchen des Betroffenen unterschiedliche Voraussetzungen erfüllen müssen. Nach höchstrichterlicher Rechtsprechung soll nun die Abgrenzung, ob eine Äußerung ein Werturteil oder eine Tatsachenbehauptung darstellt, nach ihrem Inhalt, so wie sie in ihrem Gesamtzusammenhang von den angesprochenen Rezipienten verstanden wird, erfolgen[651]. Damit wird die Abgrenzung entsprechend diffizil und das Ergebnis einer richterlichen Kontrolle nicht leicht voraussehbar. Maßgebend dafür, ob in der Äußerung eine Tat-

650 BGH, VersR 1984, 88; OLG Karlsruhe, OLGZ 1977, 231; BVerfG, NJW 1980, 2069; OLG Köln, NJOZ 2009, 1449; LG Kleve, NJW 2006, 623; BGH, GRUR 1995, 270; BVerfG, NJW 1977, 2205; LG Saarbrücken, NJW-RR 1993, 730; BVerwG, NJW 1984, 2591; OLG Karlsruhe, NJW 1972, 1810.

651 BGH, NJW 1988, 1589; BGH, GRUR 1972, 435, 439; BGH, NJW 1980, 1685; BGH, NJW 1976, 620; LG Duisburg, MMR 2008, 691; OLG Köln, MMR 2008, 101; OLG Frankfurt am Main, NJW 2005, 3363; OLG Karlsruhe, NJW-RR 1995, 477; BayObLG, NVwZ-RR 1994, 65, BGH, GRUR 1988, 402.

sachenbehauptung oder letztlich eine wertende Kritik zu erblicken ist, ist die Auffassung des unbefangenen Durchschnittsrezipienten des angesprochenen Adressatenkreises[652]. Die kritisierte Rechtsprechung legt im Sinne eines eher weit gefassten Schutzbereichs des Art. 5 I GG den Begriff der Meinung auch weit aus[653]. Sie geht sogar noch weiter und entscheidet sich bei Äußerungen im Rahmen politischer Auseinandersetzungen im Zweifel für eine Meinungsäußerung im Sinne eines Werturteils, was dann entsprechenden Schutz erfährt[654]. Völlig unklar wie nutzlos zugleich wird einmal mehr die Diskussion auf politischer Ebene, was den Ehrenschutz betrifft, in eine gerichtliche Schutzlosigkeit gedrängt, die keinerlei Rechtfertigung findet, und zwar weder im Grundgesetz noch im moralischen Empfinden des Souveräns. Es ist unverständlich und daher aufzugeben, dass bei mehreren möglichen Deutungen der Aussage schließlich diejenige der rechtlichen Beurteilung zugrundegelegt werden muss, die dem in Anspruch Genommenen günstiger ist und den Betroffenen weniger belastet[655]. Und lassen sich Tatsachenkern und Werturteil nicht mehr dergestalt voneinander trennen, dass sie aus sich heraus noch verständlich sind, sondern der Sinn der Äußerung verfälscht wird, ist die entsprechende Äußerung insgesamt nach Ansicht der Verfassungsrichter als Meinungsäußerung zu werten[656]. Mit diesen Richtlinien wird es dem sich lapidar Äußernden zu leicht gemacht, ihm wird das Geschenk der „im Zweifel für die Meinungsäußerung Rechtsprechung" überreicht, ohne hierfür

652 BGH, NJW 1975, 1882; BGH, NJW 1988, 1589 f.; OLG Brandenburg, NJW-RR 2002, 1269; OLG Hamburg, NJW-RR 1988, 737; OLG München, AfP 1990, 303; Löffler/Sedelmeier § 6 Rn 90; Soehring, 269 f.

653 BVerfG, NJW 1983, 1415; OLG Hamburg, AfP 1983, 409; BVerfGE 7, 198, 210; BVerfG, NJW 1980, 2069, BVerfG, GRUR 2010, 544; OLG München, NJW 2010, 2150; BGH, NJW 2010, 763; BGH, NJW 2009, 3580; BVerfG, NJW 2009, 3016; BVerfG, NJW 2009, 908; BGH, GRUR-RR 2008, 257; OLG Hamm, NStZ 2008, 631; BVerfG, NVwZ-RR 2008, 330; BGH, GRUR 2007, 441.

654 BVerfGE 43, 130, 139; BGHZ 65, 335; OLG Frankfurt am Main, NJW 1971, 471, 472; OLG Karlsruhe, OLGZ 1977, 231; BayObLG, NStZ-RR 2002, 210; OLG Nürnberg, NJW-RR 2008, 1434; OLG Hamm, NStZ-RR 2010, 173; BGHZ 45, 296, 308; BVerfGE 82, 51; BVerfG, NJW 1995, 3303; BVerfG, NJW 1991, 95; BVerfG, NJW 2005, 3274; BGH, NStZ 2006, 31.

655 Nach Ansicht des Bundesverfassungsgerichts soll Ziel der Deutung die Ermittlung des objektiven Sinns einer Äußerung sein. Maßgeblich soll daher weder die subjektive Absicht des sich Äußern den noch das subjektive Verständnis des Rezipienten sein, sondern der Sinn, den sie nach dem Verständnis einer unvoreingenommenen und verständigen Publikums sein. Eine isolierte Betrachtung des fraglichen Äußerungsteils ist daher für die Sinnermittlung nicht ausreichend nach Ansicht der obersten Richter; BVerfGE 61, 1; BVerfGE 82, 272, 280 ff.; BVerfGE 85, 1; BVerfGE 93, 266, 295 ff.; BGHZ 139, 95.

656 Vgl. hierzu BVerfGE 85, 1, 14 f.; BVerfG, NJW 1993, 1845; BGH, NJW 1994, 2614, 2615; BVerfGE 82, 43, 52; BVerfG, NJW 1995, 3303, 3309. Zur Tragweite des Grundrechts aus Art. 5 I GG vgl. auch BayObLG, NJW 1991, 1493; AG Spaichingen, NJW 1991, 1496, Kübler, JZ 1990, 916; BVerfG, NJW 1991, 95, Tettinger, JZ 1990, 1073.

gerechtfertigten Anlass gegeben zu haben. Warum sollen Äußerungen, die gerade im politischen Diskurs in voller Kenntnis dieser Rechtsprechung vorsätzlich als Mischäußerung getätigt werden, eine höchstgerichtliche Privilegierung finden? Es ist jedem zuzumuten, seine Äußerungen klar und überdacht zu tätigen, gerade dann, wenn er die Ehre eines anderen angreift. Wenn er dies nicht tut, muss er eben mit den rechtlichen Konsequenzen des Widerrufs leben, wenn er eine falsche Tatsachenbehauptung getätigt hat. Ein Recht des Widerrufs würde letztlich nämlich dazu führen, dass der sich falsch Äußernde selbst in Scham vor den Souverän treten und einen Fehler eingestehen muss. Dies hätte generalpräventive Abschreckungswirkung und würde dazu führen, in künftigen Diskussionen einen von überzeichneter Polemik geprägten Kampfstil zu überdenken und sachlich zu debattieren.

XII. Aufgabe der Subsidiarität des Geldentschädigungsanspruchs

Ist in die Ehre eingegriffen worden, so soll es nach der höchstgerichtlichen Rechtsprechung zur gerichtlichen Durchsetzung des entsprechenden Anspruchs neben der positiven Darstellung eines Eingriffs in das allgemeine Persönlichkeitsrecht erforderlich sein, die Rechtswidrigkeit derselbigen nachzuweisen. Dies hat die Aufgabe, über die Normwidrigkeit des schädigenden Verhaltens zu befinden[657] und ist anhand einer auf den Einzelfall bezogenen, sorgfältigen und umfassenden Güter- und Interessenabwägung – insbesondere unter Beachtung des Grundsatzes der Verhältnismäßigkeit[658] – gegen andere geschützte Rechte und Interessen vorzunehmen[659]. Soweit mag dem Bundesgerichtshof gefolgt werden. Letztlich wird aber nach höchstrichterlicher Rechtsprechung dem Betroffenen ein Ersatz immaterieller Schäden in

657 Im Gegensatz zu den übrigen Rechtsgütern und den Rechten aus § 823 I BGB, aber in Übereinstimmung mit der Dogmatik des Persönlichkeitsrechts, liegt die Besonderheit darin, dass die Rechtswidrigkeit nicht durch die Tatbestandsmäßigkeit indiziert wird, sondern aufgrund einer umfassenden Güter- und Interessenabwägung zu ermitteln ist; vgl. BGHZ 45, 296, 307; BGHZ 91, 117, 121; Palandt, BGB, § 823 Rn 32.

658 Die eigentliche Entscheidung fällt bei der Güter- und Interessenabwägung zwischen den Betroffenen einerseits und der Allgemeinheit andererseits, vgl. BGHZ 138, 318; BVerfGE 66, 116, 132; Palandt, BGB, § 823 Rn 184.

659 BGHZ 13, 334, 338; BGHZ 24, 72, 74; BGHZ 35, 363, 368; BGHZ 50, 133, 143; MüKo-Schwerdtner, § 12 Rn 188, 203; Palandt, BGB, § 823 Rn 184; Schlechtriem, JZ 1995, 363.

Geld nur unter einschränkenden Voraussetzungen gewährt[660]. Diesen Einschränkungen kann nicht länger gefolgt werden. Ziel der Einschränkungen ist es, dass nicht jede geringfügige Verletzung des allgemeinen Persönlichkeitsrechts die Verpflichtung zum Geldersatz für immaterielle Schäden nach sich zieht. Es soll mithin vermieden werden, dass unbedeutende Beeinträchtigungen in unangemessener Weise ausgenützt würden, um daran zu verdienen[661]. Dies mag soweit verständlich sein. Einen Anspruch auf Profit bietet das allgemeine Persönlichkeitsrecht nicht; ein Verlust an Profit bei Verletzung des Rechts besteht daneben gleichwohl.

Die Einschränkung, dass eine Entschädigung in Geld nur dann gewährt wird, wenn eine anderweitige Befriedigung des Opfers nicht möglich ist,[662] ist klar abzulehnen und aufzugeben. Der Anspruch in Geld muss nach diesen Grundsätzen dann zurücktreten, wenn die Verletzung auf andere Weise hinreichend ausgeglichen werden kann, wozu je nach Sachlage insbesondere die negatorischen Ansprüche, besonders der Widerruf, ein angemessenes und geeignetes Mittel darstellen können[663]. Selbst nach Ansicht des Bundesverfassungsgerichts soll die Gewährung eines Anspruchs auf Geldentschädigung ihre sachliche Rechtfertigung in dem Gedanken finden, dass das Persönlichkeitsrecht gegenüber erheblichen Beeinträchtigungen andernfalls ohne ausreichenden rechtlichen Schutz bliebe. Der Geldersatz hätte aber dann zurückzutreten, wenn die Verletzung auf andere Weise hinreichend ausgeglichen werden kann, wozu je nach Sachlage insbesondere die negatorischen Ansprüche dienen sollen. Dies bedeutet aber nichts anderes, dass dann die Persönlichkeitssphäre ohne hinreichenden Schutz bleibt. Eine derartige Subsidiarität des Geldentschädigungsanspruchs führt letztlich wieder nur zur Privilegierung des sich Äußernden, dem in der Ehre Betroffenen ist gerichtlicher Schutz auf geldwerte Entschädigung versagt. Diese Grundsätze sind daher aufzugeben. Neben den rechtlichen Schutzmöglichkeiten des Widerrufs oder des Unterlassens muss mit dem Anspruch auf Entschädigung in Geld

660 Siehe hierzu auch BVerfG, NJW 1973, 1221; BGHZ 26, 349; 39, 124; BGHZ 26, 349; BGH, NJW 2005, 216 m.w.N.; BVerfG, NJW 2000, 2198.

661 BGHZ 35, 363, 368. Ridder, AfP 1973, 453; OLG Stuttgart, NJW 1982, 652, 653; LG Düsseldorf, AfP 1978, 207, 211; BVerfG, MDR 1973, 737, BGH, DÖV 1963, 315, 316; BGHZ 35, 363, 367; BGHZ 128, 117, 119; Canaris, Festschrift für Deutsch, 85, 100; Diedrichsen, VersR 2005, 433, 437.

662 BGH, NJW 1971, 698; Palandt, BGB, § 823 Rn 200; LG Hamburg, ZUM-RD 2010, 331; LG Berlin, AfP 2008, 320; OLG Köln, MMR 2002, 548; LG Hamburg, NJW-RR 2000, 978; LG Krefeld, NJW-RR 1996, 984; BGH, GRUR 1992, 557.

ein gleichwertiger Rechtsanspruch gewährt werden, der es dem in der Ehre Betroffenen ermöglicht, vollwertigen Rechtsschutz zu genießen. Gleichzeitig hätte dies eine generalpräventive Abschreckungswirkung zur Folge, die für ein durchdachtes und hochwertiges Artikulieren sorgt. Die Besorgnis des Bundesverfassungsgerichts, einen gleichwertigen Anspruch auf Geldentschädigung neben die negatorischen Ansprüche zu stellen, könne die Bereitschaft, Kritik zu üben, restringieren, führt sich selbst ad absurdum, da durch diese Überlegung jedweder Kritik unabhängig von ihrer verbalen Qualität Schutzmöglichkeit gewährt wird. Kritik kann schließlich auch in angemessener Sprache erfolgen. Darüber hinaus schließt diese Rechtsprechung lückenlos an die minimierte Wertschätzung des allgemeinen Persönlichkeitsrechts, insbesondere der Ehre, an. Die Einstufung als „schwerwiegender Eingriff“ erfolgt auf minimalistischer Ebene, selbst die Bezeichnung einer Unfallbeteiligten mit Todesfolge anderer Fahrer als „vierfache Mörderin“ oder die Betitelung eines Promoters für Boxkämpfe als „König der Unterwelt“ wurden höchstgerichtlich gebilligt[664].

XIII. Einfügung eines § 188 Absatz III StGB

Ein weiterer Lösungsansatz, um einen ausgewogenen Ausgleich zwischen Meinungsfreiheit und Ehrenschutz im politischen Diskurs zu schaffen, wäre eine Modifizierung bzw. Konkretisierung des § 188 StGB durch Einfügung eines weiteren Absatzes. Bestraft die Norm in ihrer derzeitigen Fassung in Absatz 1 den Täter mit Freiheitsstrafe von drei Monaten bis zu fünf Jahren, wenn dieser gegen eine im politischen Leben des Volkes stehende Person öffentlich, in einer Versammlung oder durch Verbreiten von Schriften eine üble Nachrede begeht, die mit der Stellung des Beleidigten im öffentlichen Leben zusammenhängt und geeignet ist, sein öffentliches Wirken erheblich zu erschweren, so wird gleichzeitig offenkundig, dass die Norm expressis verbis nicht die Ehre durch eine Beleidigung schützt und unter schwerere Strafandrohung stellt. § 188 StGB, der bereits früher als § 187a StGB Einzug in das Strafgesetzbuch hielt, soll der Emotionalisierung und Polarisierung des öffentlichen

---

663 BGH, NJW 1971, 699; OLG Frankfurt am Main, NJW 1962, 2062; BGH, NJW 1962, 32; BVerfG, NJW-RR 2007, 1191; BVerfG, NJW 2004, 591; OLG Köln, NJW-RR 1987, 754; BGH, NJW 1961, 2059; OLG Hamburg, GRUR 1992, 512.

664 BGH, VersR 1993, 15; LG Coburg, Az. 33 S 60/07; LG Hanau, ZfS 2001, 17; BGHZ 35, 363, 367; BGH, NJW 1961, 2059; BGHZ 128, 117, 119; BGH, NJW 1995, 781.

politischen Diskurses entgegenwirken[665]. Letztlich ist der Inhalt der Schutzrichtung deckungsgleich mit der in dieser Arbeit postulierten Forderung, dem Umstand gerichtlich Rechnung zu tragen, dass Politiker, die aufgrund ihrer Funktion in einem besonderen Maße ehrverletzender Angriffe ausgesetzt sind, eines stärkeren Schutzes bedürfen. Die unter Strafandrohung gestellten Handlungen des § 188 StGB lassen aber die Beleidigung nach § 185 StGB aus, was klar zur weiteren Reduktion des Ehrenschutzes führt. Völlig ungerechtfertigt stellt das Strafgesetzbuch hier die üble Nachrede und die Verleumdung (diese in Absatz 2 des § 188 StGB) unter stärkeren Schutz, wenn Tatobjekt eine Person im politischen Leben ist, lässt aber gleichzeitig deren Schutz, was ihre Beleidigungswürdigkeit betrifft, außen vor. Würde hingegen der § 188 StGB dahingehend erweitert, dass es in einem Absatz 3 des § 188 StGB hieße: „Eine Beleidigung (185 StGB) wird unter den gleichen Voraussetzungen mit Freiheitsstrafe von drei Monaten bis zu fünf Jahren bestraft", wäre ein Schutzmechanismus geschaffen, der dem im öffentlichen, politischen Leben stehenden Menschen eine gewisse Rechtssicherheit für sein Handeln bzw. seinen Ehrenschutz gäbe.

XIV. Modifizierung der Geschäftsordnungen

Ein weiterer Lösungsansatz des gegenständlichen Problemfeldes wäre die Modifizierung der Geschäftsordnungen der einzelnen Parteien und der Bundes- und Landtage. Zwar enthält beispielsweise die Geschäftsordnung des Deutschen Bundestages unter der Rubrik „Tagesordnung [...] und Ordnungsmaßnahmen" in §§ 36 ff. die Möglichkeit, auf einen Verstoß gegen die Ordnung zu reagieren. Insbesondere gewähren diese Normen dem Präsidenten des Deutschen Bundestages die Mittel, einem Redner, der die Ordnung verletzt, das Wort zu entziehen oder diesen als Ultima Ratio für die Dauer der Sitzung aus dem Saal zu verweisen, § 38 I 1 der Geschäftsordnung. Die Ausübung des Rede- und Fragerechts findet mithin eine Schranke in den Regelungen der Geschäftsordnung. Jene kann die Art und Weise der Ausübung des Rederechts des Abgeordneten regeln, um dem Parlament seine Arbeitsfähigkeit zu erhalten und insgesamt eine sachgerechte Erfüllung seiner Aufgaben zu ermöglichen. Das Rederecht kann grundsätzlich nur innerhalb der Grenzen gelten, welche die Ge-

665 Tröndle/Fischer, StGB, § 188 Rn 1; Lackner/Kühl, StGB, § 188 Rn 1; Hartung, JR 1951, 677;

schäftsordnung des Landtags zieht, um eine gewisse Ordnung des parlamentarischen Arbeitsablaufs zu wahren und die Funktionsfähigkeit des Landtags nicht zu gefährden[666]. Die Ausübung des Rederechts unterliegt damit den vom Parlament kraft seiner Autonomie gesetzten Schranken[667]. Dem jeweiligen Abgeordneten gebührt das subjektive Recht, innerhalb der Schranken der Verfassung ungehindert sein Mandat auszuüben und verbürgt ihm darüber hinaus einen Kernbestand an Rechten auf Partizipation im Verfassungsleben. Dazu gehört ein gewisser Mindeststandard an Rederechten.

Gerade das Rederecht des Abgeordneten ist in einer repräsentativen Demokratie eine unverzichtbare Befugnis zur Wahrnehmung seiner parlamentarischen Aufgaben, die seinen Status auch erheblich mitbestimmt[668]. Die unmittelbare Wahrnehmung des Rederechts darf dem Abgeordneten im Kern nicht entzogen werden. Für das Rederecht des einzelnen Abgeordneten ist zudem zu berücksichtigen, dass aus dem demokratischen Prinzip das Gebot folgt, parlamentarischen Minderheiten das Recht auf Ausübung der Opposition zu gewährleisten, mithin ihren Standpunkt in den Willensbildungsprozess einzubringen. Dies bedeutet aber keine Freiheit zur Beleidigung des politischen Gegners, so dass die Geschäftsordnung hier adäquat reagieren könnte. Allerdings sind, wie das Beispiel der Regelungen der Geschäftsordnung des Deutschen Bundestages zeigt, die sanktionierten Verhaltensabweichungen nicht weiter konkretisiert und modifiziert. Es ist schlicht von Verletzen der Ordnung die Rede. Dies ist zwar deshalb sinnvoll, weil somit ein adäquates Reagieren des Sitzungspräsidenten auf sich verändernde Sachverhalte möglich bleibt, gleichwohl dürfte es für den größeren Schutz der Ehre angemessen und erforderlich sein, die Normen dahingehend zu modifizieren, dass der Ehrangriff expressis verbis verboten und sanktioniert wird. Insbesondere könnte eine direkte Verpflichtung des sich Äußernden aufgenommen werden, sich unmittelbar nach einer ehrverletzenden Äußerung bei dem Verletzten zu entschuldigen. Weiterhin könnte bei Nichtnachkommen dieser Ver-

---

Schwinge, MDR 1973, 801; Uhlitz, NJW 1967, 129.

666 BayVerfGH, NVwZ-RR 1998, 409, 410; BayVerfGHE 29, 62, 89; BVerfGE 10, 4, 14; BVErfG, NJW 1959, 1723.

667 BVerfGE 10, 4, 13; BVerfG, NJW 1959, 1723. Zu derartigen Beschränkungen der Ausübung des Rederechts gehören Begrenzungen der Redebefugnis und das Recht des Parlaments, den Schluss der Debatte zu beschließen. Das Parlament kann insbesondere ohne das Recht, eine Debatte zu beenden, auf Dauer nicht arbeitsfähig sein.

668 BVerfGE 10, 4, 10; BVerfG, NJW 1959, 1723; BVerfG, NJW 1982, 2233; BVerfG, NStZ 1989, 534; BayVerfGHE 29, 62, 89.

pflichtung die unmittelbare Verweisung aus der Sitzung durch den Sitzungspräsidenten angeordnet werden. Ebenso enthalten die Geschäftsordnungen der Landtage, beispielsweise die Geschäftsordnung des Hessischen Landtags (GOHLT), Regelungen zum Umgang mit Ordnungsverstößen. So gewähren §§ 76, 77 GOHLT dem Sitzungspräsidenten das Recht, einem Abgeordneten, der vom Verhandlungsgegenstand abschweift oder die Würde oder Ordnung des Hauses verletzt, das Wort zu entziehen oder bei einer gröblichen Verletzung der Würde oder der Ordnung des Hauses von der Sitzung auszuschließen.

Es wäre sinnvoll und angemessen, diese Regelungen dahingehend zu konkretisieren und zu modifizieren, dass ebenfalls der Ehrenschutz erfasst wird und zumindest dessen Verletzung an jene bestehende Sanktionen geknüpft wird. Die Änderung der Geschäftsordnungen der Landtage und des Bundestages hätte den weiteren Vorteil, dass sich alle Parteien hieran zu halten haben. Zwar sehen die einzelnen Parteien in deren Satzungen, Arbeits- oder Geschäftsordnungen auch Regelungen vor, die den reibungslosen Ablauf der Sitzungen gewährleisten sollen, dennoch ist auch in diesen der Ehrenschutz nicht bedacht. Es wäre zwar wünschenswert, wenn die einzelnen Parteien den Ehrenschutz ausdrücklich in deren Ordnungen aufnehmen würden, gleichwohl wäre ein globaler Schutz über den jeweiligen Parteitag oder die jeweilige Parteisitzung hinaus gefährdet, wenn man es den einzelnen Parteien überlässt, einen Ehrenschutz eigenständig zu gestalten.

Eine Modifizierung der Geschäftsordnungen der Landtage und des Bundestages, wie oben erörtert, hätte somit nicht nur eine Leitbildfunktion, sondern würde insbesondere darüber hinaus die Gefährdung des Ehrenschutzes in medienwirksamen politischen Reden, die für den ehrangreifenden politischen Diskurs genutzt werden, eindämmen. Eine solche Regelung dürfte im Übrigen auch keinen verfassungsrechtlichen Bedenken begegnen. Innerhalb des Parlaments sind die Fraktionen die maßgeblichen Faktoren der politischen Willensbildung. Angesichts dieser Funktion können Redezeiten grundsätzlich den Fraktionen zugemessen werden, auch wenn dadurch das Rederecht des einzelnen Parlamentariers beschränkt wird. Dies geht aber mit der Rechtsprechung des Bundesverfassungsgerichts konform, das die verfassungsrechtliche Zulässigkeit einer solchen Beschränkung zumindest dann annimmt, wenn sie nicht über das Maß hinaus geht, das zur Sicherung einer möglichst reibungslosen Parlamentsarbeit geboten ist und die Entscheidungsfreiheit und Selbstverantwortlichkeit des einzelnen Abgeordneten erhalten bleibt. Unter diesen Voraussetzungen ist dann aber erst recht eine Regelung verfassungskonform, die die Art und Weise des sprachlichen Niveaus regelt und durch eine geordnete Sprachkultur ebenfalls zu einem reibungslosen und sachgerechten Ablauf der Sitzungen des Parlaments führt.

XV. Ausblick

Die Rechtsprechung zum dargestellten Problemkreis verfügt über eine teilweise nur schwer nachvollziehbare Kasuistik. Klare und ausgewogene Regeln lässt sie nicht erkennen. Sie privilegiert unter stetiger Repetierung antiquierter Richtlinien die Meinungsfreiheit gegenüber dem Ehrenschutz. Im Fokus der aufgezeigten Rechtsprechung steht der Mensch mit all seinen Stärken, die er zeigen, und mit seinen Schwächen, die er verbergen möchte. Der Mensch selbst ist mitkausal, der eine einseitige und damit „klagefeste" Rechtsprechung verhindert, mit seinem Wunsch nach Anerkennung durch die Gesellschaft und seinem verständlichen Wunsch nach Entschädigung, wenn ihm die gewünschte Anerkennung versagt wird. Es ist der Mensch mit den widersprüchlichen Interessen, seinem Wunsch nach Abgeschiedenheit der eigenen Person und seiner Neugier nach dem Leben der anderen, vor allem prominenten Personen. Eine demokratische Gesellschaft braucht trotz allem die Ehre als normative Zwischenschicht zwischen Moral und Recht[669]. Das Bundesverfassungsgericht und der Bundesgerichtshof haben mit ihren Entscheidungen dafür gesorgt, dass die Ehre nicht den gerichtlichen Schutz erfährt, den sie für eine friedliche Koexistenz des Souveräns erfahren müsste. Der „Stolpe Beschluss" des Bundesverfassungsgerichts war zwar ein Impuls, den ausufernden Angriffen auf das Schutzgut der Ehre zu begegnen, allerdings nur für einen kleinen Bereich und nur für den Unterlassungsanspruch. Wie erörtert, hat dies nicht etwa zu einem wesentlichen Kurswechsel, sondern zur weiteren Konfusion geführt. Dass diese Entscheidung auch nicht zur Anwendung auf die übrigen Rechtsinstitute, die dem Verletzen zustehen, ausgedehnt wurde, zeigt die Singularität der Hoffnung auf Schutz der Ehre durch höchstrichterliche Rechtsprechung. Bundesverfassungsgericht und Bundesgerichtshof werden auch weiterhin ihre Rechtsprechung zum Thema dieser Arbeit fortführen. Dies mit der klaren Intention, der Meinungsfreiheit maximalen Schutz zu bieten. Dass die höchstgerichtliche Unterschutzstellung von polemischen, überzeichneten Aussagen gerade im politischen Diskurs mit der negativen Sprachkultur korreliert, wird auch weiterhin hingenommen werden.

Es sind zumindest keine Anzeichen erkennbar, dem Rechtsgut der persönlichen Ehre umfassenderen höchstgerichtlichen Schutz einzuräumen. Auch künftig wird das Bundesverfassungsgericht in die tatrichterliche Entscheidung eingreifen und seinen eingeräumten Kognitionsbereich verlassen. Das Bundesverfassungsgericht wird auch in Zukunft die tatrichterliche Deutungskompetenz für sich beanspruchen und die tatrichterliche Wertung durch eigene, meinungsfreiheitskonforme Wertungen ersetzen. Ein letztes Beispiel des politischen Diskurses soll daher einladen, die aufgezeigte Rechtsprechung zu reflektieren, und auf ihre tatsächlichen Konsequenzen im politischen Umgang hinweisen. Wer keinen rechtlichen Schutz gewährt, darf auch nicht erwarten, dass der Souverän sich an ethische Grundsätze halten wird: Kürzlich konnte in Hessen ein beachtliches Politikspektakel erlebt werden. Nach dem - sicherlich von allen Parteien ungeliebten - Ausgang der Landtagswahl hatte die Spitzenkandidatin der SPD, Andrea Ypsilanti, sich nicht wie erwartet am 5. April 2008 zur Wahl zur Ministerpräsidentin einer rot-grünen Minderheitsregierung im hessischen Landtag gestellt. Hintergrund war die Landtagsabgeordnete Dagmar Metzger, die zuvor an ihrer Ablehnung des vorgesehenen Wegs festgehalten und bekräftigt hatte, sie werde Ypsilanti ihre Stimme nicht geben, sondern sich enthalten. Nach diesem politischen Desaster verzichtete Ypsilanti vorerst auf eine Wahl im Landesparlament und die drei Parteien, SPD, Grüne und die Linke, vereinbarten einen Zeitplan zur Erörterung einer gemeinsamen Politik und Bildung einer Minderheitenregierung. Am 3. November 2008, einen Tag vor der geplanten Wahl zur Ministerpräsidentin, kündigten vier Mitglieder der SPD-Landtagsfraktion[670] an, ihre Stimme aus Gewissensgründen wegen der Beteiligung der Linkspartei nicht Ypsilanti geben zu können. Die geplante Abstimmung wurde deswegen abgesagt. Anlässlich dieses Spektakels ließ es sich der Linken-Abgeordnete und Vizepräsident des Hessischen Landtags Hermann Schaus nicht nehmen, die vier Abgeordneten als „hinterlistige Schweine“ zu bezeichnen, eine Demütigung für politische Auffassungen, wie sie kaum härter mög-

669 Ehmann, Ehre und Recht, 5.

670 Jürgen Walter, Dagmar Metzger, Carmen Everts und Silke Tesch.

lich ist. Schaus musste sich nach einer Rüge von Landtagspräsident Norbert Kartmann schriftlich für die Entgleisung entschuldigen und beteuerte, er habe die Abgeordneten nicht herabsetzen, sondern seine tiefste Empörung zum Ausdruck bringen wollen. Das ist ihm zweifelsohne gelungen und zwar auf Kosten des Ehrenschutzes der vier Abgeordneten. Man mag sich die Rechtsfrage stellen: Hätte eine theoretisch von jenen Abgeordneten angestrengte Klage vor dem Hintergrund der höchstgerichtlichen Rechtsprechung Aussicht auf Erfolg gehabt? Angesichts der skizzierten Rechtsprechung muss dies klar bezweifelt werden. Ob jedoch der unter höchstgerichtlichen Schutz gestellte Politikstil erstrebenswert ist, wird vom Verfasser klar negiert. Es bleibt der kritischen Reflektion eines Jeden überlassen, ob es gelungen ist, ihn für diese Position zu gewinnen und dem eindringlichen Appell für eine notwendige Stärkung des Ehrenschutzes Gehör zu verschaffen.

Kapitel 8: Zusammenfassende Thesen

Die vorangegangenen Erörterungen und Analysen haben die Kausalität einer meines Erachtens einseitig falschen Verlagerung von Grundrechten innerhalb der höchstrichterlichen Rechtsprechung zur Reputation des Einzelnen, seiner Stellung innerhalb der Gesellschaft sowie zur sozialen und partiell auch ökonomischen Fehlentwicklung belegt. Das allgemeine Persönlichkeitsrecht bzw. dessen Wertigkeit für eine freiheitliche Demokratie wird verkannt. Mit den folgenden zusammenfassenden Thesen soll dies abschließend plakativ demonstriert werden.

1. Das Bundesverfassungsgericht greift unübersehbar in Ehrenschutzprozessen in die Rechtsprechung der ordentlichen Gerichte ein. Dies führt in entsprechenden Fällen teilweise zur gänzlichen Sachverhaltsneufeststellung[671] und in Ausnahmefällen sogar dazu, dass „die von den Zivilgerichten vorgenommene Wertung durch seine eigene" ersetzt wird[672]. Es bleibt mithin gerade nicht mehr bei der Überprüfung der Willkürgrenze. Eine schleichende Entmündigung der Instanzgerichte hält Einzug.
Im Bereich der tatrichterlichen Entscheidungsfindung maßt sich das Bundesverfassungsgericht eine Nachprüfung der originären tatrichterlichen Prüfung an. Es mutiert so zur Supertatsacheninstanz und überschreitet seine ihm zugedachte Kompetenz.

2. Die bisherige Entscheidungspraxis, dass Kritik am politischen Gegner gerade im Wahlkampf grundsätzlich hinzunehmen ist, auch auf die Gefahr hin, dass der Wähler den Stellenwert der Polemik falsch einschätzt[673], führt zur höchstrichterlichen Billigung der Aufgabe eines Mindeststandards gegenseitiger Achtung und zur gesellschaftlichen Isolation des Betroffenen.

---

671 Vgl. BVerfGE 82, 272, 282; Tettinger, JZ 1990, 1074, 1075; BVerfG, NJW 1980, 1980, 1982; Reinicke, JA 1981, 328, 333; Schmidt, NJW 1980, 2066, 2067.

672 Vgl. BVerfGE 42, 143, 148; BVerfGE 18, 85, 93.

673 BGH, VersR 1984, 88; BVerfG NJW 1980, 2069; OLG Köln NJOZ 2009, 1449; LG Kleve NJW 2006, 623; BGH GRUR 1995, 270; BVerfG NJW 1977, 2205; LG Saarbrücken NJW-RR 1993, 730; BVerwG NJW 1984, 2591; OLG Karlsruhe NJW 1972, 1810.

3. Die höchstrichterliche Rechtsprechung führt in letzter Konsequenz dazu, dass sich eine Person, die sich bewusst in der Öffentlichkeit betätigt und damit die allgemeine Aufmerksamkeit auf sich zieht, diesen Teil ihres Lebens grundsätzlich der öffentlichen Diskussion freigibt[674]. Dies und insbesondere die extensive Begünstigung der Meinungsfreiheit führen zur uferlosen Schutzlosigkeit der persönlichen Ehre.

4. Die höchstrichterliche Beurteilung von Mischäußerungen im politischen Kontext, die sowohl Wertungen als auch Tatsachenbehauptungen beinhalten, läuft der eigentlichen Intention des Grundgesetzes zuwider. Die Entscheidungspraxis, dass bei Äußerungen im Rahmen politischer Auseinandersetzungen und offenkundiger gezielter Vermischung von Tatsachen und Werturteilen im Zweifel eine Wertungskundgabe vorliegen soll, führt zu einer signifikanten Privilegierung des politisch Diffamierenden.

5. Eine unbedingte Anwendung der Wechselwirkungstheorie auf das Recht der Ehre ist zumindest diskussionswürdig, ist doch schließlich die Ehre als Teil des allgemeinen Persönlichkeitsrechts nicht „nur" ein allgemeines Gesetz, sondern hat verfassungsmäßigen Rang. Somit steht es trotz dieses Rangs gleichwertig neben den allgemeinen Gesetzen und denen zum Schutze der Jugend. Dies wiederum bedeutet im Umkehrschluss nichts anderes, dass –trotz des gleichwertig klingenden Wortlauts- dem Schutze der Ehre eine größere Bedeutung beigemessen werden muss, als einem allgemeinen Gesetz[675].

6. Durch die höchstrichterliche Entscheidungspraxis wird dem Souverän der Eindruck vermittelt, dass offensichtlich nach stets neuen Wegen gesucht wird, die Meinungsfreiheit zu Lasten des allgemeinen Persönlichkeitsrechts zu stärken und jenes als „nachrangiges Grundrecht" zurücktreten zu lassen.

7. Ehrangriffe in der Politik sind kein Phänomen der Neuzeit, gleichwohl werden diese vielschichtiger und erreichen bedingt durch neuartige Medien und Verbreitungsformen einen Stellenwert, der wahlentscheidend ist. Die Erkenntnis der jahrzehntelangen Beleidigungen hat das Bundesverfassungsgericht dennoch nicht dazu bewe-

---

674 BGH, NJW 1962, 32; Seyfarth, NJW 1999, 1287, 1290; Benda, NJW 1994, 2266, 2267; BGH, NJW 1962, 152; OLG Hamburg, NJW 1967, 2314.

gen können, dem Beleidigungseifer im politischen Diskurs durch eine klarere Gewichtung des Ehrenschutzes Einhalt zu gebieten. Im Gegenteil fördert die höchstrichterliche Rechtsprechung durch ihre nahezu bedingungslose Unterschutzstellung jeder Kundgabe eine Minimierung des politischen Inhalts.

8. Die Analyse der Auswertung der Befragung bei Politikern und politikinteressierten Bürgerinnen und Bürgern belegt, dass der Souverän sich eine Rückkehr zur politischen Inhaltsdiskussion und eine Aufgabe der höchstrichterlichen Unterschutzstellung von persönlichen Diffamierungskampagnen wünscht. Es besteht dringender Nachbesserungsbedarf an der Rechtsprechung des Bundesverfassungsgerichts und des Bundesgerichtshofes. Eine Aktualisierung der Rechtsprechung analog der sich verändernden Gesellschaft und der sich verrohenden politischen Diskussionsmethodik hat zu erfolgen.

9. Das Bundesverfassungsgericht und die ihm folgende Rechtsprechung negieren den Ehrenschutz, obschon nach Art. 5 II GG das Recht der freien Meinungsäußerung seine „Schranke" unter anderem in dem Recht der persönlichen Ehre findet. Mit eindeutigen Entscheidungen hat es diese klare verfassungsrechtliche Regelung sukzessive außer Kraft gesetzt.

10. Die durch das Bundesverfassungsgericht konstruierte sakrale Stellung der Meinungsfreiheit ist weder von der Entstehung der Grundgesetzes gedeckt noch ist sie überzeugend. Eine Abstufung von Grundrechten ist weder sinnvoll noch vorgesehen.

11. Besonders im Bereich der Politik minimiert die höchstgerichtliche Rechtsprechung den Schutz der persönlichen Ehre ohne erkennbare tatsächliche Notwendigkeit.

12. In bewusst exzessiver Auslegung des Begriffs der Schmähkritik stellt das Bundesverfassungsgericht den Ehrenschutz schutzlos. Diese Rechtsprechung fördert die Radikalisierung der politischen Sprachkultur.

---

675 Stern, FS Hübner, 826 f.

13. Eine grundsätzliche Bereitschaft des Bundesverfassungsgerichts, eine tatsächliche (und nicht nur behauptete) Beachtung des Art. 5 II GG in Bezug auf die Ehre vorzunehmen, ist nicht zu erkennen. Im Gegenteil wird der Ehrenschutz zum „Formalfaktor" generiert, der zwar in der Abwägung benannt, aber tatsächlich keine Beachtung findet.

14. Die extensive Unterschutzstellung von diffamierenden Äußerungen wird fälschlicherweise auch auf den privaten Lebensbereich des Politikers übertragen. Dies führt zur bedingungslosen Aufgabe des grundgesetzlich verankerten Ehrenschutzes und vermag deshalb nicht zu überzeugen.

15. Es ist abzulehnen, dass Kritik am politischen Gegner nach höchstrichterlicher Rechtsprechung gerade im Wahlkampf grundsätzlich hinzunehmen ist, auch auf die Gefahr hin, dass der Wähler den Stellenwert der Polemik falsch einschätzt[676]. Die Intention des Bundesverfassungsgerichts führt nicht nur zur gänzlichen Reduktion des Ehrenschutzes, sondern ist im Übrigen auch methodisch falsch, da die Ehre kein Unterpunkt der allgemeinen Gesetze ist. Der Ehrenschutz wird bezeichnenderweise teilweise falsch im Rahmen der allgemeinen Gesetze geprüft[677].

16. Die höchstrichterliche Rechtsprechung pervertiert ihre eigens aufgestellten Abwägungskriterien zur Figur des adäquaten Gegenschlags[678], indem sie faktisch einen präventiven „Gegenschlag" gerichtlich toleriert.

17. Die höchstgerichtliche Rechtsprechung führt bei mittelbaren Ehrangriffen fälschlicherweise eine Gesamtabwägung dergestalt durch, dass zu berücksichtigen sei, ob die verantwortlichen Beamten persönlich angegriffen wurden oder ob sich die scharfe Kritik gegen die Maßnahme richtete und die Ehrverletzung sich erst mittelbar daraus ergab, dass die Kritik an der Maßnahme auch einen unausgesprochenen Vorwurf an

---

676 BGH, VersR 1984, 88; BVerfG NJW 1980, 2069; OLG Köln NJOZ 2009, 1449; LG Kleve NJW 2006, 623; BGH GRUR 1995, 270; BVerfG NJW 1977, 2205; LG Saarbrücken NJW-RR 1993, 730; BVerwG NJW 1984, 2591.

677 BVerfGE 12, 113, 124; Beyer, NJW 1991, 1156, 1157; Schmidt Leichner, NJW 1961, 819.

678 Unter anderem in BVerfGE 12, 113, 129; BGH, NJW 1965, 1476, 1477; BGH, NJW 1964, 1471; BGHSt 12, 294; BGH, GRUR-RR 2008, 257; OLG Frankfurt am Main, GRUR 1992, 711;

die Verantwortlichen enthielt. Durch den weiten realitätsfernen Bogen des mittelbaren Eingriffs wird die Meinungsfreiheit derart privilegiert, dass von dem Ehrenschutz des Betroffenen nichts übrig bleibt.

18. Die soziale Isolation und Anprangerung des Betroffenen wird unter höchstrichterlicher Billigung hingenommen.

19. Das Grundrecht der Meinungsfreiheit ist selbstredend eines der vornehmsten Rechte, die im Grundgesetz verankert sind. Daher muss ein stetiger höchstrichterlicher Schutz bestehen. Gleichwohl darf dieser nicht um jeden Preis erfolgen.

20. Richtigerweise ist bei Äußerungen im politischen Meinungskampf über Fragen, die wesentliche Belange der Öffentlichkeit berühren, auch Kritik hinzunehmen, die in überspitzter Form geäußert wird. Letztlich wird so gewährleistet, dass eine demokratische Überprüfung der Staatsorgane stattfinden kann ohne Furcht vor Repressionen. Die dargestellte Rechtsprechung verlagert den Grundrechtsschutz dennoch oftmals zu einseitig.

21. Gerichtlicher Schutz muss im Interesse einer gelebten freiheitlichen Demokratie, zu der auch die friedliche Koexistenz des Souveräns gehört, alle Grundrechte wahren. Das Recht der persönlichen Ehre ist wesentlicher Bestandteil der Menschenwürde und des demokratischen Gemeinwohls. Das Recht der persönlichen Ehre, eine Rechts, das verfassungsrechtlich positiviert ist, zu verlagern, es unter einen geringeren Schutz als die Meinungsfreiheit zu stellen, birgt die Gefahr der Isolation des Betroffenen und pervertiert mithin das Ziel der friedlichen Koexistenz.

22. Die höchstrichterliche Duldung von Angriffen auf den Ehrenschutz führt dazu, dass derjenige, der einen Teil seiner Person nicht schutzlos preisgeben wird, sich gerade nicht mehr an dem Prozess der öffentlichen Meinungsbildung, einem unverzichtbaren Teil des demokratischen Lebens, beteiligen wird. Damit führt das Bundes-

---

BayObLG, NStZ 1983, 126; BGH, GRUR 1957, 208; BayObLG, NStZ 1983, 265; BGH, GRUR 1966, 693, 694.

verfassungsgericht das von ihm erklärte Ziel, den öffentlichen Meinungsbildungsprozess pluralistisch und offen für jeden zu halten, aber selbst ad absurdum.

23. Beleidigungen im politischen Kampf sind geeignet, eine ernste Gefahr für die freiheitliche demokratische Grundordnung darzustellen. Das Bundesverfassungsgericht, der Bundesgerichtshof und teilweise auch die nachfolgende Rechtsprechung scheinen dies in grober Weise zu verkennen. Das Bundesverfassungsgericht verschiebt Grundrechte einseitig und stellt so eine ungerechtfertigte Gewichtung und abgestufte Wertordnung her, die weder von dem eindeutigen Verfassungstext gedeckt noch in einer freiheitlichen demokratischen Grundordnung gewollt sein kann.

24. Das Bundesverfassungsgericht konstruiert eine Sonderstellung der Meinungsfreiheit und stilisiert dieses Recht hoch zu einem die Ehre überlagernden Grundrecht. So wird der klare Verfassungstext negiert und durch extensive Auslegungen der Ehrenschutz ad absurdum geführt.

25. Die analysierten Entscheidungen belegen, dass das Bundesverfassungsgericht den Ehrenschutz erheblich relativiert. Zurück bleibt ein in seinem Kern zum Teil vorhandener, aber in der gerichtlichen Praxis eher fragwürdig ausgestalteter Ehrenschutz. Insbesondere die Frage, wann eine Aussage als Schmähkritik gewertet wird mit der Folge, dass eine Abwägung der widerstreitenden Grundrechte nicht mehr stattfinden muß, ist einseitig verlagert.

26. Es ist schlichtweg sinnlos und nicht einleuchtend, dass eine Reizüberflutung in der politischen Diskussion dazu führen soll, ihre weitere Speisung durch immer schärfere und rücksichtslosere Sprachkulturen zu erlauben.

27. Nicht alles, was juristisch formal korrekt ist, kann auch Recht sein. Eine demokratische Gesellschaft, eine funktionierende, gelebte Demokratie, braucht nicht nur Gesetze, sondern auch Moral und Ehre. Nur durch gegenseitigen Respekt und homogene Integration des Volkes in den Verfassungsstaat unter gegenseitiger, gleichbedeutender Achtung der gegenseitigen Rechte, kann Demokratie gelebt werden. Dies verkennt die höchstrichterliche Rechtsprechung.

28. Die Verdichtung der Vermutungsformel zur „Supervermutungsformel[679]" erreicht nicht das juristisch intendierte Ziel innerhalb der politischen Debatte. Es besteht schlechterdings kein vernünftiger Grund, nur in äußersten Fällen gerichtlich gegen Angriffe auf die Ehre einzuschreiten, sähe man bei dieser Betrachtung doch tatsächlich den Ehrenschutz des Betroffenen als weniger wichtiges Rechtsgut an und würde bewusst den Ehrenschutz reduzieren.

29. Die verfassungsgerichtliche Billigung von Polemik ist es, die die Verrohung der Sprachkultur fördert.

30. Das Bundesverfassungsgericht hat die Vorhersehbarkeit eines Gerichtsprozesses mit der Wechselwirkungslehre und seinen unklaren Ausweitungen von Vermutungsformeln nahezu aufgelöst. Es hat mit seiner Einzelfalljudikatur einen verkümmerten Rest an Ehrenschutz dem Souverän belassen.

31. Die Einschränkung, dass eine Entschädigung in Geld nur dann gewährt wird, wenn eine anderweitige Befriedigung des Opfers nicht möglich ist,[680] ist klar abzulehnen und aufzugeben. Eine derartige Subsidiarität des Geldentschädigungsanspruchs führt letztlich wieder nur zur Privilegierung des sich Äußernden, dem in der Ehre Betroffenen ist gerichtlicher Schutz auf geldwerte Entschädigung versagt.

32. Eine Konkretisierung des § 188 III StGB unter Einbeziehung des Tatbestandes der Beleidigung würde generalpräventive Abschreckungswirkung entfalten und zur Harmonisierung der Koexistenz der Bürger führen.

---

679 Scholz/Konrad, AöR 123, 60, 106.

680 BGH, NJW 1971, 698; Palandt-Thomas, § 823 Rn 200; LG Hamburg ZUM-RD 2010, 331; LG Berlin AfP 2008, 320; OLG Köln MMR 2002, 548; LG Hamburg NJW-RR 2000, 978; LG Krefeld NJW-RR 1996, 984; BGH GRUR 1992, 557.

Literaturverzeichnis

Achterberg, Norbert — Die Parlamentarische Demokratie als Entfaltungsraum für Bürgerinitiativen, in: NJW 1978, 1993-1997

Adam, Jürgen — Aktuelle Rechtsprechung des BVerfG zum Strafrecht und Strafprozessrecht In: NStZ 2010, 321

Anschütz, Gerhard / Thoma, Richard — Handbuch des Deutschen Staatsrechts Band 1, Tübingen 1930

Arndt, Adolf — Zum Rechtsweg für die Klage auf Widerruf von Äußerungen, die anlässlich der Beantwortung einer kleinen Anfrage im Bundestag gefallen sind In: DVBl 1965, 954 ff.

Arnim, Hans Herbert von — 20 Millionen mehr Staatsgeld für die Parteien: Nur ein Sturm im Wasserglas? in: ZRP 2007, 223-225

Arzt, Gunther — Der strafrechtliche Ehrenschutz-Theorie und praktische Bedeutung In: JuS 1982, 717 ff.

Badura, Peter — Staatsrecht Systematische Erläuterung des Grundgesetzes 3. Auflage, München 2003

Barton, Dirk Michael — Pressefreiheit und Persönlichkeitsschutz In: AfP 1995, 452-458

Baur, Fritz — Der Beseitigungsanspruch nach § 1004 BGB In: AcP 160, 465 ff.

Becker, Bernhard von — Rechtsfragen der Satire In: GRUR 2004, 908 ff.

Benda, Ernst — Eine Gegendarstellung zur saarländischen Pressefreiheit In: NJW 1994, 2266 ff.

Berg, Wilfried
Zum Widerruf ehrkränkender Behauptungen im Öffentlichen Recht
In: Jus 1984, 521 ff.

Bettermann, Karl August
Zur Lehre vom Folgenbeseitigungsanspruch
In: DÖV 1955, 528 ff.

Bettermann, Karl August / Scheuner, Ulrich/ Nipperdey, Hans Carl
Die Grundrechte
2. Auflage, Berlin 1972

Beyer, Wilhelm R.
Zur Gegenäußerung in der Presse
In: NJW 1961, 1156 f.

Bezanson, Randall
The Libel Suit in Retrospect: What Plaintiffs Want and What Plaintiffs Get, 74 Cal. L.Rev. 789 (1986)

Böckenförde, Ernst-Wolfgang
Grundrechtstheorie und Grundrechtsinterpretation
In: NJW 1974, 1529 ff.

Böckenförde, Ernst-Wolfgang
Wie werden in Deutschland die Grundrechte im Verfassungsrecht interpretiert
In: EuGrZ 2004, 598-603

Bölke, Dorothee
Kritik an Macht ist schutzbedürftig – Wann wird Kritik zur Schmähung?
In: NJW 2004, 2352

Bornhaupt, Kurt Joachim von
Aufwendungen für Berufsverband
BB 1993, 50-53

Bosch, Edgar / Schmidt, Jörg
Praktische Einführung in das verwaltungsgerichtliche Verfahren
7. Auflage, Stuttgart 2001
(zitiert als: Bosch/Schmidt)

Brauneck, Dr. Anja
Dall allgemeine Persönlichkeitsrecht im Konflikt mit dem verfassungsrechtlich Freiheitsanspruch der Satire
In: ZUM 2000, 137, 140 f.

Brugger, Winfried
Grundrechte und Verfassungsgerichtsbarkeit in den Vereinigten Staaten von Amerika,
Tübingen 1987

Brugger, Winfried — Der grundrechtliche Schutz der Privatsphäre in den Vereinigten Staaten von Amerika, AöR 1983, 25 ff.

Bullock, Alan — Hitler und Stalin, Parallele Leben
Berlin 1991

Canaris, Claus-Wilhelm — Gewinnabschöpfung bei Verletzung des allgemeinen Persönlichkeitsrechts
In: Ahrens/von Bar/Fischer/Spickhoff/Taupitz (Hrsg.)
Festschrift für Erwin Deutsch
Köln 1999

Canaris, Claus-Wilhelm — Grundrechtswirkungen und Verhältnismäßigkeitsprinzip in der richterlichen Anwendung und Fortbildung des Privatrechts
In: JuS 1989, 161 ff.

Copic, Hans — Berufsverbot und Pressefreiheit
In: JZ 1963, 494 ff.

Cremades, Javier — Das Grundrecht der Meinungsfreiheit in der Spanischen Verfassung
In: Schriften zum Internationalen Recht
Bd. 65, Berlin 1994

Czychowski, Christian — Die Entwicklung der Gesetzgebung und Rechtsprechung zum Urheberrecht in den Jahren 2006 und 2007
In: NJW 2008, 1571

Dahm, Georg — Deutsches Recht: Die geschichtlichen und dogmatischen Grundlagen des geltenden Rechts
2. Auflage, Stuttgart 1963

Dahm/Georg, / Huber, Ernst, Rudolf/Larenz, Karl/Michaelis, Karl/Schaffstein, Friedrich/Siebert, Wolfgang (Hrsg.) — Grundfragen der neuen Rechtswissenschaft Berlin, 1935

Decken, Georg von der — Meinungsfreiheit und Recht der persönlichen Ehre
In: NJW 1983, 1400 ff.

Degenhart, Christoph	Staatsrecht I Staatsorganisationsrecht 20. Auflage, Heidelberg 2004
Degenhart, Christoph	Das allgemeine Persönlichkeitsrecht, Art. 2 I i.V.m. Art. 1 I GG In: JuS 1992, 361 ff.
Demmler, Wolfgang	Der Abgeordnete im Parlament der Fraktion In: Beiträge zum Parlamentsrecht Band 27, Berlin 1994
Deppe, Jens Johannes	Über Pressefreiheit und Zensurverbot in der Russländischen Föderation. Eine Untersuchung über die gesetzliche und tatsächliche Ausgestaltung der verfassungsrechtlichen Freiheitsgarantie, Hamburg 2000
Detterbeck, Steffen	Vorrang und Vorbehalt des Gesetzes In: Jura 2002, 235 ff.
Detterbeck, Steffen / Windthorst, Kay / Sproll, Hans-Dieter	Staatshaftungsrecht, München 2000
Di Fabio, Udo	Information als hoheitliches Gestaltungsmittel In: JuS 1997, 1 ff.
Diederichsen, Angela	Der deliktsrechtliche Schutz des Persönlichkeitsrechts In: Jura 2008, 1-7
Diederichsen, Angela	Neues Schadensersatzrecht: Fragen der Bemessung des Schmerzensgeldes und seiner prozessualen Durchsetzung In: VersR 2005, 433 f.
Dietlein, Johannes	Zur Abgrenzung zwischen Tatsachenbehauptung und Meinungsäußerung In: JR 1999, 246 f.
Discher, Thomas	Mittelbarer Eingriff, Gesetzesvorbehalt, Verwaltungskompetenz: Die Jugendsektenentscheidungen In: JuS 1993, 463-471

Doemming, Klaus-Berto von/Füsslein, Rudolf/Matz, Werner	Entstehungsgeschichte der Artikel des Grundgesetzes, in: JöR n.F., Bd. 1, Tübingen 1951
Dolzer, Rudolf / Vogel, Klaus / Graßhof, Karin	Bonner Kommentar zum Grundgesetz Band VI 113. Aktualisierung, Heidelberg 2004
Dreier, Horst	Grundgesetz-Kommentar Gesamtwerk 2. Auflage 2008, Tübingen
Drysch, Thomas	Staatliche Parteienfinanzierung und kein Ende – das neue Parteifinanzierungsgesetz in: NVwZ 1994, 218-224
Dürig, Günter	Grundrechte und Zivilrechtsprechung In: Maunz, Theodor (Hrsg.), Vom Bonner Grundgesetz zur gesamtdeutschen Verfassung, Festschrift für Hans Nawiasky zum 75. Geburtstag, München 1956, 176
Ebner, Hans Christoph von	Musikanten – Musiker – Gewerblich oder freiberuflich Tätige? In: GewArch 1994, 393-400
Eggert, Christian	Noch einmal- Gegendarstellung auf der Titelseite In: AfP 1998, 169 ff.
Ehmann, Horst	Zur Struktur des allgemeinen Persönlichkeitsrechts In: JuS 1997, 193 ff.
Ehmann, Horst	Ehre und Recht Festvortrag vom 22.11.2000 zum 25-jährigen Bestehen der Juristischen Fakultät der Universität Trier http://www.uni-trier.de/~ehmann/ehre.pdf
Emmerich, Volker	Schuldrecht, Besonderer Teil 11. Auflage, Heidelberg 2006
Enders, K. Albrecht	Persönlichkeitsschutz und Persönlichkeitsrecht in heutiger Lebens- und Rechtsauffassung, Würzburg 1936

Epping, Volker	Grundrechte Heidelberg 2004
Erbguth, Wilfried / Stollmann, Frank	Der praktische Fall – Öffentliches Recht: Anfrage mit Nebenwirkungen In: JuS 1993, 488 ff. (zitiert als: Erbguth/Stollmann, JuS 1993, 488 ff.)
Erdsiek, Gerhard	Unvollkommenheit des zivilrechtlichen Ehrenschutzes In: NJW 1966, 1385 ff.
Ermann, Walter	Kommentar zum BGB 12. Auflage, Köln 2008
Ernst, Stefan	Zum Recht der Gegendarstellung auf dem Titel In: NJW-CoR 1998, 304
Eschenburg, Theodor	Jahre der Besatzung: 1945-1949. Geschichte der Bundesrepublik Deutschland, Teil 1, Stuttgart 1983
Faber, Martina	Folgenbeseitigungsanspruch nach ehrverletzenden Meinungsäußerungen In: NVwZ 2003, 159 ff.
Faber, Martina	Der Schutz der Ehre und des Rufes vor herabsetzenden Äußerungen des Staates In: Detterbeck,Steffen/Frotscher, Werner/Gornig, Gilbert/König, Christian/Müller-Volbehr, Jörg (Hrsg.), Marburger Schriften zum Öffentlichen Recht, Marburg 1999
Fahrenhorst, Irene	Paparazzi – Pressefotos und Privatsphären – eine kritische Betrachtung der neueren … In: ZEuP 1998, 84-103
Falk, Martin	Das allgemeine Persönlichkeitsrecht- ein Rechtsinstitut im Spannungsfeld zwischen Verfassungsrecht und Privatrecht In: UFITA 94, 151-174 (1982)
Falke, Jutta / Kaspar, Ulrich	Politiker beschimpfen Politiker 3. Auflage, Leipzig 2001

Findeisen, Michael/ Hoepner, Barbara/ Zünkler, Martina — Der strafrechtliche Ehrenschutz- ein Instrument zur Kriminalisierung politischer Meinungsäußerungen In: ZRP 1991, 245 ff.

Forkel, Hans — Zum Schutz der Privatsphäre von absoluten Personen der Zeitgeschichte In: JZ 1997, 43 ff.

Frankenberg, Günter — Die Freiheit und die Verhältnisse In: KJ 1984, 437-453

Frey, Anna-Mirjam / Fornasier, Matteo — Zur Frage der Geldentschädigung bei Kollision des allgemeinen Persönlichkeitsrechts mit der ... In: ZUM 2010, 253 ff.

Friesenhahn, Ernst — Zur Indemnität der Abgeordneten in Bund und Ländern In: DÖV 1981, 512 ff.

Fromme, Friedrich Karl — Medien und Bundesverfassungsgericht in: Recht und Politik 2005, 26-32

Forsthoff, Ernst — Deutsche Verfassungsgeschichte der Neuzeit, 4. Auflage, Stuttgart 1972

Frotscher, Werner — Ehrenschutz im öffentlichen Recht In: JuS 1978, 505 ff.

Geerds, Friedrich — Über das Erschleichen von Informationen für publizistische Zwecke In: JR 1982, 183-188

Geis, Ivo — Der Kernbereich des Persönlichkeitsrechts In: JZ 1991, 112 f.

Gerlach, Jürgen von — Gewinnherausgabe bei Persönlichkeitsverletzung nach schweizerischem Vorbild? In: RersR 2002, 917-927

Gerlach, Jürgen von — Persönlichkeitsschutz und öffentliches Informationsinteresse im Internationalen Vergleich In: AfP 2001, 1-8

Gonitzke, Andreas	Innerparteiliche Demokratie für Deutschland München 2004
Görlach, Alexander Mathias	Presse- und Meinungsfreiheit in der Türkei Ergebnisse einer internationalen Fachkonferenz In: Die Politische Meinung 09/05, 55 ff. Monatszeitschrift zu Fragen der Zeit der Konrad Adenauer Stiftung e.V.
Gottwald, Stefan	Das allgemeine Persönlichkeitsrecht. Ein zeitgeschichtliches Erklärungsmodell, Berlin 1996
Götting, Horst-Peter/Schertz, Christian/Seitz, Walter	Handbuch des Persönlichkeitsrechts München 2008
Gounalakis, Georgios	„Soldaten sind Mörder“ In: NJW 1996, 481 ff.
Gounalakis, Georgios	Freiräume und Grenzen politischer Karikatur und Satire In: NJW 1995, 809 ff.
Gounalakis, Georgios	Zum Richtigstellungsanspruch einer Behörde In: LMK 2008, 265952
Graul, Eva	Indemnitätsschutz für Regierungsmitglieder? In: NJW 1991, 1717 ff.
Grimm, Dieter	Die Meinungsfreiheit in der Rechtsprechung des Bundesverfassungsgerichts In: NJW 1995, 1697 ff.
Grimm, Dieter	„Wir machen das Meinungsklima nicht“ ZRP Rechtsgespräch In: ZRP 1994, 276 ff.
Grimm, Dieter	Der Stolpe-Beschluss des BVerfG – eine Rechtsprechungswende? In: AfP 2008, 1-6

Gröschner, Rolf | Öffentlichkeitsarbeit als Behördenaufgabe
In: DVBl 1990, 619 ff.

Gusy, Christoph | Verwaltung durch Information - Empfehlungen und Warnungen als Mittel des Verwaltungshandelns
In: NJW 2000, 977 ff.

Haas, Günter | Der vergessene Vorsatz oder – Beleidigungsvorsatz und „Soldaten-Beschluß“ des Bundesverfassungsgerichts
In: GA 1996, 473 ff.

Hager, Johannes | Der Schutz der Ehre im Zivilrecht
In: AcP 1996, 168 ff.

Hartung, Fritz | Beleidigung von Personen, die im politischen Leben stehen
In: JR 1951, 677 f.

Häußler, Ulf | Rechtsprechung Öffentliches Recht
In: JA 1999, 276-279

Hecker, Wolfgang | Hessisches Landesrecht – Staats- und Verfassungsrecht
1. Auflage, Baden-Baden 2002

Heintzen, Markus | Staatliche Warnungen als Grundrechtsproblem
In: Verwaltungsarchiv 81, 532 ff.

Heinz, Wolfgang | Kunst und Strafrecht. Aktuelle Fragen politischer Kunst
In: Mühleisen, Hans-Otto (Hrsg.), Grenzen politischer Kunst,
München, Zürich 1982

Helf, Karl-Heinz | Erläuterte Entscheidungen
In: JA 1989, 494 f.

Helle, Ernst | Der Schutz der Persönlichkeit, der Ehre und des wirtschaftlichen Rufes im Privatrecht
2. Auflage, Tübingen 1969

Helle, Jürgen | Allgemeine Persönlichkeitsrecht-Verletzung durch Zitierung nur einer möglichen Übersetzung ... In: EWiR 1998, 352 f.

Helle, Jürgen | Zur Behandlung von unwahren Tatsachenbehauptungen in der Medienberichterstattung In: JZ 1997, 786-791

Helle, Jürgen | Variantenlehre und Mehrdeutigkeit der verletzenden Äußerung In: AfP 2006, 110-116

Helms, Tobias | Reform des deutschen Abstammungsrechts In: FuR 1996, 178-189

Henne, Thomas / Riedlinger, Arne | Das Lüth-Urteil aus (rechts-)historischer Sicht Die Konflikte um Veit Harlan und die Grundrechtsjudikatur des Bundesverfassungsgerichts, Berlin 2005

Hesse, Konrad | Grundzüge des Verfassungsrechts der Bundesrepublik Deutschland 1988

Hesse, Konrad | Grundzüge des Verfassungsrechts der Bundesrepublik Deutschland 20. Auflage, Heidelberg 1999

Hirsch, Hans-Joachim | Ehre und Beleidigung Karlsruhe 1967

Hochhuth, Martin | Kein Grundrecht auf üble Nachrede – Der Stolpe Beschluss des BVerfG schützt das Personal der Demokratie In: NJW 2006, 189 f.

Hochhuth, Martin | Schatten über der Meinungsfreiheit. Der „Babycaust“ Beschluss des BVerfG bricht mit der Vermutung für die Zulässigkeit der freien Rede In: NJW 2007, 192 f.

Hoffmann, Josef | Kunstfreiheit und Sacheigentum Bemerkungen zum „Sprayer-Beschluss“ des BVerfG In: NJW 1985, 237 f.

Hoffmann, Josef
Verfassungsrecht – Grundrecht der Kunstfreiheit
In: JA 1985, 488-491

Hofmann, Werner
Die Karikatur von Lionardo bis Picasso
Philo & PhiloFine Arts, Wien 1956

Hubmann, Heinrich
Das Persönlichkeitsrecht
2. Auflage, Köln 1967

Hufen, Friedhelm
Rechtsprechungsübersicht
In: JuS 1989, 136 f.

Hufen, Friedhelm
Meinungsfreiheit und Tatsachenbehauptung
In: JuS 1992, 961 ff.

Isensee, Josef
Grundrecht auf Ehre,
In: Ziemske/Langheid/Wilms/Haverkate (Hrsg.)
Staatsphilosophie und Rechtspolitik, Festschrift für Martin Kriele zum 65. Geburtstag, München 1997, 5 ff.

Isensee, Josef / Kirchhoff, Paul
Handbuch des Staatsrechts
Band VI, 2. Auflage, Heidelberg 2001

Isensee, Josef / Kirchhoff, Paul
Handbuch des Staatsrechts
Band II, 3. Auflage, Heidelberg 2004

Jarass, Hans D. / Pieroth, Bodo
Grundgesetz für die Bundesrepublik Deutschland
Kommentar, 7. Auflage, München 2004

Jarass, Hans D.
Das allgemeine Persönlichkeitsrecht im Grundgesetz
In: NJW 1989, 857 ff.
Zitiert als: Jarass, das allgemeine Persönlichkeitsrecht

Johannsen, Kurt Herbert / Kregel, Wilhelm / Krüger-Nieland, Gerda / Piper, Henning / Steffen, Erich
Das Bürgerliche Gesetzbuch
Band I, 12. Auflage, Berlin 1982
(zitiert als: RGRK-Bearbeiter)

Jung, Doris
Indemnität gegenüber zivilrechtlichen Ansprüchen
In: JuS 1983, 431 ff.

Jutzi, Siegfried	Zum Spannungsverhältnis von Meinungsfreiheit und Persönlichkeitsrecht In: NJW 1998, 593 f.
Kant, Immanuel	Metaphysik der Sitten In: Ders.: Gesammelte Schriften Band VI, hg. v.d. Preussischen Akademie der Wissenschaften, 331 ff., Berlin 1907
Kassing, Katja	Ehrverletzende Personalsatire in Deutschland, Österreich, der Schweiz und England, Frankfurt am Main 2004
Katz, Alfred	Staatsrecht 15. Auflage, Heidelberg 2002
Kehrhahn, Joachim	Auskunftsrecht des Abgeordneten gegenüber der Bundesregierung In: Zeitschrift für Parlamentsfragen 1985, 484 ff.
Kiesel, Manfred	Die Liquidierung des Ehrenschutzes durch das BVerfG In: NVwZ 1992, 1129 ff.
Kiethe, Kurt / Fruhmann, Gabriele	Gegendarstellungsrecht- Abschied von der Tatsachenbehauptung? In: MDR 1994, 1 ff.
Kloepfer, Michael	Zu den neuen umweltrechtlichen Handlungsformen des Staates In: JZ 1991, 737 ff.
Knieper, Rolf	Soraya und die Schmerzensgeldrechtsprechung des BVerfG In: ZRP 1974, 137-140
Knies, Wolfgang	Schranken der Kunstfreiheit als verfassungsrechtliches Problem, München 1967
Kopp, Ferdinand O.	Verwaltungsgerichtsordnung, Kommentar, 12. Auflage, München 2000
Kotzur, Markus	Der praktische Fall - Öffentliches Recht: Parteifreund auf Abwegen In: Jus 2001, 54 ff.

Köckerbauer, Peter — Rechtsgrundlagen und Haftungsumfang des Folgenbeseitigungsanspruchs
In: JuS 1988, 782 ff.

Körner, Marita — Zur Aufgabe des Haftungsrechts – Bedeutungsgewinn präventiver und punitiver Elemente
In: NJW 2000, 2412-246

Kötz, Hein / Wagner, Gerhard — Deliktsrecht
9. Auflage, Neuwied 2001

Kremer, Klemens — Der Abgeordnete zwischen Entscheidungsfreiheit und Parteidisziplin
2. Auflage, München 1956

Kriele, Martin — Ehrenschutz und Meinungsfreiheit
In: NJW 1994, 1897 ff.

Kunig, Philip — Der Reiter im Walde
In: Jura 1990, 523-528

Kübler, Friedrich — Ehrenschutz, Selbstbestimmung und Demokratie
In: NJW 1999, 1281 ff.

Kübler, Friedrich — Anmerkung zu BVerfG, Beschluß v. 19.04.1990 - 1 BvR 40/86 und 42/86
In: JZ 1990, 915

Kübler, Friedrich — Zum Verhältnis von Meinungsfreiheit zu strafrechtlichem Ehrenschutz
In: JZ 1990, 916 ff.

Kübler, Friedrich — Schmerzensgeld bei Persönlichkeitsrechtsverletzung
In: JZ 1973, 667 f.

Küchenhoff, Günther — Persönlichkeitsschutz kraft Menschenwürde
Festschrift Geiger
In: Menschenwürde und freiheitliche Rechtsordnung, 1974

Kühle, Kay — Zur Verfassungsmäßigkeit der Ausschlussfrist bei der Gegendarstellung nach dem NDRVtr 1980
In: AfP 1983, 337 f.

Kupfer, Dominik — Der Schutz der Privatsphäre
In: Jura 2001, 169-176

Küpper, Georg — Strafrechtlicher Ehrenschutz und politische Meinungsäußerung
In: ZRP 1991, 249 f.

Krüger, Sven — IM Sekretär ist zu weit gegangen
In: ZUM 2003, 347 ff.

Lackner, Karl / Kühl, Kristian — Kommentar zum StGB
25. Auflage, München 2007

Ladeur, Karl-Heinz — Schutz von Prominenz als Eigentum
In: ZUM 2000, 879-890

Lange, Knut Werner — Schutz des allgemeinen Persönlichkeitsrechts durch zivilrechtliche Prävention?
VersR 1999, 274-282

Larenz, Karl / Canaris, Claus-Wilhelm — Lehrbuch des Schuldrechts
Band II, Besonderer Teil, 2. Halbband
13. Auflage, München 1994

Larenz, Karl — Rechtsperson und subjektives Recht
In: Dahm, Georg/Huber, Ernst Rudolf/Larenz, Karl/Michaelis, Karl/Schaffstein, Friedrich/Siebert, Wolfgang (Hrsg.): Grundfragen der neuen Rechtswissenschaft, Berlin 1935

Laufke, Franz — Vertragsfreiheit und Grundgesetz
In: Nipperdey, Hans Carl (Hrsg.)
Das deutsche Privatrecht in der Mitte des 20. Jahrhunderts, Festschrift für Heinrich Lehmann zum 80. Geburtstag
Berlin 1956, Band I, 145 ff.

Lechner, Hans / Hülshoff, Klaus — Parlament und Regierung : Textsammlung des Verfassungs-, Verfahrens- und Geschäftsordnungsrechts der obersten Bundesorgane
3. Auflage, München 1971

Leiss, Ludwig — Kunst im Konflikt: Kunst und Künstler im Widerstreit mit der Obrigkeit,
Berlin, New York 1971

Lent, Friedrich — Zur Unterscheidung von Lasten und Pflichten der Parteien im Zivilprozess
ZZP 67 (1954), 344

Lerche, Peter — Zur verfassungsrechtlichen Deutung der Meinungsfreiheit (insbesondere im Bereich des Boykotts
In: Müller, Gebhard/Ritterspach, Theo/Geiger, Willi (Hrsg.), Festschrift für Gebhard Müller; Zum 70. Geburtstag des Präsidenten des Bundesverfassungsgerichts
Tübingen 1970, 197 ff.

Locher, Horst — Das Recht der bildenden Kunst, München 1970

Lüke, Gerhard / Walchshöfer, Alfred — Münchner Kommentar Zivilprozessordnung
Band 3, 2. Auflage, München 2001

Mackeprang, Rudolf — Ehrenschutz im Verfassungsstaat: Zugleich ein Beitrag zu den Grenzen des Art. 5 I GG, Berlin 1990

Maetzel, Wolf Bogumil — Zur Einschränkung der Grundrechte von Strafgefangenen
In: DÖV 1972, 563 f.

Mangoldt, Hermann / Klein, Friedrich / Starck, Christian — Das Bonner Grundgesetz, Kommentar
Band 2, 4. Auflage, München 2000

Mann, Roger — Einschüchterung oder notwendiger Schutz der Persönlichkeit?
In: AfP 2008, 6 f.

Manssen, Gerrit — Staatsrecht II
2. Auflage, München 2002

Marqua, Peter — Demontage des Bundesverfassungsgerichts?
In: DRiZ 1996, 386 f.

Martinek, Michael — Repräsentantenhaftung: Die Organhaftung nach § 31 BGB als allgemeines Prinzip der Haftung von Personenverbänden für ihre Repräsentanten, Berlin 1979

Maunz, Theodor / Zippelius, Reinhold	Deutsches Staatsrecht 30. Auflage, München 1998
Maunz, Theodor / Dürig, Günter	Grundgesetz Kommentar Band I und Band IV, 43. Lieferung, München 2004
Maurer, Hartmut	Allgemeines Verwaltungsrecht 13. Auflage (2000)
Maurer, Hartmut	Allgemeines Verwaltungsrecht 15. Auflage, München 2004
Maurer, Hartmut	Die politischen Parteien im Prozess In: JuS 1992, 296 ff.
Maurer, Marcus/Reinemann, Carsten	Schröder gegen Stoiber Nutzung, Wahrnehmung und Wirkung der TV Duelle, Wiesbaden 2003
Meier, Horst	Als die Demokratie streiten lernte In: KJ 1987, 460-473
Meyn, Karl-Ulrich	Warnung der Bundesregierung vor Jugendsekten In: JuS 1990, 630 ff.
Mitteis, Heinrich	Über das Naturrecht, Berlin 1948
Mori, Toru	Die Geschichte des Begriffs „Schmähkritik". Zur Wechselwirkung zwischen Bundesverfassungsgericht und Bundesgerichtshof In: Der Staat, Zeitschrift für Staatslehre, Öffentliches Recht und Verfassungsgeschichte Band 47, 258 ff., Berlin 2008
Mori, Toru	Die Meinungs- und Kunstfreiheit und der Strafschutz der Staatssymbole – eine rechtsvergleichende Analyse von Deutschland und den USA In: Häberle, Peter (Hrsg.), Jahrbuch des öffentlichen Rechts der Gegenwart Band 48, 117 ff., Tübingen 2000
Müller, Gerda	Möglichkeiten und Grenzen des Persönlichkeitsrechts In: VersR 2000, 797 ff.

Münch, Ingo von / Kunig, Philip	Der Schutzbereich des Persönlichkeitsrechts im Zivilrecht In: VersR 2008, 1141 ff.
Münch, Ingo von / Kunig, Philip	Grundgesetz Kommentar Band 1 und Band 2, 5. Auflage, München 2000
Münzel, Karl	Anmerkung zum Urteil des LG Koblenz vom 25.1.1960 In: NJW 1961, 125 ff.
Mundt, Margit	Die „publication" im anglo-amerikanischen Beleidigungsrecht, Köln 1993
Neumann, Ulfrid / Puppe, Ingeborg / Schild, Wolfgang (Hrsg.)	Kommentar zum Strafgesetzbuch 13. Lieferung, Baden-Baden 2003
Nipperdey, Hans Carl	Die Würde des Menschen In: Neumann/Nipperdey/Scheuner (Hrsg.), Die Grundrechte, Handbuch der Theorie und Praxis der Grundrechte, 1. Auflage, Berlin 1954
Nipperdey, Hans Carl	Boykott und freie Meinungsäußerung In: DVBl 1958, 445 ff.
Nixdorf, Wolfgang	Presse ohne Grenzen: Probleme grenzüberschreitender Presseveröffentlichungen im europäischen Raum In: GRUR 1996, 842-846
Ohlendorf, Lutz	Grundfälle zu Art. 2 I i.V. mit 1 I GG In: JuS 2008, 682
Ossenbühl, Fritz	Öffentliches Recht in der Rechtsprechung des BGH In: NJW 2000, 2945
Ossenbühl, Fritz	Staatshaftungsrecht 5. Auflage, München 1998
Ossenbühl, Fritz	Medien zwischen Macht und Recht In: JZ 1995, 633 ff.

Otto, Harro — Der strafrechtliche Schutz vor ehrverletzenden Meinungsäußerungen
in: NJW 2006, 575-578

Otto, Harro — Ehrenschutz in der politischen Auseinandersetzung
In: JR 1983, 1-11

Otto, Harro — Strafrechtlicher Ehrenschutz und Kunstfreiheit der Literatur
In: NJW 1986, 1206

Pabst, Hans-Joachim — Der postmortale Persönlichkeitsschutz in der neuen Rechtsprechung des BVerfG
In: NJW 2002, 999

Palandt, Otto — Kommentar zum BGB
66. Auflage, München 2007

Peifer, Karl-Nikolaus — Zur Frage des vorbeugenden Unterlassungsanspruchs bezogen auf die Veröffentlichung von Fotos, die Kinder prominenter Eltern abbilden
In: GRUR 2010, 175 f.

Pieroth, Bodo / Schlink, Bernhard — Grundrechte, Staatsrecht II
20. Auflage, Heidelberg 2004

Piltz, Georg — Die Geschichte der europäischen Karikatur, Berlin 1976

Pinger, Udo — Öffentliches Recht: Die Aufrufe des Umweltbundesamtes
In: JuS 1988, 53 ff.

Prantl, Heribert — Die Entblößungs-Maschinerie
In: DAV 6/09, 421

Prien, Jochen — Naturalrestitution als Schadensersatz bei deliktischer Verletzung der Ehre,
Frankfurt 1985

Prinz, Matthias — Nochmals: „Gegendarstellung auf dem Titelblatt einer Zeitschrift"
In: NJW 1993, 3039

Prütting, Hanns — Gegenwartsprobleme der Beweislast
München 1996

Radbruch, Gustav
Karikaturen der Justiz. Lithographien von Honoré Daumier, Vandenhoeck & Ruprecht, Heidelberg 1947

Raue, Peter
Literarischer Jugendschutz. Was kann nach dem Gesetz über die Verbreitung jugendgefährdender Schriften indiziert werden?
Berlin 1969

Rebmann, Kurt / Säcker, Franz Jürgen / Rixecker, Roland
Münchner Kommentar zum Bürgerlichen Gesetzbuch
Band 1, 4. Auflage, München 2001

Reinicke, Michael
Allgemeines Persönlichkeitsrecht und Meinungsfreiheit – eine Grundrechtskollision im Privatrecht
In: JA 1981, 328-333

Reissenberger, Michael
Wer bewacht die Wächter? Zur Diskussion um die Rolle des Bundesverfassungsgerichts
In: Aus Politik und Zeitgeschichte, Band 15-16, Bonn 1997

Rennert, Klaus
Der Reiter im Walde – Bemerkung zu Art 2 I GG
In: NJW 1989, 3261 ff.

Reuchlin, Johannes
Sämtliche Werke. Kritische Ausgabe mit Kommentar, 1996

Ritter, Thomas
Neue Werteordnung für die Gesetzauslegung durch den Lissabon-Vertrag
In: NJW 2010, 1110-1114

Roellecke, Gerd
Meinungskampf und allgemeines Persönlichkeitsrecht
In: JZ 1980, 701-704

Roll, Hans-Achim
Indemnität gegenüber zivilrechtlichen Ansprüchen
In: NJW 1980, 1439 ff.

Röper, Erich
Anmerkung zum Urteil des BGH vom 18.12.1979
In: DVBl 1980, 563 ff.

Sachs, Michael	Kommentar zum Grundgesetz 3. Auflage, München 2003
Sachs, Michael	BVerfG: Informationen der Bundesregierung über religiöse und weltanschauliche Vereinigungen In: JuS 2003, 186 ff.
Sachs, Michael	BVerfG: Informationen der Bundesregierung über religiöse und weltanschauliche Vereinigungen In: JuS 2003, 186 ff.
Schachtschneider, Karl Albrecht	Medienmacht versus Persönlichkeitsschutz In: Siebold/Emmerich-Fritsche (Hrsg.), Freiheit – Recht – Staat. Eine Aufsatzsammlung zum 65. Geburtstag von Karl Albrecht Schachtschneider, Berlin 2005
Schaefer, Jan	1958 – Schicksalsjahr der Rechtsentwicklung in beiden deutschen Teilstaaten In: JZ 2008, 703-708
Scheler, Max	Der Formalismus in der Ethik und die materielle Wertethik – neuer Versuch der Grundlegung eines ethischen Personalismus, 4. Auflage, 1954
Schlechtriem, Peter	Zum Schutz des allgemeinen Persönlichkeitsrechts gegen unwahre Tatsachenbehauptungen in der Presse In: JZ 1995, 362 ff.
Schlosser, Peter	Zur Beweislast im System des zivilrechtlichen Ehrenschutzes, In: JZ 1963, 309 ff.
Schmid, Karlheinz	Freiheit der Meinungsäußerung und strafrechtlicher Ehrenschutz, Tübingen 1972
Schmidt-Bleibtreu, Bruno / Klein, Franz	Kommentar zum Grundgesetz 9. Auflage, Neuwied 1999
Schmidt, German/ Seitz, Walter	Aktuelle Probleme des Gegendarstellungsanspruchs In: NJW 1991, 1009

Schmidt-Leichner, Erich	Gegenäußerungen in der Presse In: NJW 1961, 819
Schmidt, Walter	Der verfassungsrechtliche Grundrechtsschutz im öffentlichen Meinungskampf In: NJW 1980, 2066 f.
Schmitt Glaeser, Alexander	Meinungsfreiheit und Ehrenschutz In: JZ 1983, 95 ff.
Schmitt Glaeser, Walter	Meinungsfreiheit, Ehrenschutz und Toleranzgebot In: NJW 1996, 873 ff.
Schmitt Glaeser, Walter	Der Fall Günter Wallraff oder die Dogmatisierung der Kritik In: JR 1982, 183-188
Schmitz, Dirk	Das Recht des Schülers auf Meinungs- und Pressefreiheit In: AfP 1987, 573-578
Schoch, Friedrich	Folgenbeseitigung und Wiedergutmachung im Öffentlichen Recht In: Verwaltungsarchiv 79, 1 ff.
Schoch, Friedrich	Staatliche Informationspolitik und Berufsfreiheit In: DVBl 1991, 667 ff.
Schoch, Friedrich / Schmidt-Aßmann, Eberhard / Pietzner, Rainer	Verwaltungsgerichtsordnung Kommentar 9. Lieferung, München 2003
Scholz, Rupert / Konrad, Karlheinz	Meinungsfreiheit und allgemeines Persönlichkeitsrecht In: AöR 123, 60 ff.
Schönberger, Simone	In der Regel keine Geldentschädigung bei persönlichkeitsrechtsverletzenden Kunstwerken In: LMK 2010, 297597
Schönke, Adolf / Schröder, Horst	Kommentar zum Strafgesetzbuch 28. Auflage, München 2010

Schramm, Edward — Über die Beleidigung von behinderten Menschen
In: Eser, Albin (Hrsg.), Festschrift für Theodor Lenckner
München 1998, 539 f.

Schramm, Theodor — Staatsrecht, Grundrechte und ihre verfassungsrechtliche Absicherung, Band II, 4. Auflage, München 1988

Schulz, Peter — Zum Gegendarstellungsrecht in den neuen Bundesländern
In: DtZ 1992, 210

Schwabe, Jürgen — Schadensersatz bei Verletzung des Persönlichkeitsrechts
In: DVBl 1973, 788-790

Schwarz, Hans-Peter — Die Ära Adenauer. Gründerjahre der Republik 1949-1957
Geschichte der Bundesrepublik Deutschland, Teil 2, Stuttgart 1981

Schwerdtner, Peter — Das Persönlichkeitsrecht in der deutschen Zivilrechtsordnung
1. Auflage, Berlin 1976

Schwinge, Erich — Ehrenschutz im politischen Bereich
In: MDR 1973, 801 f.

Seelmann-Eggebert, Sebastian — Die Entwicklung des Presse- und Äußerungsrechts in den Jahren 2005 bis 2007
In: NJW 2008, 2551

Seidel, Gerd — Der Fall Caroline zwischen Karlsruhe und Straßburg
In: Recht und Politik 2005, 169-174

Seiler, Christian — Der praktische Fall - Öffentliches Recht: Private Warnungen vor Elektrosmog
In: JuS 2002, 156 ff.

Seitz, Walter — Prinz und Prinzessin – Wandlungen des Deliktsrechts durch Zwangskommerzialisierung der Persönlichkeit
In: NJW 1996, 2848 ff.

Seitz, Walter	Meinungsfundamentalismus – von „Babycaust“ und „rechtswidrigen Abtreibungen“ In: NJW 2003, 3523 f.
Seitz, Walter / Schmidt, German / Schoener, Alexander	Der Gegendarstellungsanspruch NJW-Schriftenreihe, 3. Auflage, München 1998
Sendler, Horst	Abhängigkeiten der unabhängigen Abgeordneten In: NJW 1985, 1425 ff.
Seyfarth, Georg	Der Einfluss des Verfassungsrechts auf zivilrechtliche Ehrenschutzklagen In: NJW 1999, 1287-1294
Siemes, Christian	Gewinnabschöpfung bei Zwangskommerzialisierung der Persönlichkeit durch die Presse In: AcP 201, 202-231 (2001)
Simmel, Georg:	Einleitung in die Moralwissenschaft Eine Kritik der ethischen Grundbegriffe Cotta's Nachfolger, Stuttgart und Berlin 1892/93
Simon, Jürgen	Das allgemeine Persönlichkeitsrecht und seine gewerblichen Erscheinungsformen. Ein Entwicklungsprozess Freiburger Rechtsgeschichtliche Abhandlungen, 1981
Smend, Rudolf	Das Recht der freien Meinungsäußerung In: VVDStRL 4, 50
Smid, Stefan	Recht auf Kenntnis der eigenen blutmäßigen Abstammung? In: JR 1990, 221-226
Sobota, Katharina	Rhetorisches Seismogramm – eine neue Methode in der Rechtswissenschaft In: JZ 1992, 231-237
Soehring, Jörg	Presserecht: Recherche, Darstellung und Haftung im Recht der Medien 4. Auflage, Köln 2009

Soergel, Hans T. / Siebert, Wolfgang — BGB Kommentar
Band I und Band II,
Stuttgart 1999 und 2000

Stapper, Florian — Presseverbände mit eigener Klagebefugnis
In: ZRP 1995, 72

Starck, Christian — Das Caroline-Urteil des Europäischen Gerichtshofs für Menschenrechte und seine rechtlichen Konsequenzen
In: JZ 2006, 76-81

Stark, Ralf — Ehrenschutz in Deutschland,
Berlin 1996

Staudinger, Julius von — Kommentar zum Bürgerlichen Gesetzbuch
Erstes Buch, Berlin 1995
Zweites Buch, Berlin 2002

Stein, Ekkehart / Frank, Götz — Staatsrecht
19. Auflage, Tübingen 2004

Steinberg, Rudolf / Lubberger, Andreas — Aufopferung – Enteignung und Staatshaftung
1. Auflage, Baden-Baden 1991

Steiner, Udo — Die allgemeine Leistungsklage im Verwaltungsprozess
In: JuS 1984, 853 ff.

Steinle, Franz — Schadenersatz für immaterielle Schäden und Einkommenssteuerpflicht
In: BB 1981, 359

Stern, Klaus — Verwaltungsprozessuale Probleme in der öffentlich-rechtlichen Arbeit
8. Auflage, München 2000

Stern, Klaus — Das Staatsrecht der Bundesrepublik Deutschland
Bd. 2, München 1980

Stern, Klaus — Menschenwürde als Wurzel der Menschen- und Grundrechte
In: Recht und Staat im sozialen Wandel, Festschrift Hans Ulrich Scupin zum 80. Geburtstag, Berlin 1983

Stürner,	Die Aufklärungspflicht der Parteien des Zivilprozesses, 1976, 71 ff.
Tenkhoff, Jörg	Grundfälle zum Beleidigungsrecht In: JuS 1988, 199-206
Tettinger, Peter J.	Der Schutz der Ehre im freien Meinungskampf In: JZ 1983, 317 ff.
Tettinger, Peter J.	Das Recht der Ehre in der Wertordnung des Grundgesetzes In: JuS 1997, 769 ff.
Tettinger, Peter J.	Zum Verhältnis von Meinungsäußerungsfreiheit zum Persönlichkeitsschutz In: JZ 1990, 1074 f.
Teubel, Kirsten	Unterlassungsanspruch bei mehrdeutigen Äußerungen und zweifelhaftem Wahrheitsgehalt In: AfP 2006, 20 f.
Teubel, Kirsten	Deutung einer Äußerung – willkürliche Rechtsanwendung? In: NJW 2005, 3245
Thomas, Heinz / Putzo, Hans	Zivilprozessordnung Kommentar 27. Auflage, München 2005
Tröndle, Herbert / Fischer, Thomas	Kommentar zum StGB 54. Auflage, München 2007
Tsatsos, Dimitris / Morlok, Martin	Parteienrecht Heidelberg 1982
Tucholsky, Kurt	Gesammelte Werke in 10 Bänden, Hamburg 1985
Uhlitz, Otto	Politischer Kampf und Ehrenschutz In: NJW 1967, 129 f.
Ullrich, Wolfgang	Was war Kunst? Biographien eines Begriffs 2. Auflage, Frankfurt am Main 2005

Del Vecchio, Giorgio — Die Gerechtigkeit,
2. Auflage, Basel 1950

Vahle, Jürgen — Anmerkung zum Urteil des OLG Hamm vom 2000-09-20, 3U 211/99
In: DSB 2001, Nr. 1, 19

Vogelsang, Klaus — Die Verpflichtung der Bundesregierung zur Antwort auf parlamentarische Anfragen
In: ZRP 1988, 5 ff.

Vogelsang, Klaus — Grundrecht auf informationelle Selbstbestimmung?
Baden-Baden 1987
Zitiert als: Vogelsang

Vosgerau, Ulrich — Das allgemeine Persönlichkeitsrecht als Universalschranke der Kunstfreiheit – Ein Irrweg der Rechtsprechung
Der Staat 48, 107-125

Wagener, Andreas / Meister, Jörg — Grenzen der Pressefreiheit für kritische Presse- und Medienberichte – Meinungsfreiheit im Arbeitsverhältnis
In: KH 1997, 579 f.

Wagner, Albrecht — Die Umgestaltung der Justiz im NS-Staat
Abhandlung
In: DRiZ 1970, 373 ff.

Wasserburg, Klaus/ Rudolf, Walter / Eberle, Carl-Eugen — Mainzer Rechtshandbuch der neuen Medien
1. Auflage, Heidelberg 2003

Weber, Hermann — Was die Satire darf
In: NJW 2010, 749

Wefelmeier, Christian — Repräsentation und Abgeordnetenmandat. Zur aktuellen Bedeutung des Art. 38 Abs. 1 Satz 2 GG.
In: Detterbeck, Steffen/Frotscher, Werner/Gornig, Gilbert/König, Christian/Müller-Volbehr, Jörg (Hrsg.), Marburger Schriften zum öffentlichen Recht, Stuttgart, München, Hannover, Berlin 1991

Weis, Hubert	Parlamentarisches Fragerecht und Antwortpflicht der Regierung In: DVBl 1988, 268 ff.
Wellershoff, Dieter	Die Auflösung des Kunstbegriffs, Frankfurt am Main 1976
Wente, Jürgen Karl	Die Verwertbarkeit rechtswidrig recherchierten Materials In: ZUM 1988, 438-445
Wenzel, Karl Egbert	Das Recht der Wort- und Bildberichterstattung: Handbuch des Äußerungsrechts 5. Auflage, Köln 2003
Westermann, Harry	Der Anspruch auf Rücknahme ehrkränkender, in Wahrnehmung berechtigter Interessen aufgestellter Behauptungen In: JZ 1960, 692 ff.
Wildt, Michael	Geschichte des Nationalsozialismus 1. Auflage, Stuttgart 2007
Wilke, Patrick	Stunde Null, Re-Education und Re-Orientation – Planung, Probleme und Folgen der Entnazifizierung und Demokratisierung Deutschlands, 1. Auflage, Norderstedt 2006, 13 ff.
Witt, Olaf	Das Immunitätsrecht im Grundgesetz In: Jura 2001, 585 ff.
Willoweit, Dietmar	Deutsche Verfassungsgeschichte, 3. Auflage, München 1997
Wohlers, Wolfgang	Anmerkung zur Beschlagnahme von Verteidigerunterlagen, zu materiellstrafrechtlichen Grenzen von zulässigem Verteidigerverhalten und zur Voraussetzung der psychischen Beihilfe zur Falschaussage In: JR 2009, 523-526
Wolfrum, Rüdiger	Die innerparteiliche demokratische Ordnung nach dem Parteigesetz, Berlin 1974, 134 ff.

Würkner, Joachim	Rechtsmäßigkeit einer ehrverletzenden Karikatur wegen der Freiheit der Kunst? In: NStZ 1988, 23 f.
Würkner, Joachim	Freiheit der Kunst, Persönlichkeitsrecht und Menschenwürdegarantie In: ZUM 1988, 171-184
Würkner, Joachim	Was darf die Satire? In: JA 1988, 183-193
Würtenberger, Thomas	Rechtliche Grenzen politischer Kunst in historischer Betrachtung In: Mühleisen, Hans-Otto (Hrsg.), Grenzen politischer Kunst, München 1982
Würtenberger, Thomas	Karikatur und Satire aus strafrechtlicher Sicht In: NJW 1982, 610 ff.
Zacharias, Diana	Zur Abgrenzung von Menschenwürde und allgemeinem Persönlichkeitsrecht In: NJW 2001, 2950 ff.
Zinn, Georg August / Zezschwitz, Friedrich von / Stein, Erwin	Verfassung des Landes Hessen, Kommentar Band 1, 16. Lieferung, Baden-Baden 1999
Zöbeley, Günter	Warum lässt sich Kunst nicht definieren? In: NJW 1998, 1372 f.